高等院校**电子商务类**
新形态系列教材

U0742601

ELECTRONIC
COMMERCE

Excel
电商数据分析与应用
步骤讲解 ✛ 案例解析 ✛ 综合实训

微课版

孙德刚 黄约 ◎ 主编
苏涛 何园园 曹静 ◎ 副主编

人民邮电出版社
北　京

图书在版编目（ＣＩＰ）数据

Excel电商数据分析与应用：步骤讲解+案例解析+综合实训：微课版 / 孙德刚，黄约主编. -- 北京：人民邮电出版社，2022.6（2023.12重印）
（高等院校电子商务类新形态系列教材）
ISBN 978-7-115-58831-9

Ⅰ. ①E… Ⅱ. ①孙… ②黄… Ⅲ. ①表处理软件－应用－电子商务－数据处理－高等学校－教材 Ⅳ.
①F713.36②TP274

中国版本图书馆CIP数据核字(2022)第039533号

内 容 提 要

本书从电子商务数据分析的主要业务入手，系统地介绍了利用 Excel 对电子商务数据进行分析的常用方法。全书共 10 章，主要内容包括基础认知：电商数据分析概述；数据管理：店铺数据的获取、处理与输出；市场分析：了解市场，百战百胜；商品分析：精准定位，优化运营；流量分析：高效引流，提高销量；进货分析：采购商品，控制成本；销售分析：直面难题，提高利润；库存分析：做好预警，减少积压；顾客分析：聚焦需求，精准促销；综合分析：撰写报告，有理有据。

本书内容丰富、图文并茂、实战性强，强化数据化思维的培养，结合实战案例讲解相关内容。每章增加"专家提示""课堂解疑"模块，对专业知识进行拓展；每章配有"案例解析""思考与练习""综合实训"版块，有助于培养读者的实操动手能力。

本书不仅可以作为高等院校电子商务、大数据应用与管理等相关专业的教学用书，也可以作为网店商家、数据分析师或电商企业管理人员等从业者的学习参考用书。

◆ 主　　编　孙德刚　黄　约
　　副主编　苏　涛　何园园　曹　静
　　责任编辑　孙燕燕
　　责任印制　李　东　胡　南
◆ 人民邮电出版社出版发行　　北京市丰台区成寿寺路 11 号
　　邮编　100164　　电子邮件　315@ptpress.com.cn
　　网址　https://www.ptpress.com.cn
　　山东百润本色印刷有限公司印刷
◆ 开本：787×1092　1/16
　　印张：12.75　　　　　　　　　2022 年 6 月第 1 版
　　字数：274 千字　　　　　　　2023 年 12 月山东第 6 次印刷

定价：49.80 元

读者服务热线：(010)81055256　印装质量热线：(010)81055316
反盗版热线：(010)81055315
广告经营许可证：京东市监广登字 20170147 号

随着电子商务产业的高速发展，越来越多的消费者选择网上购物，这也为电商企业发展及人才培养提供了很好的机遇。对于电商行业从业者而言，数据分析是电商运营过程中不可缺少的重要工作。通过对消费者网购的数据进行收集、整理与分析，电商企业不仅可以发现运营管理中的不足，而且可以挖掘客户的内在需求，从而制订差异化的营销策略，改善客户体验，最终提高成交转化率。电商企业要想顺利发展，必须有科学、可靠的数据分析作为支撑。因此，电商数据分析师已成为红红火火的职业岗位之一。

本书根据高等院校电商数据分析等课程对于学生的能力培养目标以及目前电子商务市场对电商数据分析师岗位的职业技能要求编写而成。本书结合 Excel 软件对实操案例进行讲解分析，通过本书的学习，读者可以认识和发掘电商数据背后的含义和价值，学习电商数据分析的理论方法，并在深刻理解各业务场景的基础上，逐步培养自己的专业数据分析能力。

本书特色

通过对众多院校电商数据分析相关课程的教学目标、教学方法、教学内容等多方面调研，我们有针对性地设计并编写了本书，其特色如下。

（1）**一线教师执笔，专业讲解**。本书由具有电商数据分析研究与实战经验的教师执笔，将难以理解的数据分析通过专业的体系结构划分和深入浅出的讲解，变成能够轻松阅读和上手操作的内容，具有很高的指导性与实用性。

（2）**体系完整，逻辑性强**。本书从理论基础、案例实操、分析方法、分析工具等多个维度，系统地介绍了电商数据分析的主要业务内容及常用的分析方法，知识体系完整且具有较强的逻辑性。

（3）**案例主导，注重实操**。本书以电商数据分析师的能力培养为目标，立足于电商卖家的实际需求，通过大量案例的讲解分析，让读者真正掌握电商数据分析的方法与技巧。

（4）**图解教学，清晰直观**。本书采用图解教学的方法，一步一图，标注清晰，让读者在学习的过程中能更清楚、直观地掌握电商数据分析的操作流程与方法，提高学习效果。

（5）**内容丰富，解疑指导**。本书体例灵活、内容丰富，各章除了基本的学习目标、主体知识阐述和实战案例模块（"课堂练习"和"案例解析"）外，还设置了"专家提示""课堂解疑"等模块，以帮助读者解决在学习过程中遇到的难点和疑问，扩展相应的知识。在各章内容结束后，还增加了"思考与练习"和"综合实训"板块，让读者在学习该章知识后，进一步掌握和巩固重难点内容。

（6）**立德树人，落实课程思政**。本书将思政工作体系贯穿整个人才培养体系的全过程，全面贯彻立德树人的根本任务，每章节搭配课程思政内容，强化价值观培养。

配套资源

我们为使用本书的教师提供了丰富的教学资源，包括教学大纲、PPT 电子教案、课后习题答案、模拟习题、案例素材、微课视频等，如有需要，请登录人邮教育社区（www.ryjiaoyu.com）获取相关教学资源。

作者团队

本书由山东华宇工学院信息工程学院常务副院长孙德刚、湖北经济学院黄约担任主编，苏涛、何园园、曹静担任副主编。尽管编者在编写本书的过程中力求精益求精，但由于时间仓促、水平有限，书中难免有疏漏和不妥之处，恳请广大读者批评指正。

编者

2021 年 12 月

第 **1** 章　基础认知：电商数据分析概述

1.1　初识电商数据

在大数据环境下，数据分析被广泛应用于各行各业，基于数据分析的每一点改变，都能增强企业的盈利能力。就电子商务而言，电商企业应重视并做好数据分析工作，力求在竞争激烈的电商市场中站稳脚跟。

电子商务网站一般都会将运营过程中的数据收集起来进行分析。数据分析，不仅能够帮助电商企业管理者评价经营绩效，找出问题根源并为制定解决方案提供依据，还能够帮助电商企业预测未来业绩和市场变化趋势，并采取预防措施。在分析电商数据之前，我们首先需要了解电商数据。本节将从认识电商数据开始讲解，帮助读者了解电商数据的定义与作用、分类和来源。

1.1.1　电商数据的定义与作用

1. 数据与电商数据

数据是对客观事物的性质或状态等进行记录的符号，它们是构成信息的载体，可以说，数据是信息的基本单位。很多人认为数据就是指数字或者 Excel 表格 / 数据库。其实不然，数据并不仅指狭义上的数字，图书、图片、视频、音频等都属于数据的范畴。

而我们要研究的电商数据，主要是对电商经济活动领域进行记录的数据符号，是在电商运营的过程中，用于查看、分析和管理的各种数据的总称。由于电商企业的经营涉及多方面的业务，因此电商数据的内容也十分丰富，如图 1-1 所示。

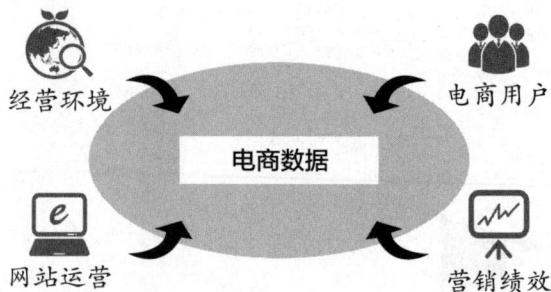

▲ 图1-1

在电子商务领域，数据被赋予了特殊的使命，众多电商从业者们通过研究数据驱动运营，将数据转化为生产力，从而增强了电商企业的数据化运营能力。

2. 电商数据的作用

在电子商务领域，电商数据的作用主要有以下几个方面，如图 1-2 所示。

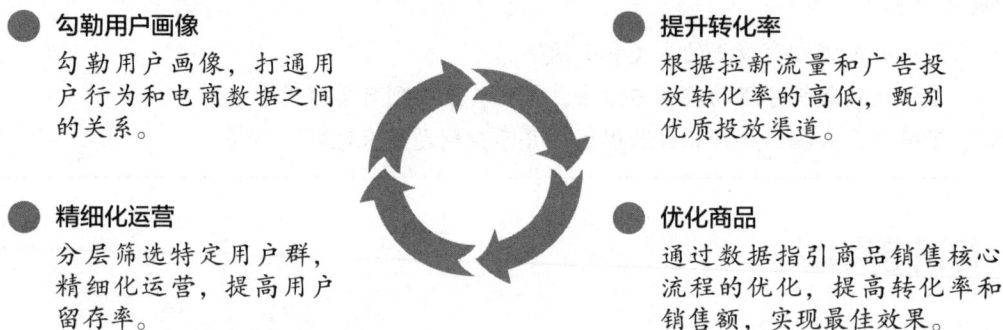

● **勾勒用户画像**
勾勒用户画像，打通用户行为和电商数据之间的关系。

● **提升转化率**
根据拉新流量和广告投放转化率的高低，甄别优质投放渠道。

● **精细化运营**
分层筛选特定用户群，精细化运营，提高用户留存率。

● **优化商品**
通过数据指引商品销售核心流程的优化，提高转化率和销售额，实现最佳效果。

▲ 图1-2

下面分别从用户、商品、场景 3 个维度对电商数据的作用进行简单介绍。

（1）以用户为维度的分析

商业模式发展至今，已经不仅是销售既定的商品，还扩展到销售用户需要的商品或服务。企业的业务一定要建立在满足用户需求的基础上，所以市场运营的落脚点都会落到用户的行为分析上。只有更好地了解用户的习惯、偏好和画像，才能更好地创新、改进或迭代商品或服务。

用户分析是指基于用户在电商网站上的各种浏览行为来分析用户的习惯、偏好和画像，进而有针对性地提供其喜爱的商品或服务，最终实现成交转化。例如，分析用户的新增 / 活跃情况、渠道用户、分布时段、分布地域及启动 / 激活情况等。

（2）以商品为维度的分析

商品分析可以帮助电商管理者在了解商品的浏览量、点击量、订单量和购买用户数等数据的基础上，推断出商品点击率、商品功能展现、商品生命周期、用户关注度和购买力等信息。

以商品为维度的分析，可以为电商管理者调整推广策略提供有力的数据支持。具体内容如图 1-3 所示。

（3）以场景为维度的分析

场景营销，是基于用户的上网行为始终处在输入场景、搜索场景和浏览场景这三大场景之一的一种新营销理念。三大场景如图 1-4 所示。

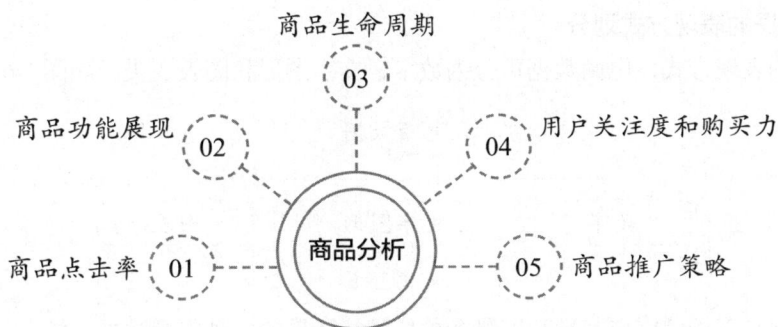

▲ 图1-3

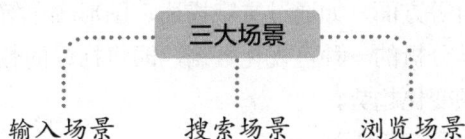

▲ 图1-4

针对以上三大场景，电商管理者以充分尊重用户的网购体验为先，围绕输入信息、搜索信息、浏览信息的行为路径和网购场景，充分结合用户的需求和目的，让用户对商品产生使用黏性和高频购买行为。

场景营销分析主要包括以下 5 个方面，如图 1-5 所示。

01	页面项目	页面项目分析是指对每一个页面进行详细的统计，了解页面的访问量、点击热点等，从而分析页面的流量和质量，以便对其布局要素进行调整。
02	内部检索	分析用户的内部搜索行为，统计不同内容的搜索量和搜索频率，以及用户对搜索结果的点击情况，可以为运营人员调整商品品类、优化搜索结果页面结构及相应的搜索词提供数据支持。
03	活动页面	通过分析促销活动页面的浏览量、点击量、转化率等数据，运营人员可以了解用户对哪些活动或商品感兴趣，从而对活动页面进行调整和优化。
04	站内广告	通过对站内广告的点击量、转化量进行分析，运营人员可以了解用户对站内广告是否感兴趣，从而为优化站内广告提供数据支持。
05	页面流量	页面流量体现为所有页面的访问量、点击率、退出率等指标。通过分析以上数据，运营人员可以了解访问量较高的页面、退出率较高的页面等，从而发现重点页面或异常情况。

▲ 图1-5

1.1.2　电商数据的分类

电商数据是电商运营的重要信息，我们在分析电商数据前首先要明确其分类。

1. 按照数据的表现方式划分

按照数据的表现方式，电商数据可分为数字、文字图形和图表 3 类，如图 1-6 所示。

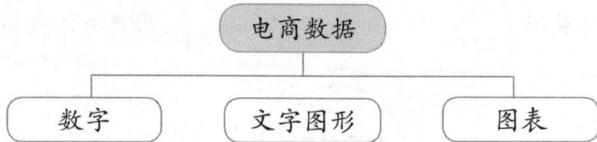

```
            电商数据
   ┌──────────┼──────────┐
  数字      文字图形      图表
```

▲ 图1-6

数字类数据是直接使用自然数和度量衡单位进行计量的一种电商数据，如支付金额 12 430.55 元、销售量 689 个、重量 1.5 千克、好评率 96% 等都属于数字类数据。文字图形类数据普遍应用在关键词分析、用户画像分析等方面，如通过文字描述、图形颜色等展示数据的内容和大小。图表类数据是经常用于电商数据分析的一种可视化数据，即将枯燥的数字转换为更直观的图表，如通过曲线图展示店铺的销售额变化趋势。

2. 按照个体到整体的数据范畴划分

按照个体到整体的数据范畴，电商数据可分为网站数据、运营数据、业务数据和企业数据，如图 1-7 所示。

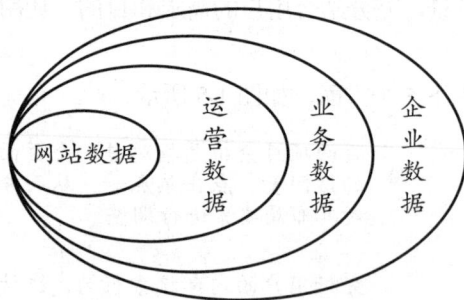

▲ 图1-7

网站数据主要是指与站内流量相关的数据。运营数据主要是指围绕电商运营形成的数据，除站内流量数据外，还包括营销数据、用户数据、销售数据、商品数据等。业务数据是围绕整个业务体系形成的数据，是所有业务类数据的总称，除运营数据外，还包括其他上下游业务部门的数据。企业数据包括企业的所有业务数据、财务数据等。这些数据构成了企业的数据集合。

1.1.3 电商数据的来源

电商数据的来源非常广泛，对于电商企业而言，常规的交易数据、流量数据、用户数据等在交易平台上都能搜集到。也就是说，凡是电商企业，都会带有数据企业的标签。但是对于多数电商企业而言，现有的电商数据分析还面临许多问题，而最重要的一点就是不知道数据从哪里来。连数据源头都没有搞清楚，何谈具体的数据分析操作呢？

下面将从数据来源的范围、性质和对象 3 个方面，对电商数据进行划分。

1. 按照数据来源的范围划分

按照数据来源的范围，电商数据可分为内部数据和外部数据。

内部数据包括用户行为数据、交易数据和用户关系数据等。其中，用户行为数据主要指用户的访问量、停留时长、点击率、跳出率、回访率等。交易数据主要指下单时间、订单数量、订单金额等。用户关系数据主要指用户复购率、会员等级、会员活跃率等。

外部数据范围较广，主要包括社会人口数据、宏观经济数据、市场调研数据和新闻娱乐数据4个方面，如图1-8所示。

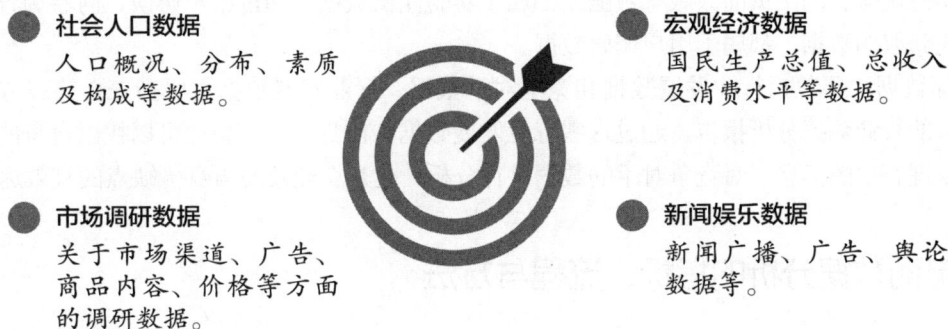

社会人口数据
人口概况、分布、素质及构成等数据。

宏观经济数据
国民生产总值、总收入及消费水平等数据。

市场调研数据
关于市场渠道、广告、商品内容、价格等方面的调研数据。

新闻娱乐数据
新闻广播、广告、舆论数据等。

▲ 图1-8

2. 按照数据来源的性质划分

按照数据来源的性质，电商数据可分为一手资料和二手资料，如图1-9所示。

一手资料主要指自己直接收集整理或从直接经验中所获得的资料，包括商品平台数据、用户行为数据、问卷调查数据和用户访谈数据等。

二手资料主要指来自他人的经验或成果，包括调查报告、研究报告、文献资料等。

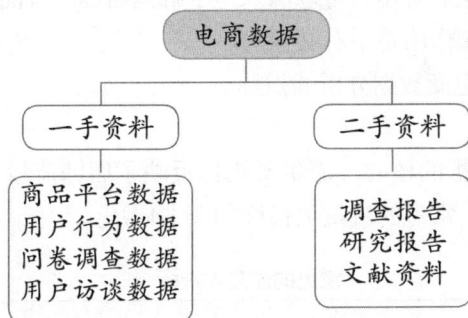

▲ 图1-9

3. 按照数据来源的对象划分

按照数据来源的对象，电商数据可分为日常数据、专题数据和外部数据，如图1-10所示。

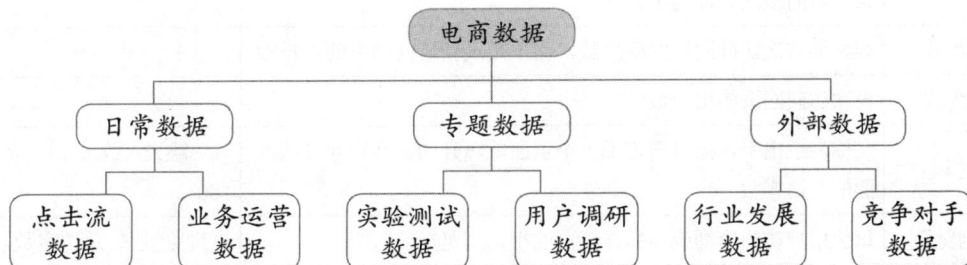

▲ 图1-10

日常数据主要包括点击流数据和业务运营数据。页面的访问量、浏览量以及用户在页面中的停留时长等，都属于点击流数据。订单量、销售额等直接用于衡量目标或绩效的数据，都属于业务运营数据，这些数据都存放在企业的 ERP（企业资源计划）和 CRM（物料需求计划）等数据库后台。

专题数据主要包括实验测试数据和用户调研数据。为了分析某些专题，临时收集到的数据，如商品体验优化、网站页面改版等数据，都属于实验测试数据。通过用户访谈、问卷调查等定性调研方式获取的数据，都属于用户调研数据。

外部数据主要包括行业发展数据和竞争对手数据。行业发展数据主要指来自第三方公司发放的免费的行业数据分析报告，通过这些行业发展数据与自身对比，企业可以找出自身的不足，并从中挖掘有用的信息。对竞争对手的数据进行分析，也是企业发现自身优缺点的有效途径。

1.2 电商数据分析的指标、流程与方法

电商数据分析是指通过一定的方法、手段和技巧，对电商运营过程中的数据进行搜索和分析，从中发现业务规律和因果关系等，从而为电商管理者提供决策参考。要想开展电商数据分析，就要了解电商数据分析的指标、流程与方法，本节将重点介绍这些内容。

1.2.1 电商数据分析的指标

要进行电商数据分析就离不开各种指标，不同类别的指标对应着电商运营的不同环节，通过对不同类别指标的分析，电商管理者可以深入地了解到店铺各方面的情况。因此熟悉电商数据分析涉及的各种指标的含义和作用是很有必要的。

下面就介绍几类常见的电商数据分析的指标。

1. 流量类指标

流量分析是电商数据分析的核心，流量类指标反映了店铺流量，通过这类指标，电商管理者可以掌握店铺的流量情况。常见的流量类指标如表 1-1 所示。

表 1-1   常见的流量类指标

名称	含义	计算公式
浏览量	统计时间内，店铺或商品详情页被用户访问的次数，1 位用户访问多次就算多次，刷新也算 1 次	—
访客数	统计时间内，店铺或商品详情页被访问的去重人数，即同一位访客访问多次只计为 1 人	—
新访客数	客户端首次访问网页的用户数，而不是最新访问网页的用户数	—
回访客数	再次访问网页的用户数	—
跳失率	又称为跳出率，指只浏览了 1 个页面就离开的访客数除以该页面的总访客数	（总跳失人数 ÷ 总访客数）× 100%
人均浏览量	每位用户访问店铺或商品详情页的平均浏览量	总浏览量 ÷ 总访客数
平均停留时长	每位用户在店铺停留的平均时长	访客停留总时长 ÷ 总访客数

2. 转化类指标

转化类指标可以反映店铺的成交转化情况。常见的转化类指标如表1-2所示。

表1-2　　　　　　　　　　　　　　常见的转化类指标

名称	含义	计算公式
下单金额	统计时间内，商品被买家拍下的累计金额	—
下单买家数	统计时间内，拍下商品的去重买家数，即同一位买家拍下多笔，只计为1人	—
支付买家数	统计时间内，完成支付的去重买家数。对于交定金的订单，在付清全款时才计数	—
支付金额	统计时间内，买家拍下商品后支付的金额，包含事后退款的金额	—
客单价	统计时间内，平均每个买家的支付金额	支付金额 ÷ 支付买家数
下单转化率	统计时间内，访客转化为下单买家的比例	（下单买家数 ÷ 总访客数）×100%
支付转化率	统计时间内，访客转化为支付买家的比例	（支付买家数 ÷ 总访客数）×100%
访客价值	统计时间内，每位访客的平均支付金额	总支付金额 ÷ 总访客数

3. 商品类指标

商品类指标可以反映店铺商品的销售、收藏和加购情况。常见的商品类指标如表1-3所示。

表1-3　　　　　　　　　　　　　　常见的商品类指标

名称	含义
下单件数	统计时间内，商品被买家拍下的件数
支付件数	统计时间内，买家完成支付的商品数量
收藏人数	进入店铺的所有访客中，后续将商品进行收藏的人数
加购人数	进入店铺的所有访客中，后续将商品加入购物车的人数

4. 会员类指标

会员类指标可以反映店铺的潜在买家情况。常见的会员类指标如表1-4所示。

表1-4　　　　　　　　　　　　　　常见的会员类指标

名称	含义	计算公式
注册会员数	曾经在网站注册过的会员总数	—
活跃会员数	在统计时间内有购物消费或登录行为的会员总数	—
活跃会员比率	活跃会员数占会员总数的比重	（活跃会员数 ÷ 会员总数）×100%
会员复购率	在统计时间内产生两次及两次以上购买行为的会员占产生购买行为会员的总数的比重	（产生两次及以上购买行为的会员数 ÷ 产生购买行为的会员总数）×100%
平均购买次数	在统计时间内每个会员平均购买的次数	订单总数 ÷ 会员总数

续表

名称	含义	计算公式
会员回购率	上一期末活跃会员在下一期内有购买行为的会员比率	（本期有购买行为的会员数÷上期末活跃会员数）×100%
会员留存率	某时间节点的会员在某特定周期内登录或消费过的会员比率，即有多少会员留存下来	（某周期内登录或消费过的会员数÷该时间节点的会员数）×100%

5. 其他指标

除上述几类指标外，电商数据分析还经常会涉及服务、评价、物流等方面的指标。常见的其他指标如表 1-5 所示。

表 1-5 　　　　　　　　　　　　　　　常见的其他指标

名称	含义
成功退款金额	统计时间内，买家成功退款的总金额
评论数	统计时间内，生效的买家评论数
正面评论数	统计时间内，生效的评价中包含正面信息的评论数
负面评论数	统计时间内，生效的评价中包含负面信息的评论数
有图评论数	统计时间内，生效的评价中包含图片的评论数
揽件包裹数	统计时间内，物流公司所有揽件的包裹数，仅包含订单状态正常的包裹
发货包裹数	统计时间内，商家确认发货的物流包裹数

1.2.2 电商数据分析的流程

电商数据分析的目标是帮助商家利用数据做出高质量、高效率的决策，提供有效的解决方案，不断优化、提升用户体验，为商家创造更多的价值。

那么，在面对海量的数据信息时，电商数据分析师该从何下手呢？怎么判断先做什么、后做什么呢？下面总结了电商数据分析的 6 个主要流程，包括明确需求、数据采集、数据预处理、数据分析、数据可视化和撰写数据分析报告，如图 1-11 所示。

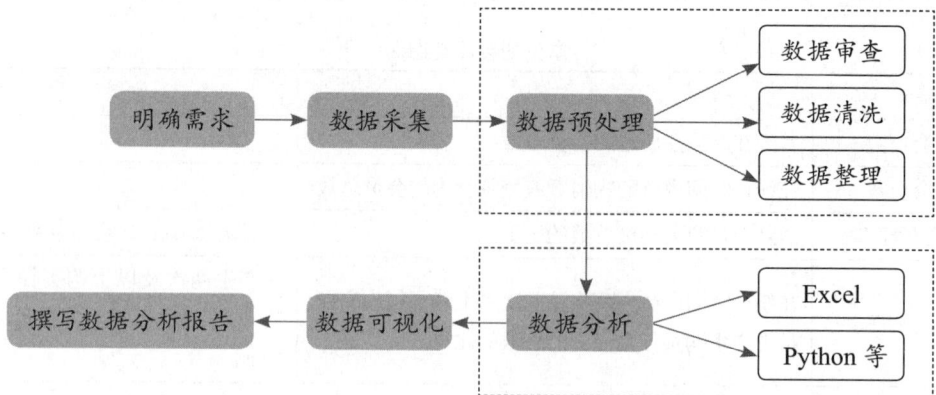

▲ 图1-11

1. 明确需求

明确电商数据分析的需求是确保电商数据分析过程具有有效性的首要条件，它可以为数据采集和数据分析提供清晰的目标。在进行数据分析之前，电商数据分析师需要与数据分析的需求者反复沟通，明确数据分析的目的和需要解决的问题。只有明确并深刻理解了数据分析的需求，才能整理出完整的数据分析框架和思路。

当然，有时候数据分析的需求可能不是很清晰，但一定会有一个大致的方向，此时就需要电商数据分析师与需求者反复沟通与交流。

2. 数据采集

数据采集是数据分析的前提，其工作效率的高低以及数据质量的好坏将直接影响整个数据分析的成败。电商数据的采集是根据分析需求和框架内容，有目的地收集和整合相关数据的过程，它是电商数据分析的基础。具体的数据采集渠道可参见 1.1.3 节中介绍的电商数据的来源这部分内容，对于基本的数据采集可以使用手动登记、电商平台自带的工具或 Excel 软件等，进阶的数据采集则可以使用 Python 等。

在数据采集前，电商数据分析师要做好充分的准备工作，对收集数据的内容、渠道和方法进行规划，在规划过程中应该考虑以下几点：将分析需求转化为数据需求；明确由谁在何时何地，通过何种渠道和方式进行数据的采集工作；使用合适的媒介对采集到的数据进行记录；采用合适的保护措施，防止已采集到的数据的丢失或破坏。

3. 数据预处理

数据预处理是对采集到的数据进行加工、整理，以便进一步开展数据分析的过程，它是数据分析前必不可少的流程。在电商数据分析过程中，很多人都会忽略这一流程，在数据采集完成后直接开始分析，从而导致分析结果不准确甚至得不到理想的分析结果。

数据预处理在整个数据分析过程中是最耗时间的，但也在一定程度上保证了数据的质量。为了确保数据分析的顺利进行和数据分析结果的准确性，对数据进行预处理是必不可少的。数据预处理主要包括 3 个步骤：数据审查、数据清洗和数据整理。

① 数据审查。该步骤主要是检查采集到的数据的量是否满足分析的需求、变量的内容是否符合分析的目的，以及各个变量的数据类型是否符合规范。

② 数据清洗。采集到的数据一般不可以直接使用，可能会有一部分"脏数据"，例如缺失数据、重复数据或错误数据等，如果不处理它们将会影响分析结果。因此，在分析前需要对数据进行审查，如果存在"脏数据"则必须进行清洗。关于数据清洗的内容可参见 2.2.1 节。

③ 数据整理。采集到的数据无论是表格格式还是数据本身，都可能存在不规范的情况。例如，数据存在多个表格中，复制、粘贴、合并会很麻烦；文本型数字会影响计算；不规范的日期无法统计；合并单元格后无法汇总等。这些不规范的情况会直接影响数据分析的效率和结果。因此，在数据分析前，需要对不规范的数据进行整理。关于数据整理的内容可参见 2.2.2 ～ 2.2.5 节。

4. 数据分析

数据分析是指通过一定的分析方法、手段和技巧，对收集并整理好的数据进行探索和分析的过程，并从中发现规律与联系，从而为电商管理者进行决策提供参考依据。在数据分析阶段，电商数据分析师们要想实现对数据的洞察与分析，就需要掌握一定的数据分析方法和工具。

首先，电商数据分析师要熟悉常用的数据分析方法，如对比分析、分组分析、图形分析、

9

时间序列分析、回归分析、方差分析、矩阵分析、SWOT 分析等分析方法，了解其原理、范围、优缺点等；其次，要熟悉常用的数据分析工具，如 Excel、SPSS、R、Python 等，以便进行专业的统计分析。

5. 数据可视化

一般情况下，数据分析的结果都是通过图形化的方式（即图表）呈现的。数据可视化工具是信息传递的有效方式之一，即通过视觉化方式，能够更直观、清晰地呈现出数据分析师的信息、观点和建议等，从而能够帮助电商管理者快速抓住重点信息，为决策提供参考。

数据可视化工具有很多，常用的是 Excel，它自带的图表类型能够满足日常工作中数据可视化的需要。在电商数据分析中，常用的图表类型有柱形图、折线图、条形图、饼图、旭日图、圆环图、散点图、漏斗图、雷达图、矩阵图、树状图和仪表盘等。

6. 撰写数据分析报告

根据数据分析的需求，得到分析结果并对结果进行数据可视化后，就需要对整个数据分析过程进行总结与呈现，即撰写数据分析报告。

数据分析报告是将一系列的数据分析结果有逻辑性地集中展示并阐述分析结论的报告。通过数据分析报告，电商数据分析师可以把数据分析的目的、过程、结果和建议等完整地呈现出来，为相关人员提供参考。

为了保证数据分析报告的规范性，电商数据分析师在撰写时需要遵循以下原则。

① 规范性。数据分析报告中使用的术语一定要规范、标准，这是报告具有说服力的基础。

② 重要性。数据分析报告一定要体现出数据分析的重点，根据关键指标，科学、专业地进行分析。

③ 谨慎性。数据分析报告的撰写过程一定要谨慎，内容真实可靠、实事求是。

④ 创新性。数据分析报告的撰写不能生搬硬套，要有自身的特点，展示出报告的权威性和说服力。

1.2.3 电商数据分析的方法

很多电商数据分析师在分析电商数据时都会遇到许多问题：该从哪个方面开始切入分析？分析的内容和指标是否完整、合理？这些问题的出现都是因为没有正确掌握电商数据分析的方法。

其实我们可以借助多种数据分析方法，将电商数据转换成有价值的、有用的信息，也就是说我们可以根据不同的分析需求，采用不同的方法对电商数据进行分析。下面将介绍几种常用的电商数据分析方法，以供参考。

1. 直接观察法

直接观察法是指利用电商数据平台或数据分析工具的分析功能，直接观察数据的特征，分析其趋势，找到异常点并分析其原因等。借助各种数据分析工具，可以有效节省人力、物力，提高数据分析的效率。

例如，直接查看数字或趋势图表，能够迅速了解电商业务走势、访客数据、销售业绩及服务评价等，从中获取重要信息，从而为后期的决策提供依据。图 1-12 所示为生意参谋上某淘宝店铺的流量总览情况，我们可以直接从图中观察到店铺的访客及转化情况，从而针对性地制定策略。

▲ 图1-12

2. 对比分析法

对比分析法也称为比较分析法，它是将两个或两个以上的数据进行比较，从数量上展示和说明比较对象规模的大小、水平的高低、速度的快慢等差异，从而了解各方面数据指标的方法。

在电商数据分析中，经常需要用到对比分析法，例如，将今年的销售数据与去年同期的数据进行对比，寻找差异，发现问题，进而制定相应的策略；或者，将自身数据与竞争对手的数据进行对比，了解双方各自的优势和劣势，有针对性地制定营销策略。

在对比分析中，选择合适的对比标准十分重要，选择的标准合适，才能得出正确的结论，否则，可能会得出错误的结论。对于电商数据而言，可以从以下几个方面进行对比分析。

① 不同时期的数据对比。对不同时期的数据进行对比，可以采用环比和同比的对比分析方法，例如将店铺本月与上月的销售额数据进行对比，就能清楚地知道本月销售额的增减变化情况。

② 与竞争对手的数据对比。通过将自身数据与竞争对手的数据进行对比，能够清楚地了解自身出现的问题。例如，对比发现自己店铺的下单转化率很低，而竞争对手的下单转化率很高，就可以分析原因，找到解决方法。

③ 促销前后的数据对比。为了促进销售、提高销售额，店铺往往都会不定期开展各种促销活动，因而就需要对促销活动前后的效果进行对比，从而判断促销活动是否有效，并对不足之处加以改进。

3. A/B 测试法

A/B 测试法是指为了达到一定的目标，将多个方案进行并行测试，每个方案仅有一个变量不同，最后根据某种设定好的规则，通过比较这些不同的方案，选择出最优的方案。

在电商数据分析中，A/B 测试法经常被用在图片的优化上，例如，在对主图进行优化时，一般是对当前的主图进行分析，找到现有的创意要素，然后分析各创意要素的效果。如果认为图片的拍摄效果不好，可以测试另一种拍摄效果更好的图片；如果认为文案内容不好，可以测试另一种文案内容更好的图片。这样利用 A/B 测试法不断地进行分析和测试，得到优化方案，制作出新的主图，然后对主图轮番进行测试，经过一段时间后，就可以根据对测试数据的分析得出结论。

由于利用 A/B 测试法需要有足够的时间、较大的数据量和数据密度，因此对于很多流量较低的店铺或商品来说，可以采用直接上线的方式来测试新方案，然后通过对比指标变化来判断哪个方案更好。

4. 漏斗转化法

漏斗转化法是一套流程式的数据分析方法，主要用于衡量转化率，是比较常见和有效的数据分析方法之一，尤其是在电商数据分析中，漏斗转化法的应用非常广泛。

漏斗转化法的优势是它可以按照先后顺序还原消费者的转化路径，并分析每一个转化节点的转化数据，有效地定位高损耗节点。在使用漏斗转化法时，需要注意以下几个问题。

① 在整个业务流程中，整体的转化率是多少？

② 每一个步骤中的转化率是多少？

③ 哪一个步骤中流失的转化率最多？原因是什么？

图 1-13 所示为商品销售漏斗转化分析图。该图中共有 4 个步骤，其总转化率为 38%，虽然总转化率较高，但是加购物车和支付订单的转化率分别是 63% 和 61%，而生成订单的转化率只有 49%。如果能够将生成订单的转化率提高，那么整体的转化率一定会大幅提高。

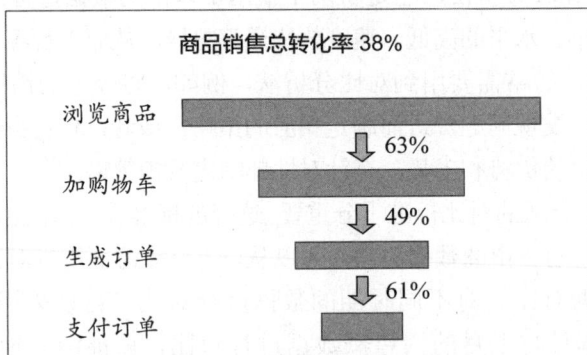

▲ 图1-13

5. 5W2H 分析法

5W2H 分析法包括何时（When）、何地（Where）、何人（Who）、何事（What）、何因（Why）、如何做（How）、何价（How much）7 个方面。这种数据分析方法通过主动提出问题，然后找到线索，设计思路，有针对性地分析数据，最终得到结果。

在电商数据分析中，当不知道该如何切入分析时，就可以使用 5W2H 分析法。下面以分析店铺的买家特征为例，介绍一下 5W2H 分析法具体该如何运用。

① 何时。买家都在什么时候购物？下单最集中的时间点是几点？购物频率怎么样？

② 何地。买家主要分布在哪些地方？各级城市分布情况如何？为什么会有地域差异？

③ 何人。买家都是做什么工作的？性别如何？年龄如何？消费水平如何？

④ 何事。买家的主要需求是什么？我们能够为买家提供什么？

⑤ 何因。为什么会产生这样的效果？原因是什么？

⑥ 如何做。在买家购物的过程中，都产生了哪些行为？是直接下单，还是有收藏、加购物车行为？是浏览后直接购买，还是等待打折时购买？常用的支付方式是什么？

⑦ 何价。买家购买商品的价位是多少？购买数量是多少？

6. 杜邦分解法

杜邦分解法是基于杜邦分析法的基本原理而建立的，杜邦分析法是指利用几种主要的财务比率之间的关系来综合分析企业的财务状况。具体来说，它是一种用来评价企业赢利能力和股东权益回报水平，从财务角度评价企业绩效的经典方法。利用杜邦分解法，我们可以对店铺的销售数据进行逐级分解并深入分析。

例如，店铺的销售额一般由访客数、客单价和转化率决定，因此可以将销售额分解为这 3 个指标，然后进一步对访客数（老访客、新访客），客单价（人均购买量）和转化率（买家数可进一步分解为查询转化率、静默转化率和退货率）进行分解，逐步分析各级指标的情况，寻找并发现问题所在。图 1-14 所示为店铺销售额的杜邦分解法结构图。

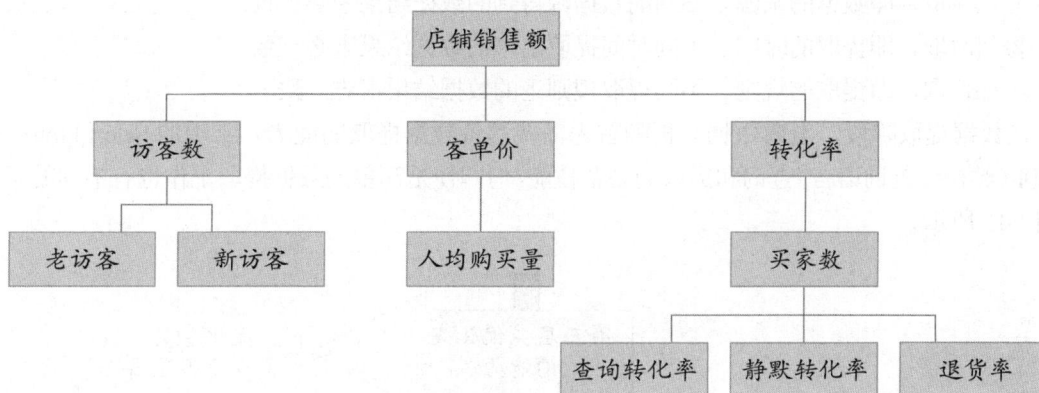

▲ 图1-14

1.3 电商数据分析师的成长规划

电商数据分析师是指在电子商务行业中从事行业数据的收集、整理、分析工作的专业人员。电商数据分析师最终制作的数据分析报告，可以为电商企业的管理者和经营者做出科学、合理、正确的决策提供重要依据。整个电商行业中，大多数企业对于电商数据分析师的需求是很大的。要想成为一名合格的电商数据分析师，就需要有一个完整的成长规划。

1.3.1 电商数据分析师的知识结构

作为一名合格的电商数据分析师，除了需要具备相关业务方面的知识、熟练运用各种数据分析工具外，还需要掌握电商数据分析各阶段必需的完整知识结构。

1. 数据采集阶段

在数据采集的过程中，电商数据分析师需要了解数据的原始面貌，包括数据产生的时间、条件、格式、内容、长度、限制条件等。了解这些基本内容，电商数据分析师能够更有针对性地控制数据的产生和采集过程，避免由于违反数据采集规则导致的数据问题和异常情况，从而更好地追本溯源。

2. 数据存储阶段

在数据存储阶段，电商数据分析师需要了解数据存储的工作机制和流程，最重要的是要了解在原始数据的基础上经过了哪些处理，最后得到了怎样的结果。也就是说，电商数据分析师要了解数据存储于何种系统、它是如何存储数据的、接收数据是否有一定的规则、面对异常值时如何处理，以及更新机制是什么等。

由于数据的存储阶段是不断变化和迭代更新的，尤其是由于软硬件、内外部环境等问题无法保证其很多特性（及时性、完整性、有效性、一致性、准确性），就会导致后期数据出现应用方面的问题。

3. 数据提取阶段

数据提取的核心环节是从哪取、何时取、如何取。

① 从哪取，即数据的来源。不同的数据源得到的数据结果未必一致。

② 何时取，即提取的时间。不同时间提取出来的数据结果未必一致。

③ 如何取，即提取的规则。不同提取规则下的数据结果很难一致。

在数据提取阶段，电商数据分析师首先需要具备数据提取的能力。常用的 Select From 语句是 SQL（结构化查询语言）查询和提取的必备技能，但即使是简单的数据提取工作也有不同的层次，如图 1-15 所示。

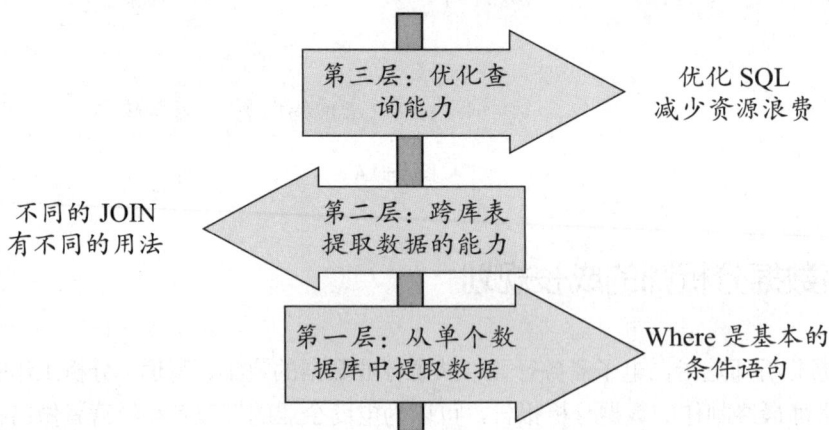

▲ 图1-15

4. 数据挖掘阶段

在数据挖掘阶段，电商数据分析师需要掌握数据挖掘的相关能力，主要包含以下 3 个方面：一是数据挖掘、统计学、数学的基本原理和常识；二是熟练使用一种数据挖掘工具，例如 Clementine、SAS 或 R，如果是程序员出身，也可以选择用编程来实现；三是了解一些常用的数据挖掘算法，以及每种算法的应用场景和优劣势等。

数据挖掘是对数据价值进行提炼的关键，电商数据分析师在使用算法时需要遵循以下原则。

① 虽然说没有一种算法能够解决所有问题，但是精通一门算法还是可以解决很多问题的。

② 没有最好的算法，只有最合适的算法。在选择算法时要遵循准确性、可操作性、可理解性和可应用性的原则。

③ 算法调优是数据挖掘算法中最难的步骤之一，同一种算法在不同场景下的参数设定不同，因而实践是获得调优经验的重要途径。

5. 数据分析阶段

数据分析相对于数据挖掘来说，更偏向于对业务需求的应用和算法的解读。首先作为电商数据分析师，应具备对业务需求的理解能力。例如，常用的"销售额"字段，其相关字段包括"商品销售额"和"订单金额"，商品销售额＝商品单价×数量，而订单金额＝商品销售额－（优惠＋折扣）＋运费，是顾客应该支付的价格。因此，只有在对业务需求有足够了解的基础上，电商数据分析师才能做出正确的判断。

当数据挖掘算法得出结论后，关键是如何解释算法在结果、可信度、显著程度等方面对于业务的实际意义，如何将挖掘结果反馈到业务操作过程中，从而便于业务的理解和实施。

6. 数据展示阶段

数据展示阶段即数据可视化阶段，在这一阶段电商数据分析师需要把数据分析的结果展示给业务方，展示过程需要根据实际需求和场景来定，并要以企业的统一规范为标准。下面介绍几个数据展示的要点，如图1-16所示。

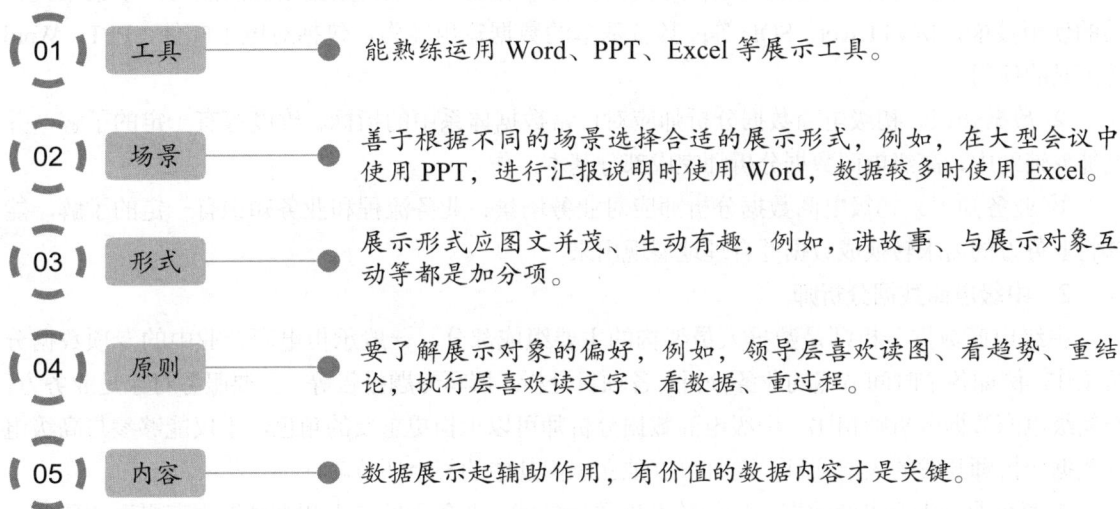

01	工具	→ 能熟练运用 Word、PPT、Excel 等展示工具。
02	场景	→ 善于根据不同的场景选择合适的展示形式，例如，在大型会议中使用 PPT，进行汇报说明时使用 Word，数据较多时使用 Excel。
03	形式	→ 展示形式应图文并茂、生动有趣，例如，讲故事、与展示对象互动等都是加分项。
04	原则	→ 要了解展示对象的偏好，例如，领导层喜欢读图、看趋势、重结论，执行层喜欢读文字、看数据、重过程。
05	内容	→ 数据展示起辅助作用，有价值的数据内容才是关键。

▲ 图1-16

7. 数据应用阶段

数据应用阶段即数据分析报告的撰写与应用阶段，在该阶段数据的价值得到最直接的体现。作为电商数据分析师，在该阶段需要具备3个方面的能力：数据沟通能力、业务推动能力和项目工作能力。电商数据分析师首先需要具备很强的数据沟通能力，要让自己的数据分析报告或数据结论被业务方接受；其次在业务方理解的基础上，提出推动业务落地的好建议；最后，在项目具体实施的过程中对项目进行计划、组织、领导、控制等。3个方面能力的具体内容如图1-17所示。

数据沟通能力	数据分析报告要深入浅出，数据结论要言简意赅。
业务推动能力	要从最重要、最紧急、最易产生效果的业务环节开始推动。
项目工作能力	要具备对项目进行计划、组织、领导、控制等的能力。

▲ 图1-17

1.3.2 电商数据分析师的基本能力要求

在实际工作中，电商企业会对电商数据分析师进行定岗定职，不同职位的电商数据分析师的职能和要求不同，大多数中小型电商企业会将电商数据分析师分为初级、中级和高级3个级别，下面具体介绍各级别电商数据分析师需要具备的基本能力。

1. 初级电商数据分析师

初级电商数据分析师是数据人员架构的基础组成部分，他们承担了数据工作中大多数的基础工作，例如数据整理、统计和输出等，服务于中、高级电商数据分析师和业务方。

初级电商数据分析师的基本能力要求侧重于对基本的数据技能和业务常识的掌握，具体包括以下3个方面。

① 数据工具。初级电商数据分析师应具备基本的数据获取与数据整理的能力，掌握相关工具的使用技能，例如 Excel、SQL 等；具备基本的数据输出能力，包括对电子邮件、PPT、Word等工具的使用。

② 数据知识。初级电商数据分析师应对日常数据体系中的指标、维度等有一定的了解，并且能够辅助中、高级电商数据分析师完成部分基本工作。

③ 业务知识。初级电商数据分析师应对业务场景、业务流程和业务知识有一定的了解，能够将业务方的需求转换成数据并合理地展现出来。

2. 中级电商数据分析师

中级电商数据分析师是数据人员架构的主要组成部分，一般承担电商企业中的专项数据分析工作，例如各个时间节点的业务分析、各项目分析、撰写专题报告等，主要服务对象是业务方。与初级电商数据分析师相比，中级电商数据分析师可以承担更重要的角色，不仅能够参与高级电商数据分析师开发的大型项目，而且可以独立承担其中的某个环节。

电商企业对中级电商数据分析师的专项数据技能、业务理解能力和推动能力有更高的要求，具体内容如下。

① 数据技能。中级电商数据分析师应能熟练使用数据挖掘工具和网站分析工具。

② 业务理解能力。中级电商数据分析师应了解不同模型或算法的应用场景，能够在对业务内容充分了解的基础上，根据不同的业务需求选择合适的实践方案。

③ 推动能力。中级电商数据分析师应能在对业务深度理解的基础上，具备较强的数据解读和应用推动能力。

3. 高级电商数据分析师

高级电商数据分析师处于数据人员架构的领导地位，主要负责企业中数据分析工作的体系建设、流程建设和制度建设等工作，主要服务对象是业务方或企业的领导层。除了需要具备中级电商数据分析师的基本能力外，高级电商数据分析师还需要具备宏观规划、过程把控、时间把控、成本管理、风险管理、效果管理等能力，具体内容如下。

① 高级电商数据分析师能够搭建企业专属的数据分析体系，并且根据企业所处的发展阶段提出合适的数据需求和架构方案。

② 高级电商数据分析师能够把控好数据工作的方向、内容和效果等，并根据实际情况管理好成本和风险。

③ 高级电商数据分析师能够推动项目落地并实时推进，通过阶段测评、总结汇报等多种形式做好过程控制。

作为自主择业的主体，毕业生应增强自身职业规划的意识和能力，形成对自我、社会和职业的正确认知，在社会实践和专业学习过程中培养正确的职业观。要把家国情怀融于不懈奋斗中，将工作岗位放到国家发展大局中进行思考和定位，将实现个人理想与国家社会发展需要紧密结合，实现个人价值与社会价值的协调统一。

职业规划

微课视频

1.3.3　电商数据分析师的成长建议

对于想要成为电商数据分析师的人来说，要想从一名新手快速地成长为一名合格的、优秀的电商数据分析师，在工作中要切实做好以下几方面的工作。

1. 提高各部门同事的信任度

作为一名电商数据分析师，在工作中需要与各个部门的领导或同事打交道，正确处理好与各部门同事之间的关系，将极大地提高自身日后工作的效率。

以销售岗位为例，作为一名销售人员，如果想要让客户购买你的商品，首先就需要和客户建立起信任，只有他信任你才会购买你的商品；相反，如果客户不信任你，那他也很难信任或者购买你的商品。同理，电商数据分析师也要和各部门同事建立良好的人际关系，形成一定的信任。只有各个部门的同事信任你了，他们才可能更容易接受你的数据分析结论和建议；否则，只会事倍功半，甚至徒劳无功。

2. 碰到分析需求时要有全局观

很多时候，领导在下达工作任务或同事需要帮助时，通常只会留下一句话："小李，昨天新商品上线的数据发我看一下。"或"能不能帮我看一下昨天新商品上线发送的数据？谢谢！"这时候大多数电商数据分析师可能会条件反射地回复："好的，我马上给你！"然后转身就着手收集整理数据或进行分析。

这可能是大多数电商数据分析师的日常，但是作为一名优秀的电商数据分析师此时会礼貌性地问一句："为什么需要这些数据呢？"也许就是这一问，就能明确地知道数据需求者的目的，从而可以针对性地进行数据整理和分析，这样整理和分析得出的结论和建议才更具有可操作性。

电商数据分析师在工作中不能"就数说数"，陷入各种报表中不能自拔。一个优秀的电商数据分析师应该具有全局观，碰到分析需求的时候多问几个为什么，以便更好地了解问题背景和分析目的，从而更好地完成分析任务。

3. 注重培养需求方的数据意识

问题需求是数据分析的起点，很多时候电商数据分析师都是等待需求方提出数据分析需求后才着手开展数据分析工作的。但是对于需求方来说，他们的数据意识不一定强，也就是说他们很难明确地知道数据能够解决什么问题、带来哪些方向的改变以及效果上的优化。这就极易导致供需双方信息不对称，甚至影响到工作效率及决策的执行。

17

那么，如何培养需求方的数据意识呢？首先，意识是一个不断培养的过程，电商数据分析师需要与需求方不断进行沟通，一段时间后需求方就会形成一定的数据潜意识，在工作中遇到问题时可能就会想到数据会帮助其解决问题；其次，电商数据分析师每次在与需求方沟通时都要明确地告知对方数据能为其带来的好处或发挥的作用，使需求方更加相信数据；最后，要让需求方明白，数据不只是在分析之后才能发挥作用，还能在前期实现预警、在执行过程中实施监控等，要提高其对数据的整体关注度。

4. 关注数据质量并做好质量验证

电商数据分析师必须高度关注数据的质量，并且要做好数据质量的验证工作。如何验证数据质量呢？我们可以从数据的来源、存放、获取、审查等方面着手。

① 数据来源。理解数据的来源及统计和收集过程的逻辑。

② 数据存放。理解数据在仓库中是如何存放的，如字段类型、小数位数及规则定义等。

③ 数据获取。理解数据的取数逻辑，以及在取数过程中数据是否转换或被重新定义。

④ 数据审查。拿到数据后对数据进行审查、有效性检验及异常值处理。

以上工作完成后，方可进入数据分析环节，这样才能保证分析过程的有效性和分析结果的准确性，才能提高分析结论和建议的可信度。因此，电商数据分析师必须高度关注数据的质量问题。

5. 在辅助决策中体现数据价值

数据的价值在于推动业务开展、辅助决策，但是很多时候电商数据分析师做出的数据分析报告会让需求方觉得没有价值，这类没有价值的数据分析报告都有以下几个问题。

① 内容空洞，缺乏具体执行措施。

② 分析过程与业务流程不符。

③ 分析结论明显错误。

④ 结论正确，建议也明确，但是需求方无法落地实施。

造成以上问题的原因可能是电商数据分析师的能力不足，也可能是双方的信息不对称。因此，电商数据分析师在分析数据前一定要熟悉业务流程，不能凭主观猜测；要了解企业目前业务的关注点和困难点，避免分析的内容恰巧是不重要的部分；对企业目前的业务能力和权限有深入的了解，尤其是要了解企业的实施能力，以免提出无法落地实施的建议。

案例解析

下面以某商城的会员消费数据收集为例，介绍一下数据收集的方法和技巧。

案例解析	某商城会员消费数据收集
素材：第1章\某商城会员消费数据收集	重点指数：★★★★

一、分析指标数据类型

某商城针对会员消费数据下降的问题展开讨论，得到了数据分析的具体指标，包括商城会员的客户指标和销售指标。数据分析人员首先要对这两类指标包含的数据类型进行分析。

1. 客户指标数据类型分析

客户指标数据主要包括商城会员的性别、年龄、收货地址、联系手机，其数据类型如表1-6所示。

表1-6   客户指标数据类型

数据指标	按来源分类	按计量尺度分类
性别	二手数据	定性数据
年龄	二手数据	定性数据
收货地址	二手数据	定性数据
联系电话	二手数据	定性数据

2. 销售指标数据类型分析

销售指标数据主要包括会员的消费金额、消费次数和积分，其数据类型如表1-7所示。

表1-7   销售指标数据类型

数据指标	按来源分类	按计量尺度分类
消费金额	二手数据	定量数据
消费次数	二手数据	定量数据
积分	二手数据	定量数据

二、确定收集渠道和方法

确定好分析指标的数据类型后，就要根据各指标的来源确定其收集渠道和方法。

1. 客户指标数据的收集渠道和方法

客户指标数据的收集渠道是客服部登记的会员信息，通过企业数据库中的客户关系管理系统模块即可获得，如表1-8所示。

表1-8   客户指标数据的收集渠道和方法

数据指标	收集渠道	收集方法
性别、年龄、收货地址、联系电话	客服部	客户关系管理系统

2. 销售指标数据的收集渠道和方法

销售指标数据的收集渠道是销售部的销售记录，通过企业数据库中的销售管理系统模块即可获得，如表1-9所示。

表1-9   销售指标数据的收集渠道和方法

数据指标	收集渠道	收集方法
消费金额、消费次数、积分	销售部	销售管理系统

三、数据导入和存储

根据一定的分析期限，从系统中提取出以上数据后，按照表1-10和表1-11的格式导入Excel。

表 1-10 会员信息

会员编号	性别	年龄	收货地址	联系电话

表 1-11 会员消费信息

ID	消费金额	消费次数	积分

思考与练习

一、不定项选择题

1. 按照从小到大的数据范畴划分，电子商务数据可分为（ ）。

    A. 网站数据、运营数据、业务数据、企业数据

    B. 网站数据、业务数据、运营数据、企业数据

    C. 运营数据、业务数据、企业数据、网站数据

    D. 业务数据、网站数据、企业数据、运营数据

2. 下列选项中属于一手资料的有（ ）。

    A. 问卷调查数据   B. 用户访谈数据

    C. 商品平台数据   D. 调查报告数据

3. 流量分析是电商数据分析的核心，以下属于流量类指标的有（ ）。

    A. 下单买家数   B. 访客数   C. 浏览量   D. 活跃会员数

4. 下列属于数据质量验证过程的有（ ）。

    A. 理解数据的来源及统计和收集过程的逻辑

    B. 理解数据在仓库中是如何存放的，如字段类型、小数位数及规则定义等

    C. 拿到数据后对数据进行审查、有效性检验及异常值处理

    D. 理解数据的取数逻辑，以及在取数过程中是否转换或重新定义

二、判断题

1. 数据分析能够帮助电商企业或经营者评价经营绩效，找出问题的来源，并为制定解决方案提供依据。（ ）

2. 电商数据分析主要包括：明确需求、数据采集、数据预处理、数据分析、数据可视化和撰写数据分析报告。（ ）

3. 5W2H 分析法通过主动提出问题，然后找到线索，设计思路，有针对性地分析数据，最终得到结果。（ ）

三、简答题

1. 现代管理学之父彼得•德鲁克说过："如果你不能衡量它，那么你就不能有效增长它。"

请结合本章内容谈谈你对这句话的理解。

2. 数据展示即数据可视化，它是电商数据分析中非常重要的一个阶段，请论述一名合格的电商数据分析师在数据展示阶段应注意的要点。

3. 电商数据分析中常用的方法有哪些？请选择其中3种方法及其优势。

4. 如何才能做好电商数据分析，请谈谈你的看法。

四、操作题

1. 寻找学习、生活中的数据并对其进行分类，根据分类的数据制作数据表格，然后根据表格中的数据对自己的学习和生活进行多方面评价。

2. 对照电商数据分析师的基本能力要求，结合自身特点，制定一份个人在电商数据分析方面的成长规划。

综合实训

实训题目： 阅读并尝试分析电商数据。

实训目标： 熟悉电商数据分析指标，学会查看电商数据情况，尝试分析电商数据。

实训要求：

图1-18所示为某购物平台中某家店铺的近期核心指标监控情况，图中包含了许多有用的信息，请尝试找出图中包含的数据指标，并简单分析图中数据反映的情况。

▲ 图1-18

第2章　数据管理：店铺数据的获取、处理与输出

学习目标

√ 了解并熟悉获取店铺数据的方法

√ 熟练掌握数据预处理的方法，并将其应用到数据分析中

√ 学会查看数据的方法，并将其应用到日常工作中

√ 了解输出数据的方法，并熟练应用

2.1　店铺数据的获取

在电商数据分析中，所有分析的前提都是对店铺数据进行有效的收集和管理。数据分析的内容和用途不同，需要采取的数据获取方式也会不同。在使用 Excel 分析电商数据时，数据来源主要有 3 种：平台获取、手动登记和外部导入。本节将针对以上 3 点分别介绍。

2.1.1　获取店铺数据的方式

凯文·凯利曾经说过："不管你现在处于什么行业，未来都要做数据的生意。"就电子商务领域而言，选择在网上开店的商家越来越多。无论是电商运营人员还是数据分析人员，都需要获取店铺各方面的数据并进行分析。一般商家获取数据多是采用网络爬虫技术，或通过人工解决，耗时耗力，这时，利用专门的电商数据分析平台获取数据是一个很好的选择。在电商数据分析平台上有统计好的数据，商家可以直接利用这些数据进行分析。

分析店铺数据的平台有很多，下面重点介绍一下常用的公开且免费的数据平台——百度指数，以及商家比较青睐的、用户规模较大的数据平台——生意参谋。

1. 百度指数

百度指数是以百度用户数据为基础的数据分析平台，是当前较为重要的数据分析平台之一。百度指数能够展示某个关键词在百度的搜索规模、一段时间内的涨跌态势，以及关注这些关键词

的用户构成等丰富的数据。其主要功能包括基于单个词的三大模块（趋势研究、需求图谱、人群画像），以及基于行业的搜索指数排行和资讯指数排行。

　　这里重点介绍如何查看单个词的百度指数，用户登录百度指数首页后，在搜索框中输入关键词，如"连衣裙"，单击"开始探索"按钮后即可进入百度指数页面查看相关数据，如图2-1所示。

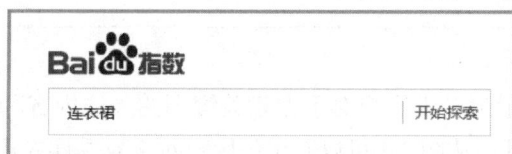

▲ 图2-1

（1）趋势研究

　　趋势研究是百度指数的默认显示模块，其中会显示输入的关键词在近30天的全国范围内的PC端和移动端的搜索指数趋势图，以及各种日均值和同比、环比数值。图2-2所示为连衣裙近30天的搜索指数趋势数据和趋势图。

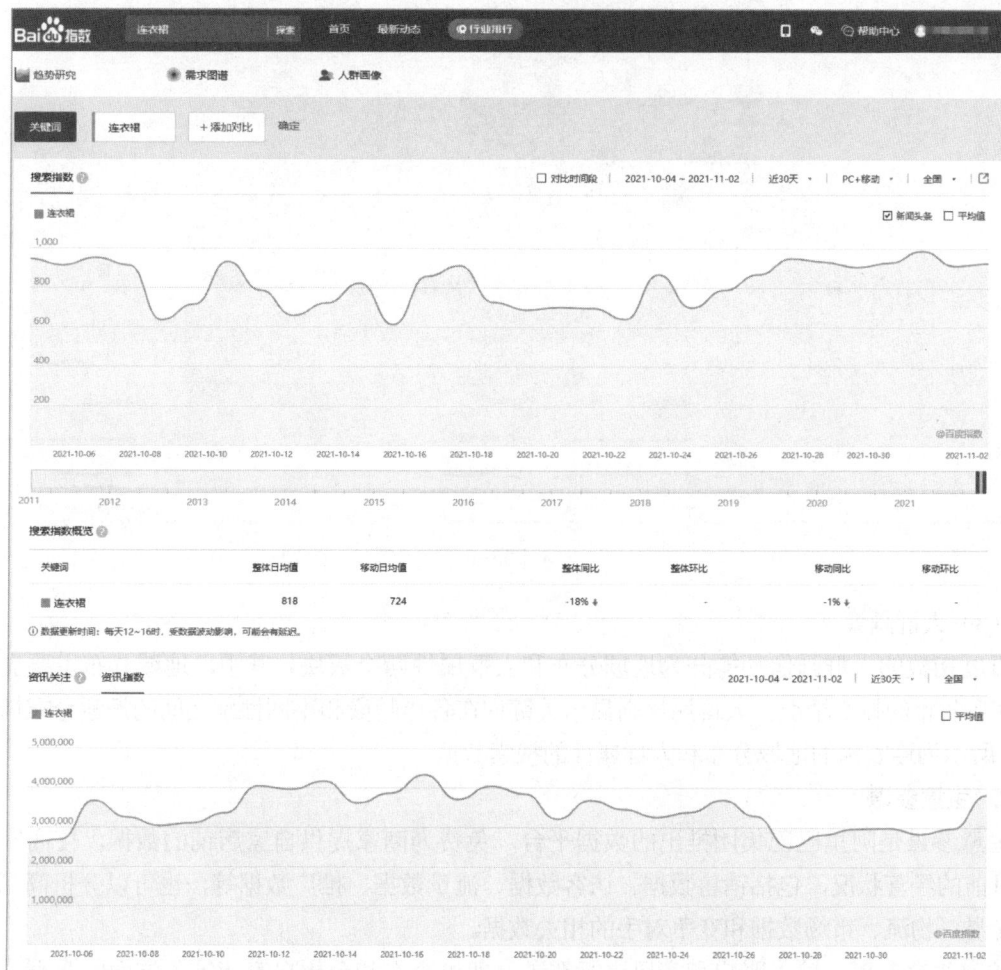

▲ 图2-2

在搜索指数区域右上方可以手动设置搜索的时间、偏好、地域范围、新闻头条和平均值。如果想要同时查看多个不同关键词的搜索指数对比情况，单击左上方的【添加对比】按钮，输入对比关键词即可，如图2-2所示。

（2）需求图谱

需求图谱能够显示出最近 7 天用户对于搜索关键词的关注内容和关注点。另外，在需求图谱下方还显示了相关词热度。从图 2-3 可以看出，用户对于夏季连衣裙、修身连衣裙、品牌连衣裙等的关注度较大。

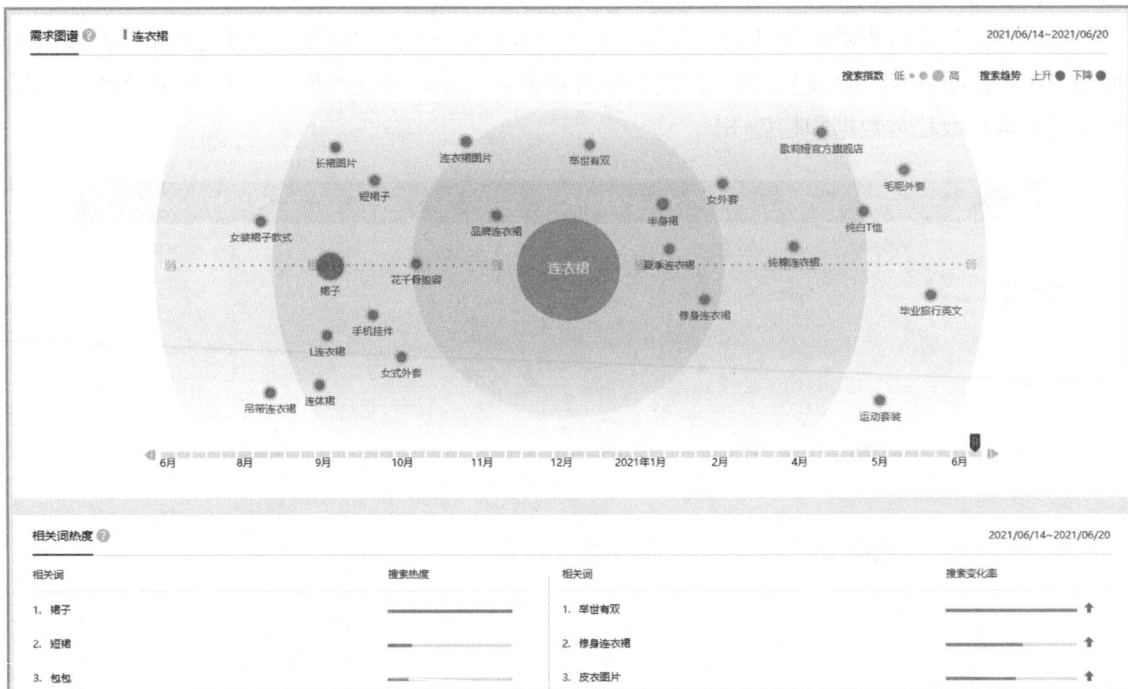

▲ 图2-3

（3）人群画像

百度指数的人群画像功能分为地域分布和人群属性两个板块。其中，地域分布主要显示关键词在各省市的排名情况；人群属性则显示关键词在各年龄段和不同性别之间的搜索分布情况。图 2-4 所示为连衣裙的地域分布和人群属性的搜索数据。

2. 生意参谋

生意参谋是阿里巴巴集团推出的数据平台，免费为商家提供自家店铺的数据，使商家了解店铺目前的经营状况，包括销售数据、访客数据、流量数据、推广数据等，也可以分析商品的营销、交易、物流、市场数据和竞争对手的相关数据。

访问生意参谋，输入账户和密码进行登录，即可查看和分析自家店铺各方面的数据。下面从几个主要方面简单介绍一下生意参谋的功能。

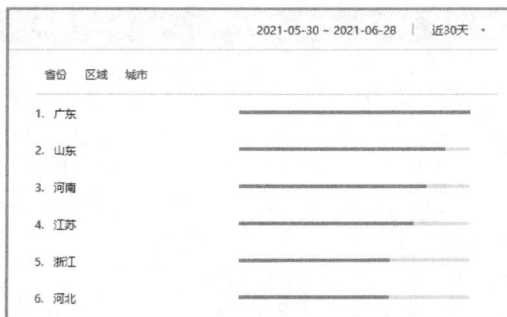

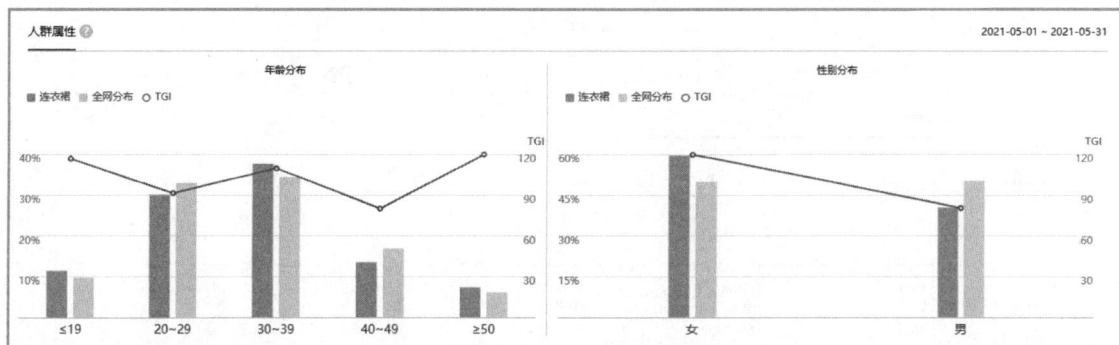

▲ 图2-4

（1）店铺概况

生意参谋首页显示的所有数据都是与店铺数据紧密相关的，商家通过首页就能了解到自家店铺的大体经营情况。图2-5所示为店铺的实时概况数据，其中显示了店铺当日的支付金额、访客数、支付买家数、浏览量、支付子订单数等数据，并显示了无线占比、昨日全天等对比数据。

▲ 图2-5

（2）实时数据

单击生意参谋上方导航栏中的【实时】链接即可进入实时直播版块，该版块会将店铺的实时概况、实时来源、实时榜单、实时访客、实时催付宝等数据进行汇总显示，单击左侧导航栏的相应链接即可查看对应的数据信息。图2-6所示为店铺的实时总览数据。

（3）经营分析

生意参谋的经营分析功能包括流量分析、品类分析、交易分析、内容分析、服务分析、营销分析、物流分析和财务分析等。单击上方导航栏中对应的链接即可查看相应的数据信息。图2-7所示为店铺当日的流量总览数据。

▲ 图2-6

▲ 图2-7

（4）市场竞争

在生意参谋上方导航栏中单击【市场】链接，即可进入市场竞争板块。生意参谋的市场竞争板块可显示市场行情和竞争对手的数据，但是该版块需要付费订购才可以使用，商家可以根据需要选择是否订购这些板块或其中的部分功能。订购后商家将看到市场或竞争对手的详细数据，部分敏感数据会做指数化处理。图2-8所示为市场监控看板页面（未订购）。

▲ 图2-8

（5）报表生成

在生意参谋上方导航栏中单击【自助分析】链接，即可进入自助分析板块，然后单击左侧导航栏的【新建报表】链接，在右侧会出现3个选项，分别是仪表盘、电子表格和取数报表，图2-9所示就是取数报表界面，只要根据需求设置好报表名称，选择好维度、时间、指标等内容，即可自动生成报表。当然平台也为商家提供了各类报表的模板，并且已设定好常用的各类指标，商家选择需要的报表类型，直接下载即可，十分方便。

▲ 图2-9

在电商数据分析中，一部分数据可以直接通过平台获取，但是由于电商涉及的数据来源很多，除了平台还有部分数据需要人工手动登记。例如，合同信息表和客户资料表，就需要人工将其手动登记在 Excel 中，以便于后续的统计与分析。接下来就介绍一下如何在 Excel 中登记或导入数据。

2.1.2 登记合同信息表

在市场经济活动中，合同无处不在，店铺租赁需要签合同、商品采购需要签合同、商家合作需要签合同、商品销售需要签合同……合同签订后，商家需要对其进行及时的查询和跟进，由于合同是有效的法律依据，因此合同信息管理对于商家来说至关重要。本节将介绍如何登记合同信息表。

1. 认识合同信息表

为了便于对大量的合同信息进行管理，我们需要将其登记或导入 Excel 中，以创建合同信息表。合同信息表主要用来登记各个合同上的重要数据，以便于后期对合同信息的统计与分析。

根据合同类别和分析需求的不同，合同信息表的结构也有所不同，主要体现在字段标题上。例如，图 2-10 所示为商品采购的合同信息表，它主要包括了合同信息、供货商信息、商品信息、订单信息等内容。

合同编码	签订日期	供货商代码	供货商名称	商品类别	商品代码	商品名称	商品单价	订单数量	订单金额	联系人	联系方式	城市	银行卡号	银行
SJK01-APR-56-2021-1-5	2021/1/5	APR-56	事***电子产品有限公司	手机壳	SJK01	软壳手机壳	19.00	172	3,268.00	孔朱婷	152****7683	上海	5525*********4006	农行
TM01-BWT-59-2021-1-6	2021/1/6	BWT-59	川***电子产品有限公司	贴膜	TM01	抗蓝光膜	15.00	91	1,365.00	陶翔欣	155****5010	广州	6222*********3202	建行
SJX01-SRY-15-2021-1-7	2021/1/7	SRY-15	巴***电子产品有限公司	数据线	SJX01	苹果数据线	18.00	202	3,636.00	陶忠娇	183****4626	深圳	4581*********6154	交行
EJX01-FGU-38-2021-1-8	2021/1/8	FGU-38	诺***电子产品有限公司	耳机	EJX01	有线耳机	27.00	85	2,295.00	孔昭东	189****5565	珠海	6222*********5125	工行

▲ 图2-10

2. 手动输入供货商信息

在店铺的经营管理中，很多数据都是需要手动输入的，常用的数据类型主要有文本、数值、日期和货币等，每种类型的数据都有自己特定的格式，只有输入正确格式的数据才能被系统识别，否则，容易导致数据的处理与分析操作难以进行。

文本型和数值型的数据都可以直接手动输入。输入方法有两种：一种是选中单元格后，双击鼠标左键进入编辑状态，然后直接输入数据；另一种是选中单元格，然后在编辑栏中输入内容，如图 2-11 所示。

日期和货币是比较特殊的数据类型，下面单独进行介绍。

（1）日期型数据

日期型数据是合同信息表中比较重要的数据。Excel 中常用的日期格式，有以斜杠"/"或短横线"-"连接年月日的短日期和以文字"年""月""日"连接的长日期，如图 2-12 所示。需要注意的是，当在单元格的常规格式（单元格默认的格式）下输入短横线"-"连接的日期后，系统会自动变为以斜杠"/"连接，并且无论哪种格式的日期，编辑栏中都是以斜杠"/"连接的，这是系统默认的日期格式。

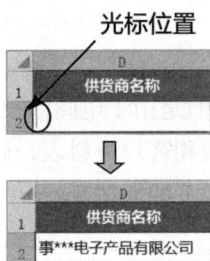
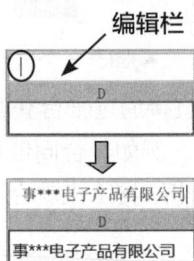

▲ 图2-11　　　　　　　　▲ 图2-12

（2）货币型数据

在商务活动中，涉及具体金额的数据通常会以货币格式显示，如图 2-13 所示。这个货币符号"¥"不是手动输入的，而是设置的单元格格式，只在单元格中显示，而实际上不存在。

货币型数据正确的输入方法：选中单元格，然后打开【设置单元格格式】对话框，在【数字】选项卡的【分类】列表框中选择【货币】选项，如图 2-14 所示。设置完成后，在单元格中输入数据即可显示货币符号了。

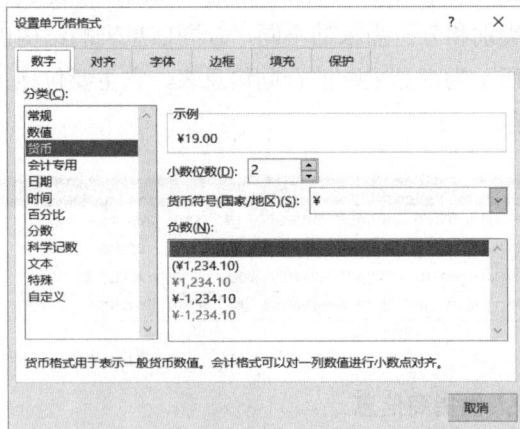

▲ 图2-13　　　　　　　　▲ 图2-14

各类合同数据的输入方法请扫描下面的二维码观看视频。

课堂练习	**将各类合同数据手动输入 Excel**
素材：第2章\合同信息表—原始文件	重点指数：★★★

微课视频

📺 **课堂解疑**

通过对单元格格式的设置来添加货币符号，并没有改变数字本身，即虽然单元格中显示的是货币格式，但是编辑栏中并没有货币符号，只有单纯的数字，因此可以进行计算。如果想要知道当前单元格的数字格式，切换到【开始】选项卡，在【数字】组中即可查看，如图2-15所示。

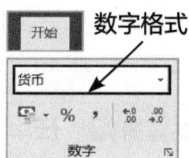

数字格式

▲ 图2-15

---

3. 自动填充合同编码

合同编码是合同信息表中非常重要的信息，它是区别各合同信息的唯一标识，就像每个人的身份证号码一样，是唯一的。因此通过合同编码就可以快速查找到指定的合同信息。

由于合同编码通常包含字母、数字和连接符等，字符个数也较多，如果一个个手动输入非常麻烦，而且一不小心就会出错。

通常合同编码都有固定的格式，本实例中，合同编码包含 3 个部分，分别是商品代码、供货商代码和签订日期，中间以短横线 "-" 连接，如图 2-16 所示。

	A	B	C	D	E	F
1	合同编码	签订日期	供货商代码	供货商名称	商品类别	商品代码
2	SJK01-APR-56-2021-1-5	2021/1/5	APR-56	事***电子产品有限公司		SJK01

▲ 图2-16

如何将这 3 个部分的内容连接起来呢？这里可以使用连字符 "&" 来实现。它可以将两个或两个以上单元格中的内容合并到一个单元格中显示。例如，将A1 和B1 单元格的内容连接起来，其公式如图 2-17 所示（合同编码的公式内容详见下方的课堂练习）。

C1	⋮	✕ ✓ fx	=A1&B1

	A	B	C
1	准备	123	准备123

▲ 图2-17

需要注意的是，合同编码中的日期格式与签订日期的格式是不同的，因此不能用连字符 "&"直接连接，需要将签订日期中的 "年" "月" "日" 分别提取出来，再用 "&" 和短横线 "-" 连接起来。提取签订日期中的 "年" "月" "日" 可以使用以下 3 个函数，如表 2-1 所示。

表 2-1 　　　　　　　　　　　　　　相关函数

函数	功能	语法结构	示例
YEAR	提取指定的年	YEAR(日期)	公式：=YEAR("2021/5/1") 结果：2021
MONTH	提取指定的月	MONTH(日期)	公式：=MONTH("2021/5/1") 结果：5
DAY	提取指定的日	DAY(日期)	公式：=DAY("2021/5/1") 结果：1

课堂练习　在单元格中自动填充合同编码

素材：第2章\合同信息表01—原始文件　　　　　　　重点指数：★★★★

微课视频

01 打开本实例的原始文件，选中 A2 单元格，输入图 2-18 中所示的公式。

A2	fx	=F2&"-"&C2&"-"&YEAR(B2)&"-"&MONTH(B2)&"-"&DAY(B2)

	A	B	C	D	E	F
1	合同编码	签订日期	供货商代码	供货商名称	商品类别	商品代码
2	SJK01-APR-56-2021-1-5	2021/1/5	APR-56	事***电子产品有限公司		SJK01
3		2021/1/6	BWT-59	川***电子产品有限公司		TM01

=F2&"-"&C2&"-"&YEAR(B2)&"-"&MONTH(B2)&"-"&DAY(B2)

▲ 图2-18

02 将鼠标指针移至 A2 单元格的右下角，当指针变为十字形状时，双击鼠标左键，即可将公式向下填充，如图 2-19 所示。

A2	fx	=F2&"-"&C2&"-"&YEAR(B2)&"-"&MONTH(B2)&"-"&DAY(B2)

	A	B	C	D	E	F
1	合同编码	签订日期	供货商代码	供货商名称	商品类别	商品代码
2	SJK01-APR-56-2021-1-5	2021/1/5	APR-56	事***电子产品有限公司		SJK01
3		2021/1/6	BWT-59	川***电子产品有限公司		TM01

	A	B	C	D	E	F
1	合同编码	签订日期	供货商代码	供货商名称	商品类别	商品代码
2	SJK01-APR-56-2021-1-5	2021/1/5	APR-56	事***电子产品有限公司		SJK01
3	TM01-BWT-59-2021-1-6	2021/1/6	BWT-59	川***电子产品有限公司		TM01
4	SJX01-SRY-15-2021-1-7	2021/1/7	SRY-15	巴***电子产品有限公司		SJX01
5	EJX01-FGU-38-2021-1-8	2021/1/8	FGU-38	诺***电子产品有限公司		EJX01

▲ 图2-19

专家提示

公式中使用标点符号时，一定要在英文半角状态下输入。

如果出现文本字符，则需要用英文双引号引起来，例如，上述实例中的短横线"–"。

4. 制作下拉列表限定输入的商品类别

在表格中录入数据时，如果某些数据是固定的、需要反复录入，而且类别又不是很多，这种情况下就可以将这些数据制作成下拉列表，在录入时直接从下拉列表中选择即可。这样既能节省时间，又能避免手误出错，提高工作效率。制作下拉列表，需要使用数据验证功能。

课堂练习　制作下拉列表限定输入的商品类别

素材：第2章\合同信息表02—原始文件　　　　　　重点指数：★★★★

微课视频

---

01 打开本实例的原始文件，单击工作表标签右侧的加号 ⊕，新建一个工作表，重命名为"商品参数"，在该工作表中输入下拉列表选项的内容，即所有的商品类别，如图 2-20 所示。

▲ 图2-20

专家提示

用于制作下拉列表选项的内容尽量不要放在原有的工作表中，避免数据区域的变动影响下拉列表选项的内容。建议单独创建一张表，专门用来存放下拉列表选项的内容。

02 切换到 Sheet1 工作表，选中 E2 向下的所有单元格，切换到【数据】选项卡，单击【数据工具】组中的【数据验证】按钮，如图 2-21 所示。

▲ 图2-21

03 弹出【数据验证】对话框，切换到【设置】选项卡，在【允许】下拉列表中选择【序列】选项，将光标定位到【来源】文本框中，然后切换到"商品参数"表，选中 A2:A8 单元格区域（也可以直接在文本框中输入相关内容，商品类别之间用英文逗号","隔开即可），如图 2-22 所示。

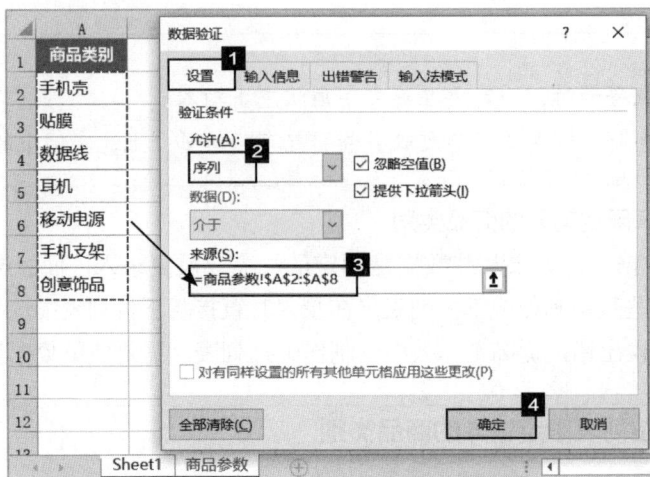

▲ 图2-22

04 切换到【出错警告】选项卡，在【样式】下拉列表中选择【警告】选项，在【错误信息】文本框中输入"请从下拉列表中选择商品类别"，最后单击【确定】按钮，如图 2-23 所示。

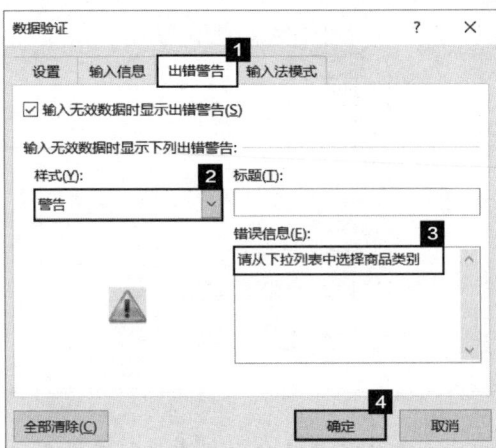

▲ 图2-23

05 选中 E2 单元格后，其右侧会出现一个下拉按钮，单击该下拉按钮，在下拉列表中即可选择商品类别，如图 2-24 所示。如果手动输入的内容与下拉列表中的不符，会弹出提示框，如图 2-25 所示，单击【是】按钮，从下拉列表中重新选择即可。

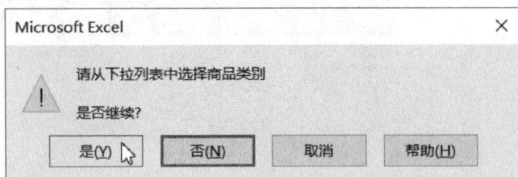

▲ 图2-24　　　　　　　　　▲ 图2-25

5. 规范输入银行卡号

银行卡号是经常需要手动录入的信息，但是直接在单元格中输入，由于数字太长，系统会以科学计数法显示，这个问题该如何解决呢？

在学习具体的操作之前，我们先来了解一下 Excel 的科学计数法显示模式。在 Excel 中，能直接在单元格中显示的最大整数为 11 位，能支持的最大整数为 15 位。

例如，在 S2 单元格中输入 11 位数字"12345678901"，可以正常显示，如图 2-26 所示；如果在 S3 单元格中输入 12 位数字"123456789012"，则会以科学计数法显示，如图 2-27 所示。

▲ 图2-26

▲ 图2-27

在单元格中，11 位以上的数字会以科学计数法显示，但在编辑栏中仍然可以看到完整的数字。例如，在图 2-28 的 S4 单元格中输入 15 位数字，单元格中以科学计数法显示，但在编辑栏中可以看到完整的数字。当数字位数超过 15 位时，从第 16 位起的位数都会以 0 代替，例如，在图 2-29 的 S5 单元格中输入 19 位数字，在编辑栏中可以看到从第 16 位起的位数都以 0 代替。

▲ 图2-28

▲ 图2-29

课堂练习 **在单元格中显示完整的银行卡号**

素材：第2章\合同信息表03—原始文件　　　　重点指数：★★★★

微课视频

██ **01** 选中要输入银行卡号的列，切换到【开始】选项卡，在【数字】组中将【数字格式】设置为【文本】，如图 2-30 所示。

██ **02** 在单元格中直接输入银行卡号即可完整显示，如图 2-31 所示。

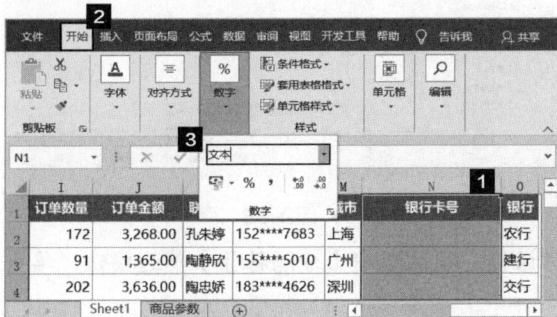

▲ 图2-30

▲ 图2-31

2.1.3 导入客户资料表

在大数据时代，商家都知道客户资料的重要性。对客户资料进行收集和有效地整理是店铺管理的核心工作，可以更好地进行精准推广，提高店铺的交易额。

1. 认识客户资料表

为了便于管理大量的客户信息，需要将其登记到 Excel 中，形成客户资料表。客户资料表主要用来登记各个客户的基本信息，以便于后期对客户信息的统计与分析。

根据分析需求或目的的不同，客户资料表的结构也有所不同，例如，图 2-32 所示为一个简单的客户资料表，它主要包含序号、客户名称、电话、联系地址、购买商品、付款方式等内容。

序号	客户名称	电话	联系地址	购买商品	单价	订单数量	订单金额	付款方式	下单时间
SL-0001	谢胜敏	135****1213	四川省自贡市沿滩区	软壳手机壳	19	1	19	在线付款	2021.1.1
SL-0002	卫影	137****4473	广东省珠海市香洲区	抗蓝光膜	15	1	15	在线付款	2021.1.1
SL-0003	金笑白	138****9100	浙江省宁波市奉化市	苹果数据线	18	1	18	在线付款	2021.1.2
SL-0004	杨雪梅	135****8725	山东省淄博市沂源县	有线耳机	27	1	27	在线付款	2021.1.2

▲ 图2-32

2. 导入 TXT 格式的客户信息

工作中有些数据是文本格式的，例如临时记录在文本文件中的客户信息，如何将它们整理到 Excel 中呢？无须手动重新输入，使用导入数据功能即可，具体操作如下。

课堂练习	将文本格式的客户数据导入 Excel	
素材：第2章\客户资料表—原始文件	重点指数：★★★★	微课视频

01 新建一个 Excel 工作簿，切换到【数据】选项卡，单击【获取外部数据】组中的【自文本】按钮，如图 2-33 所示。

02 弹出【导入文本文件】对话框，选中"客户资料表—原始文件 .txt"文件，单击【导入】按钮，如图 2-34 所示。

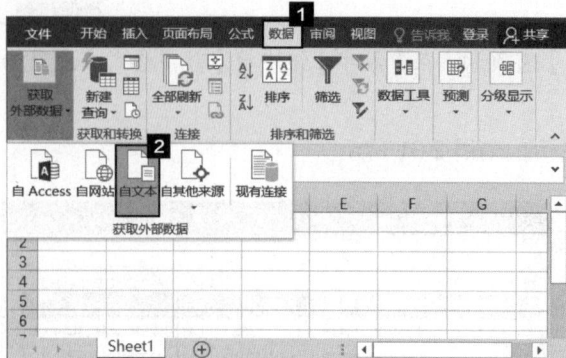

▲ 图2-33

▲ 图2-34

03 弹出【文本导入向导 - 第 1 步，共 3 步】对话框，默认选中【分隔符号】单选按钮，单击【下一步】按钮，如图 2-35 所示。

04 弹出【文本导入向导-第2步，共3步】对话框，默认勾选【Tab键】复选框，单击【下一步】按钮，如图2-36所示。

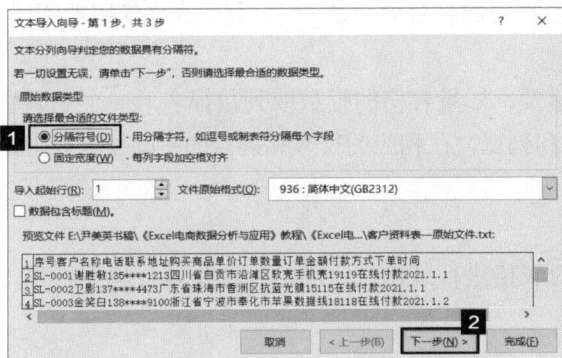 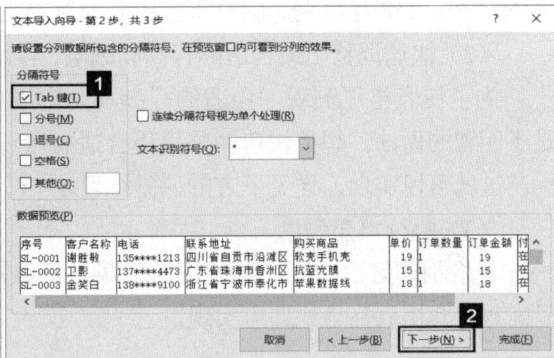

▲ 图2-35　　　　　　　　　　　　　　　　▲ 图2-36

05 弹出【文本导入向导-第3步，共3步】对话框，选中【常规】单选按钮，单击【完成】按钮，如图2-37所示。

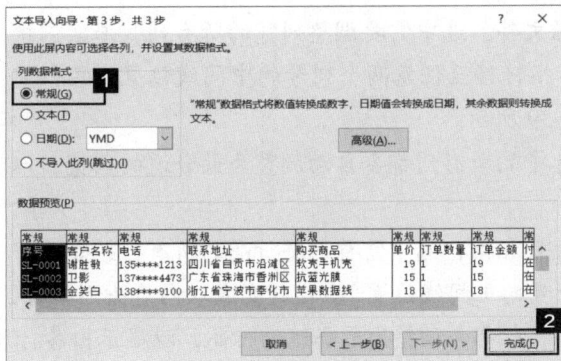

▲ 图2-37

06 弹出【导入数据】对话框，在【数据的放置位置】下选中【现有工作表】单选按钮，在文本框中输入 "=$A$1"，单击【确定】按钮，如图2-38所示。

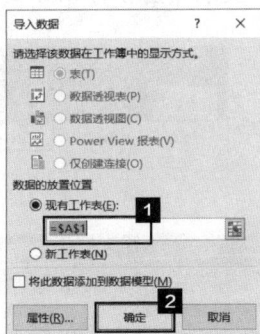

	A	B	C	D	E	F
1	序号	客户名称	电话	联系地址	购买商品	单价
2	SL-0001	谢胜敏	135****1213	四川省自贡市沿滩区	软壳手机壳	19
3	SL-0002	卫影	137****4473	广东省珠海市香洲区	抗蓝光膜	15
4	SL-0003	金笑白	138****9100	浙江省宁波市奉化市	苹果数据线	18
5	SL-0004	杨雪梅	135****8725	山东省淄博市沂源县	有线耳机	27
6	SL-0005	熊竹	138****4021	四川省泸州市江阳区	5000毫安移动电源	88
7	SL-0006	孙红萍	135****9705	山东省济南市章丘市	桌面手机支架	25
8	SL-0007	卫梓涵	135****3765	福建省漳州市龙文区	指环扣	12
9	SL-0008	周馨语	134****8216	四川省宜宾市兴文县	硬壳手机壳	12
10	SL-0009	冯幻波	138****6323	四川省自贡市自贡市	防指纹膜	16
11	SL-0010	冯可	139****3450	福建省漳州市长泰县	安卓数据线	16
12	SL-0011	秦影	137****9640	江苏省泰州市泰州市	蓝牙耳机	38
13	SL-0012	曹凌迦	136****4969	四川省雅安市雅安市	10000毫安移动电源	129

▲ 图2-38

3. 美化客户资料表

文本文件被导入 Excel 后，会以系统默认格式显示，字体较小，行间距较密，看起来既不美观也不易读。因此需要对表格进行整体的美化操作，这里介绍几个简单易用的操作。

（1）设置字体格式和对齐方式

Excel 默认的字体格式是等线体、11 号，看起来又细又小，建议选择微软雅黑等颜色较深的字体，字号设置为 12 号，同时将标题居中显示，这样看起来会更清楚一些，利于表格使用者阅读。

（2）快速调整出最合适的行高和列宽

为了使表格更美观，合适的行高和列宽很重要，如果表格的行数或列数很多，一个个调整是不明智的做法，想要快速调整出最合适的行高和列宽，在相应的行号和列号的中间线上双击鼠标左键就可以实现，详见下方的课堂练习。

（3）隔行填充颜色

表格制作好后，为了增强阅读效果，可以对表格进行装饰。常用的方法是隔行填充颜色，只需直接套用表格格式即可实现。

课堂练习　**对客户资料表进行整体美化**

素材：第2章\客户资料表01——原始文件　　　　　　重点指数：★★★

微课视频

01 打开本实例的原始文件，选中需要调整列宽的所有列，本实例中选中 A:J 列，然后将鼠标指针移至任意两个列号的中间线位置，指针变成双向箭头形状，如图 2-39 所示。

02 双击鼠标左键，选中的所有列都会自动调整为最合适的列宽，以显示出各列的全部内容。

03 调整行高的操作大致相同，选中需要调整行高的所有行，然后将鼠标指针移至任意两个行号的中间线位置，当指针变成双向箭头形状时，双击鼠标左键，选中的所有行都会调整为最合适的行高，以显示出各行的全部内容。

▲ 图2-39

04 选中 A1:J368 单元格区域，切换到【开始】选项卡，单击【样式】组中的【套用表格格式】按钮，在下拉列表中选择一种合适的格式，如图 2-40 所示。

05 弹出【套用表格式】对话框，勾选【表包含标题】复选框，单击【确定】按钮，返回工作表，在【表格工具】的【设计】选项卡下，取消勾选【筛选按钮】复选框，效果如图 2-41 所示。

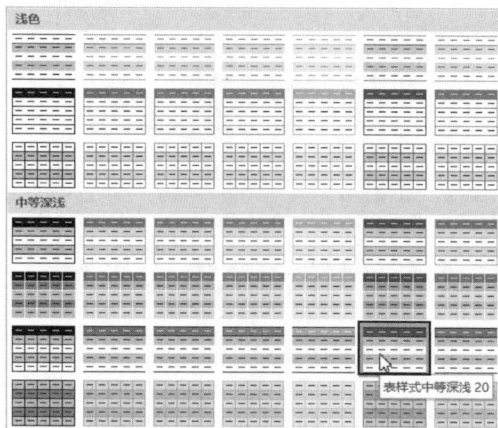

▲ 图2-40

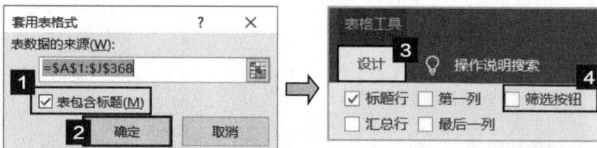

▲ 图2-41

专家提示

为数据区域套用表格格式后，数据区域会转换为智能表格，在【表格工具】的【设计】选项卡下，可以对智能表格进行设置，例如，插入切片器、汇总行和筛选按钮等。

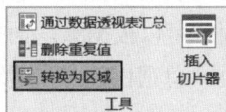

如果想要将智能表格转换为普通数据区域，单击【工具】组中的【转换为区域】按钮即可，如图2-42所示。此操作仅转换智能表格，仍保留外观样式。

▲ 图2-42

2.2 店铺数据的预处理

在电商数据分析中，采集到的数据可能会存在不完整、不一致、不规范等情况，这些异常数据严重时可能会直接影响到分析结果。因此，我们在进行数据分析前需要对数据进行预处理，使其满足数据分析的条件。

数据预处理的内容包括数据清洗、数据合并、数据转化、批量整理、取消合并等内容，下面分别进行介绍。

2.2.1 店铺数据的简单清洗

数据清洗是对数据的完整性、一致性和准确性进行审查和校验的过程。下面将围绕数据清洗的目的，利用 Excel 将缺失的数据补充完整，将重复的数据进行筛选清除，将错误的数据进行纠正或删除。

1. 缺失数据的清洗

在数据采集的过程中，缺失的数据常常显示为错误标识符（#DIV/0!）或空值，为了保证采集数据的完整性，我们可以运用一些方法查找缺失数据并对其进行处理。

在 Excel 中我们可以直接使用【Ctrl】+【G】组合键调出定位功能，在【定位条件】对话框中选择【错误】或【空值】，就可以直接定位到数据表中的错误或空值了。那么面对缺失的数据，该如何处理呢？

处理缺失数据的清洗方法一般有以下 4 种，如图 2-43 所示。

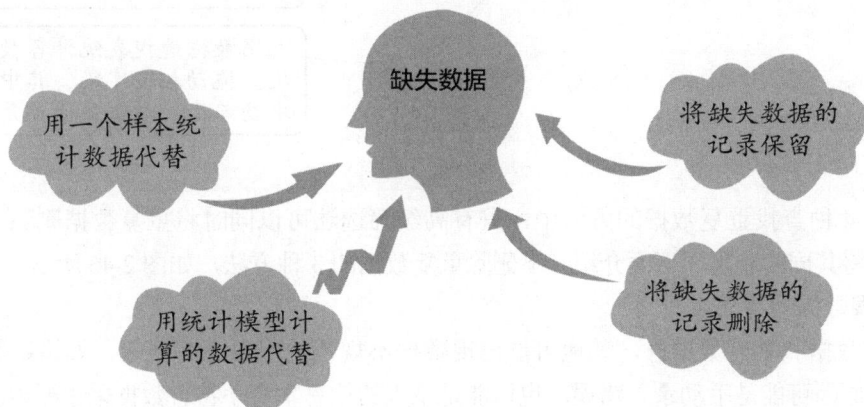

▲ 图2-43

37

下面通过采用一个样本统计数据代替缺失数据的实例进行具体说明，如图 2-44 所示。6 月某网店的购买客户数和人均消费额都有缺失的情况，由于考虑到每天的人均销售额相对稳定，因此可以根据人均消费额缺失值前后的平均值来填充人均消费额，进而可以根据公式"购买客户数 = 总销售额 ÷ 人均消费额"，计算出购买客户数。

	A	B	C	D
1	日期	总销售额/元	购买客户数	人均消费额/元
2	2021/6/1	2,387	21	113.67
3	2021/6/2	2,330	21	110.94
4	2021/6/3	2,256	空值	#DIV/0!
5	2021/6/4	2,164	20	108.20

▲ 图2-44

在数据清洗的过程中，如果数据量较大，缺失的数据较多，可以在【定位条件】对话框中选择【空值】，定位出数据中的所有空值，然后输入平均值，最后按【Ctrl】+【Enter】组合键，即可在选中的所有空值单元格中输入平均值。

2. 重复数据的清洗

重复数据一般分为实体重复和字段重复两种。其中实体重复是指所有字段完全重复；字段重复则表示某一个或多个不该重复的字段重复，如商品编号、姓名等字段重复。

为了保证数据的一致性，我们需要对重复数据进行清洗。在清洗前，我们首先应该查找重复数据，以 Excel 为例，查找重复数据主要有以下 4 种方法，如图 2-45 所示。

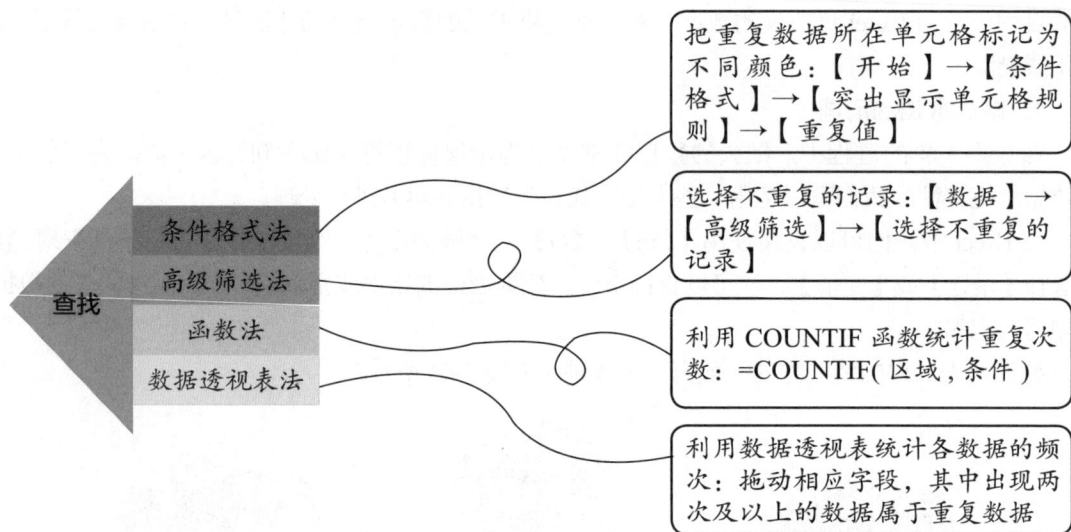

把重复数据所在单元格标记为不同颜色：【开始】→【条件格式】→【突出显示单元格规则】→【重复值】

选择不重复的记录：【数据】→【高级筛选】→【选择不重复的记录】

利用 COUNTIF 函数统计重复次数：=COUNTIF(区域，条件)

利用数据透视表统计各数据的频次：拖动相应字段，其中出现两次及以上的数据属于重复数据

查找：条件格式法、高级筛选法、函数法、数据透视表法

▲ 图2-45

在以上 4 种查找重复数据的方法中，只有高级筛选法可以同时将重复数据删除，其他 3 种方式都无法将其同时删除。下面介绍一下删除重复数据的 3 种方法，如图 2-46 所示。

3. 错误数据的清洗

除缺失数据和重复数据外，其他可能出现数据不规范的现象还有很多，如错误数据。错误数据产生的原因可能是手动录入错误，也可能是录入的信息本身不符合数据采集要求。因此，为了保证采集到的数据的准确性，我们需要对错误数据进行清洗处理。

01	菜单删除	●	切换到【数据】选项卡，单击【数据工具】组中的【删除重复项】按钮，在弹出的对话框中将提示发现的重复值数量、删除的重复值数量，以及保留的唯一值数量。
02	排序删除	●	在使用 COUNTIF 函数对重复数据进行标识的基础上，对统计结果列进行降序排序，然后删除数值大于 1 的项。
03	筛选删除	●	在使用 COUNTIF 函数对重复数据进行标识的基础上，对统计结果列进行筛选，筛选出数值不等于 1 的项并将其删除。

▲ 图2-46

（1）清洗手动录入的错误数据

假设在一个表格中只允许输入数字"0"和"1"，除此之外的数字被视为错误数据。这种情况下，可以联合使用条件格式功能和 OR 函数，标记出错误数据。

OR 函数的语法规则：OR(logical1,logical2,...)。在其参数中，任何一个参数的逻辑值为 TRUE，则结果为 TRUE；所有参数的逻辑值为 FALSE，其结果才为 FALSE。

那么，如何才能找出手动录入的错误数据呢？首先选中需要检查的单元格区域，切换到【开始】选项卡，单击【条件格式】按钮，在下拉列表中选择【新建规则】选项，弹出【新建格式规则】对话框，在【选择规则类型】列表框中选择【使用公式确定要设置格式的单元格】选项，输入公式 "=OR(B2=1,B2=0)=FALSE"，单击【格式】按钮，在【设置单元格格式】对话框中将填充颜色设置为【红色】，单击【确定】按钮，返回【新建格式规则】对话框，单击【确定】按钮，返回工作表。此时选中的单元格区域中，手动录入的错误数据所在的单元格都被标记为红色，如图 2-47 所示。

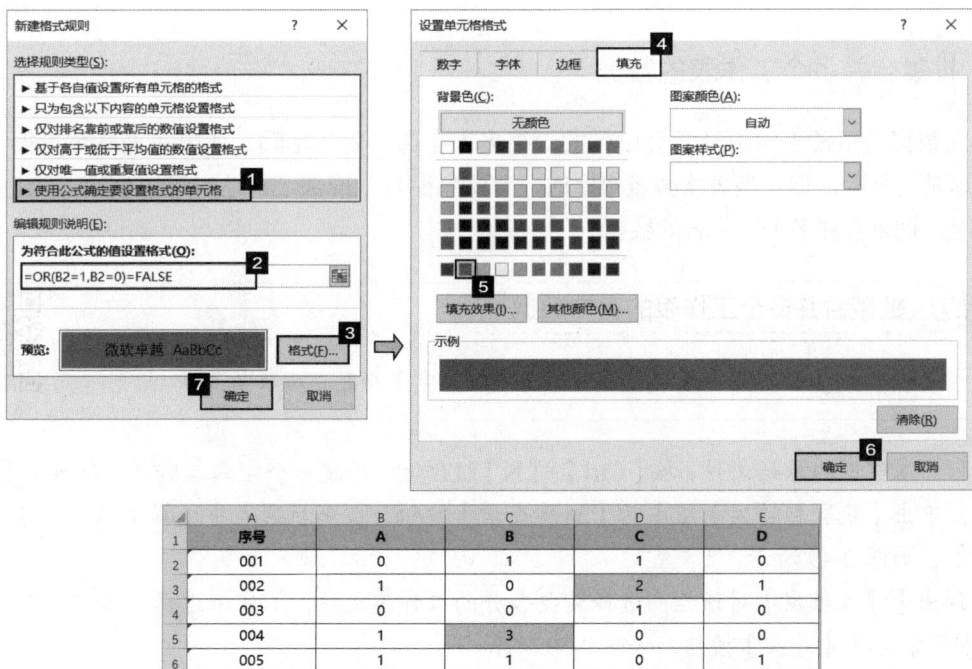

△	A	B	C	D	E
1	序号	A	B	C	D
2	001	0	1	1	0
3	002	1	0	2	1
4	003	0	0	1	0
5	004	1	3	0	0
6	005	1	1	0	1

▲ 图2-47

（2）清洗不符合要求的错误数据

在对客户进行问卷调查时，若多项选择题要求最多选择 3 项，而客户选择了 4 项或 4 项以上，这也会被认定为不符合要求的错误数据。对于这种情况，我们可以使用 COUNTIF 函数，根据指定的条件并利用 IF 函数来判断真假，返回相应的内容。

COUNTIF 函数的语法规则：COUNTIF(range,criteria)。其中，range 参数为计数非空单元格数据的区域，criteria 参数为以数字、表达式或文本形式定义的条件。

IF 函数的语法规则：IF(logical-test,value-if-true,value-if-false)。其中，logical-test 参数表示结果为 TRUE 或 FALSE 的表达式，value-if-true 参数表示 logical-test 为 TRUE 时返回的值，value-if-false 参数表示 logical-test 为 FALSE 时返回的值。

下面以客户问卷调查中的多项选择题为例，统计出不符合要求的错误数据。图 2-48 中共设置了 A ～ F 共 6 个选项，需要通过函数判断客户是否选择了 3 项以上。在 H2 单元格中输入公式 =IF(COUNTIF(B2:G2,"<>0")>3," 错误 "," 正确 ")，将公式向下填充，当客户选择了 3 项以上时，返回"错误"，否则返回"正确"。可以看到，H3 单元格显示为"错误"，客户选择了 4 个选项。

H2		× ✓ fx	=IF(COUNTIF(B2:G2,"<>0")>3,"错误","正确")					
	A	B	C	D	E	F	G	H
1	序号	A	B	C	D	E	F	是否错误
2	001	0	1	1	0	0	1	正确
3	002	1	0	1	1	1	0	错误
4	003	0	0	1	0	0	0	正确
5	004	1	0	0	0	1	0	正确

▲ 图 2-48

2.2.2　批量合并多个工作表的数据

合并数据是日常工作中经常会碰到的，很多人会选择复制粘贴，如果在表格数量很少的情况下，这是可行的，但是当表格数量很多时，复制粘贴就太麻烦了。这时可以使用 Excel 的导入数据功能，批量合并多个工作表的数据。

课堂练习	**批量合并多个工作表的客户数据**	
素材：第 2 章 \ 客户资料表 02—原始文件	重点指数：★★★★★	

 微课视频

01 打开本实例的原始文件，按【Ctrl】+【N】组合键，新建一个空白工作簿。切换到【数据】选项卡，单击【获取和转换】组中的【新建查询】按钮，在下拉列表中选择【从文件】→【从工作簿】，如图 2-49 所示。

02 弹出【导入数据】对话框，选择需要合并的工作簿文件，本实例选择"客户资料表 02—原始文件"，单击【导入】按钮，如图 2-50 所示。

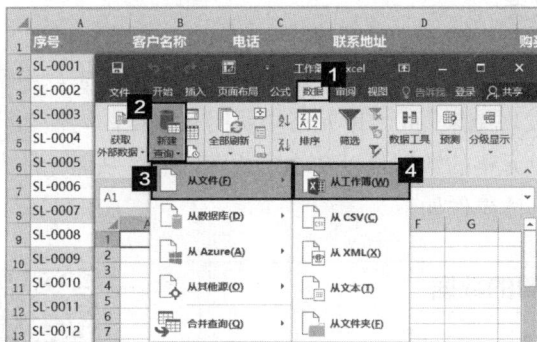

▲ 图2-49　　　　　　　　　　　　　　▲ 图2-50

03 弹出【导航器】对话框，勾选【选择多项】复选框，在下方依次勾选各个工作表，单击【编辑】按钮，如图 2-51 所示。

04 弹出【客户资料表 01- 查询编辑器】，切换到【开始】选项卡，单击【合并】组中的【追加查询】按钮，如图 2-52 所示。

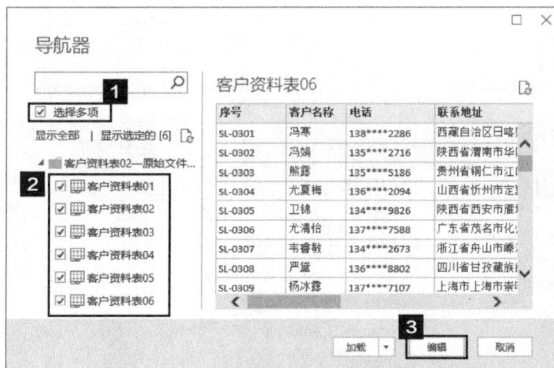
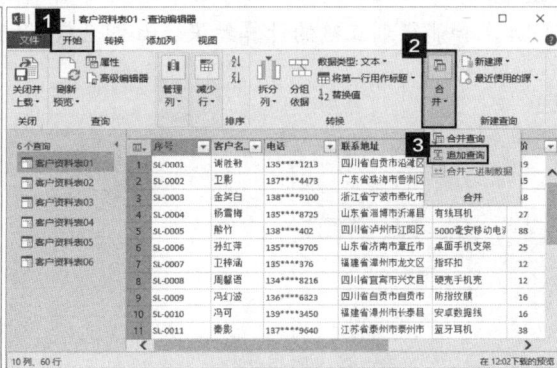

▲ 图2-51　　　　　　　　　　　　　　▲ 图2-52

05 弹出【追加】对话框，单击下拉按钮，可以看到下拉列表中显示当前表为"客户资料表 01"，选中"客户资料表 02"，单击【确定】按钮，如图 2-53 所示。

06 重复步骤 04 和步骤 05 的操作，依次将剩余的工作表追加到当前表中，追加完成后，单击左上角的【关闭并上载】按钮，稍等一会儿即可上载完成。完成后，工作表 Sheet2 中的数据即为合并后的数据，如图 2-54 所示，将其余的工作表删除即可。

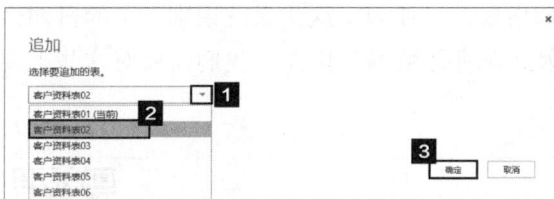
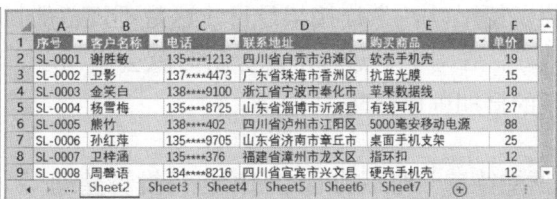

▲ 图2-53　　　　　　　　　　　　　　▲ 图2-54

2.2.3 将不可计算的数据转化为可计算的数据

在 Excel 中经常会看到这样的一些数据，在单元格的左上角有一个绿色的小三角标志，当使用函数公式对这些单元格的数据进行求和时，会发现结果为 0。单元格中明明有数据，为什么计算结果会是 0 呢？因为这些绿色的小三角表示该单元格的数据是以文本形式存储的，从而无法参与函数计算。如何将其转换为可计算的数据呢？具体操作如下。

课堂练习 **将文本格式的订单数据转化为可计算的数据**

素材：第2章\客户资料表03—原始文件　　　　　　　重点指数：★★★★
　　　　　　　　　　　　　　　　　　　　　　　　　　　　　　　　微课视频

01 打开本实例的原始文件，可以看到 G2 单元格所在列向下的所有单元格的左上角都显示有绿色的小三角标志，在 L2 单元格中使用 SUM 函数求和的结果为 0。选中 G2 单元格所在列向下的所有单元格，旁边会出现一个智能下拉按钮，单击该下拉按钮，在下拉列表中选择【转换为数字】选项，如图 2-55 所示。

02 操作完成后，所有的绿色小三角都消失了（文本型转换成数值型），在 L2 单元格中使用 SUM 求和能得到正确的计算结果，如图 2-56 所示。

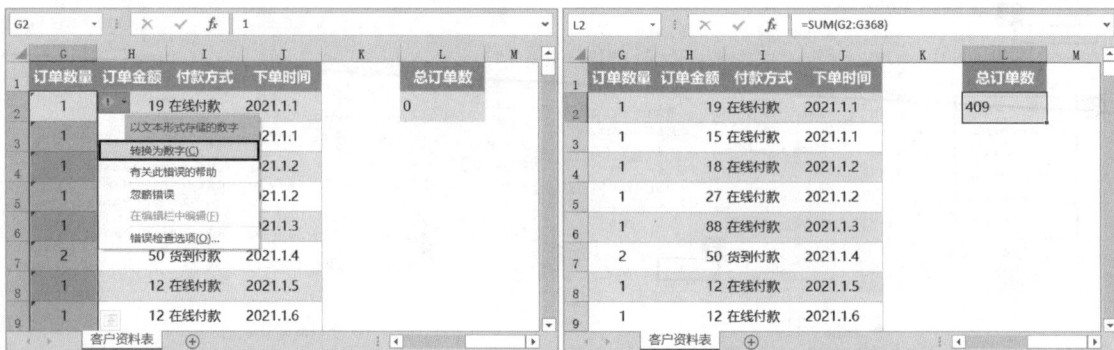

▲ 图2-55　　　　　　　　　　　　　　　　　　▲ 图2-56

2.2.4 不规范日期的批量整理

在日常工作中，可能会碰到各种各样的日期格式，有的日期格式能被系统识别，有的则识别不了，例如，常用的日期格式是以斜杠 "/" 或短横线 "-" 连接年月日的，但是很多人习惯了使用以 "." 连接年月日，这是不规范的日期格式，当使用了这些系统识别不了的日期格式时，在对数据进行汇总分析时就会出问题。因此在进行数据分析前，我们需要对这些不规范的日期进行整理。

课堂练习 **对不规范的日期进行批量整理**

素材：第2章\客户资料表04—原始文件　　　　　　　重点指数：★★★★
　　　　　　　　　　　　　　　　　　　　　　　　　　　　　　　　微课视频

01 打开本实例的原始文件，选中 J 列，切换到【数据】选项卡，单击【数据工具】组中的【分列】按钮，如图 2-57 所示。

02 弹出【文本分列向导-第 1 步，共 3 步】对话框，默认选中【分隔符号】单选按钮，单击【下一步】按钮，如图 2-58 所示。

03 弹出【文本分列向导-第 2 步，共 3 步】对话框，默认勾选【Tab 键】复选框，单击【下一步】按钮，如图 2-59 所示。

▲ 图2-57

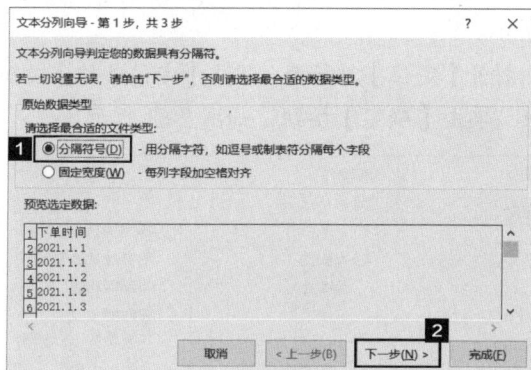

▲ 图2-58

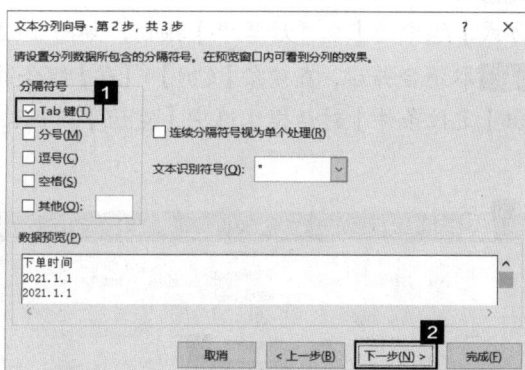

▲ 图2-59

04 弹出【文本分列向导-第 3 步，共 3 步】对话框，选中【日期】单选按钮，单击【完成】按钮，如图 2-60 所示。

05 J 列的所有日期都变为以斜杠 "/" 连接的规范日期了，如图 2-61 所示。

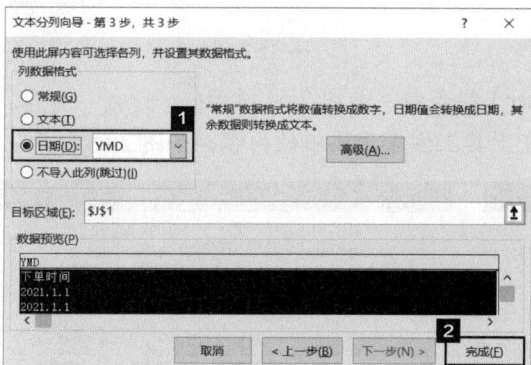

▲ 图2-60

▲ 图2-61

专家提示

上述批量整理不规范的日期使用的是"分列法"，另外还可以使用"替换法"：按【Ctrl】+【H】组合键调出【查找和替换】对话框，将不规范的日期连接符（如"."）替换为规范的日期连接符（如"/"和"-"）。

2.2.5 批量取消合并单元格并填充

在制作表格时，很多人喜欢将单元格合并，这样会让表格看起来更美观，但是这种做法会给二次统计分析带来麻烦。因此如果制作的是基础数据表，主要目的是记录基础数据，为统计分析做准备，就不能合并单元格。

课堂练习	将"付款方式"列取消合并并批量填充	
素材：第2章\客户资料表05—原始文件		重点指数：★★★★

微课视频

01 打开本实例的原始文件，选中I2单元格向下的数据区域，切换到【开始】选项卡，单击【对齐方式】组中的【合并后居中】按钮，如图2-62所示。

02 取消合并后，直接按【Ctrl】+【G】组合键，打开【定位】对话框，单击【定位条件】按钮，弹出【定位条件】对话框，选中【空值】单选按钮，单击【确定】按钮，如图2-63所示。

▲ 图2-62

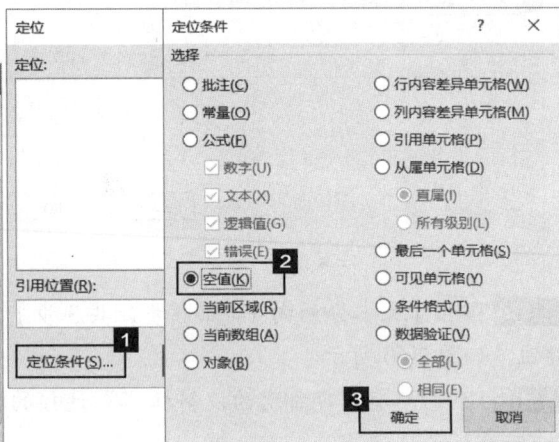

▲ 图2-63

03 在编辑栏中输入"=I2"，按【Ctrl】+【Enter】组合键，如图2-64所示。

04 操作完成后，选中的所有空单元格都被填充上其上方单元格中的内容，如图2-65所示。

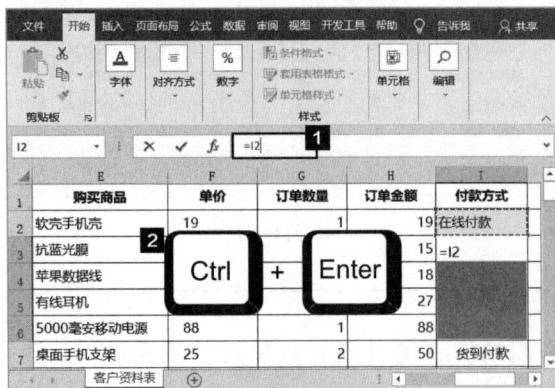

▲ 图2-64

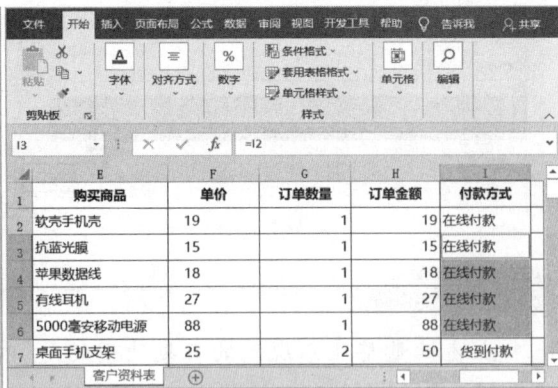

▲ 图2-65

📺 **课堂解疑**

在步骤04中，【Ctrl】+【Enter】组合键有快速复制功能，相当于在I4单元格中输入公式"=I3"，在I5单元格中输入公式"=I4"，依次类推。到I7单元格时，其内容是常量，没有公式，而在I8单元格中的公式为"=I7"，因此I7向下的空单元格中输入的就是I7单元格中的内容，依此类推。

2.3　店铺数据的查看与输出

在电商数据分析中，有些表格的数据量非常大，无论是查看、核对还是打印输出，都非常不方便，但我们了解一些实用的技巧，就能很好地解决日常工作中的需求和一些没必要的麻烦，提高办公效率。本节将介绍查看与输出店铺数据的常用技能。

2.3.1　让表格标题在滚动查看时固定

在处理数据量较大的表格，向下拖动滚动条查看数据时，表格的标题栏就不见了。那么，如何将表格设置成无论怎样滚动，标题都能始终显示呢？具体操作如下。

课堂练习 将销售数据表的首行和首列固定显示

素材：第2章\销售数据表—原始文件　　　　重点指数：★★★

微课视频

■■■**01** 打开本实例的原始文件，选中B2单元格，切换到【视图】选项卡，单击【窗口】组中的【冻结窗格】按钮，在下拉列表中选择【冻结拆分窗格】，如图2-66所示。

■■■**02** 当拖动工作表下方或右侧的滑块向右或向下查看数据时，表格的标题行和第1列依然显示。若要恢复到正常状态，再次单击【冻结窗格】的下拉按钮，选择【取消冻结窗格】选项即可，如图2-67所示。

▲ 图2-66

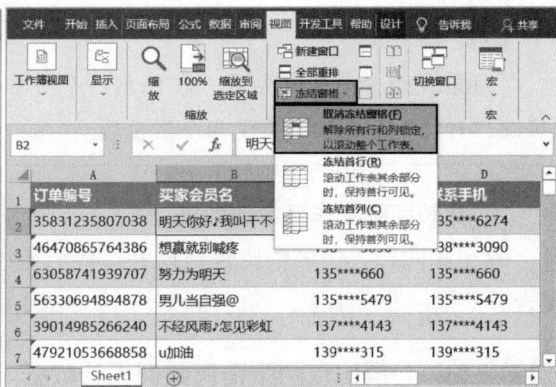
▲ 图2-67

以上展示的是同时冻结表格的首行和首列的操作，如果只需冻结首行或首列，在【冻结窗格】的下拉列表中选择【冻结首行】或【冻结首列】即可。

2.3.2 分屏比较数据

1. 比较同一工作表的数据

有时我们需要对比同一张工作表中不同区域的数据，例如工作表中上下或左右区域的数据，这时需要使用拆分功能。

课堂练习	分屏比较同一销售数据表的数据	
素材：第2章\销售数据表01—原始文件	重点指数：★★	 微课视频

01 打开本实例的原始文件，选择要分屏查看的位置，这里选中第5行，切换到【视图】选项卡，单击【窗口】组中的【拆分】按钮，如图2-68所示。

02 在第5行的上方会出现一条灰色的水平粗线条，将屏幕分为上下两部分，此时上下两部分可以分别显示不同的区域，如图2-69所示。

▲ 图2-68

▲ 图2-69

专家提示

屏幕并拆分为两部分后，在任意一个屏幕中修改数据，被拆分的两个屏幕的数据会同步修改，好比一台主机安装了两个显示器。

2. 比较两张工作表中的数据

除了在同一工作表中比较数据外，我们还经常需要在同一工作簿的两张工作表之间来回切换查看数据，非常不便，这时可以使用新建窗口功能。

课堂练习	分屏比较两张销售数据表的数据	
素材：第2章\销售数据表02—原始文件	重点指数：★★	 微课视频

01 打开本实例的原始文件，切换到【视图】选项卡，单击【窗口】组中的【新建窗口】按钮，如图 2-70 所示。

02 此时会创建一个名为"销售数据表 02—原始文件 .xlsx:2"的工作簿，原工作簿名称更改为"销售数据表 02—原始文件 .xlsx:1"。

03 在任意一个工作簿中切换到【视图】选项卡，然后单击【窗口】组中的【全部重排】按钮，弹出【重排窗口】对话框，根据需求选择窗口的排列方式即可，这里选中【垂直并排】单选按钮，单击【确定】按钮，如图 2-71 所示。

▲ 图2-70

▲ 图2-71

04 这样就可以在一个显示器中垂直并排显示两个工作簿了，分别在两个并排窗口中打开不同的两张工作表即可来回切换查看，如图 2-72 所示。

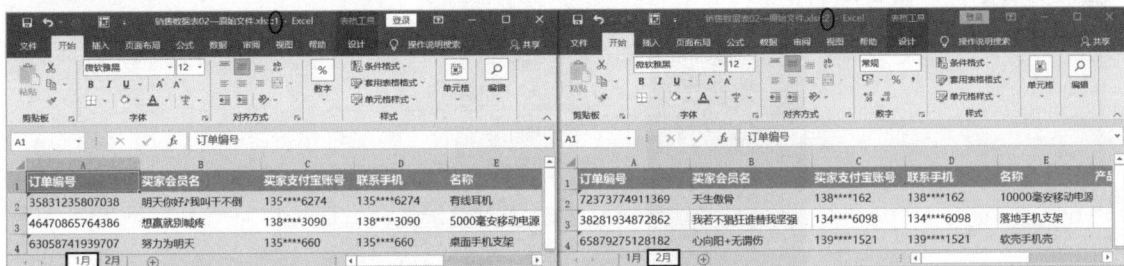
▲ 图2-72

查看完成后，只要关闭任意一个工作簿的窗口，即可恢复正常的显示状态。

2.3.3 打印长报表时每页打印标题行

对店铺数据进行打印是经常要做的工作，每个表格都只有一个标题行，在多页打印时，如果想要每页都有标题行，可以通过打印设置实现，具体操作如下。

01 打开本实例的原始文件"销售数据表 03—原始文件"，切换到【页面布局】选项卡，单击【页面设置】组中的【打印标题】按钮，如图 2-73 所示。

02 弹出【页面设置】对话框，设置【打印区域】和【顶端标题行】，单击【确定】按钮，如图 2-74 所示。

微课视频

03 单击【文件】→【打印】，在打印预览中即可看到每页打印内容上都添加了标题行。

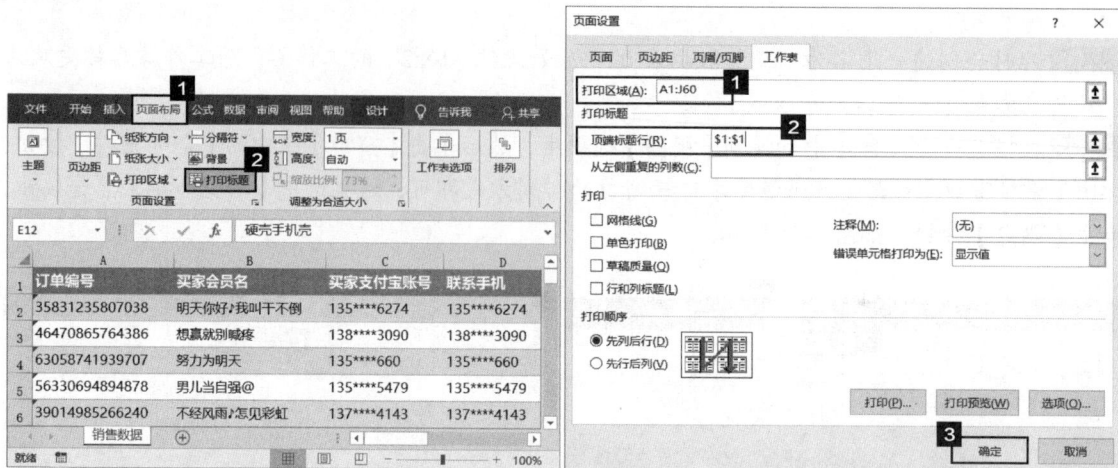

▲ 图2-73

▲ 图2-74

2.3.4　将工作表打印到一页纸上

打印表格时，经常会碰到表格区域宽了一点或高了一点，导致打印内容跨到另一页纸上的情况。如何将表格所有内容打印到一页纸上呢？具体操作如下。

01 打开本实例的原始文件"销售数据表04—原始文件"，单击【文件】→【打印】，在【打印】对话框的【设置】组中找到【无缩放】选项，在其下拉列表中选择【将工作表调整为一页】，如图 2-75 所示。

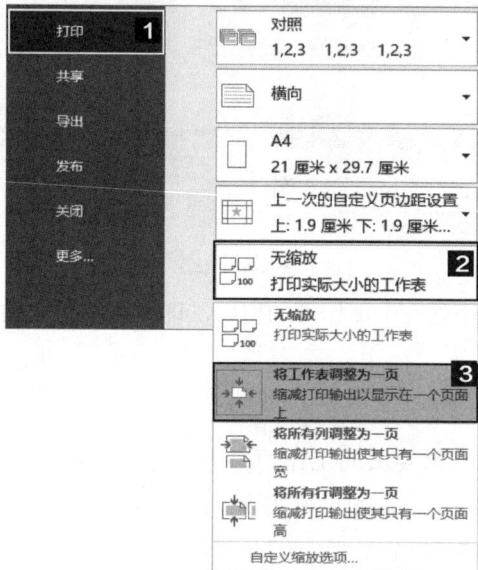

▲ 图2-75

02 除了以上设置方式，也可以根据需求选择其他选项：如果表格较宽，选择【将所有列调整为一页】；如果表格较高，则选择【将所有行调整为一页】。

专家提示

除了以上方式，还可以单击【视图】选项卡下的【分页预览】按钮，通过拖曳蓝线实现快速调整分页边界并缩放打印比例的效果，如图2-76所示。

▲ 图2-76

2.3.5 为店铺数据加把锁

1. 保护工作簿不被修改

对于一些重要的店铺数据，如果不希望别人看到，我们可以对工作簿设置密码，只有输入正确的密码才能打开工作簿，具体操作如下。

课堂练习	**保护合同信息表中的数据不被修改**	
素材：第2章\合同信息表04—原始文件	重点指数：★★★★	 微课视频

01 打开本实例的原始文件，单击【文件】选项卡，选择【信息】选项，在右侧【信息】区域单击【保护工作簿】按钮，在弹出的下拉列表中选择【用密码进行加密】，弹出【加密文档】对话框，输入密码（本实例中设置的密码为123456），单击【确定】按钮，弹出【确认密码】对话框，再次输入密码（123456），单击【确定】按钮，如图 2-77 所示。

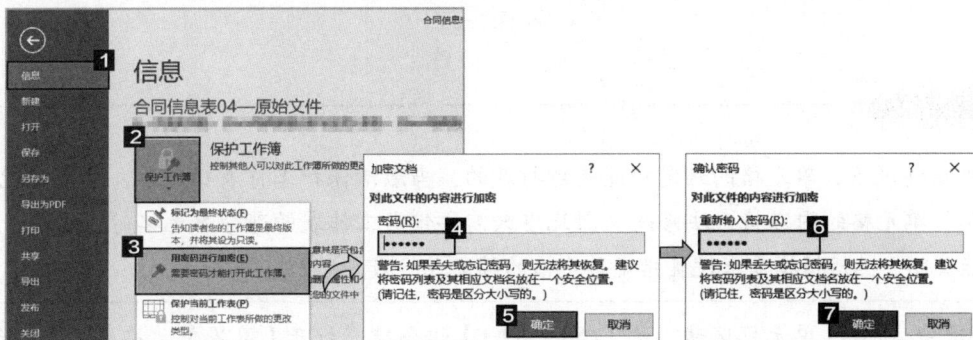

▲ 图2-77

02 当重新打开该工作簿时，会弹出【密码】对话框，只要输入正确的密码（123456）即可查看工作簿中的数据，如图 2-78 所示。

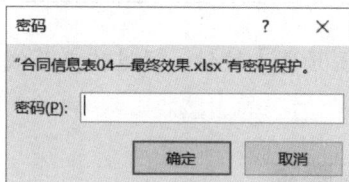

▲ 图2-78

2. 保护指定单元格不被修改

在工作中，将表格发给其他用户后，有时不希望他人更改格式、删除内容或看到计算公式，这时我们可以通过保护指定单元格来实现这个目标。

课堂练习 **保护合同信息表中的指定单元格不被修改**

素材：第2章\合同信息表05——原始文件　　　　　重点指数：★★★★★

微课视频

■■**01** 打开本实例的原始文件，全选工作表，按【Ctrl】+【1】组合键打开【设置单元格格式】对话框，切换到【保护】选项卡，取消勾选【锁定】复选框，单击【确定】按钮，如图 2-79 所示。

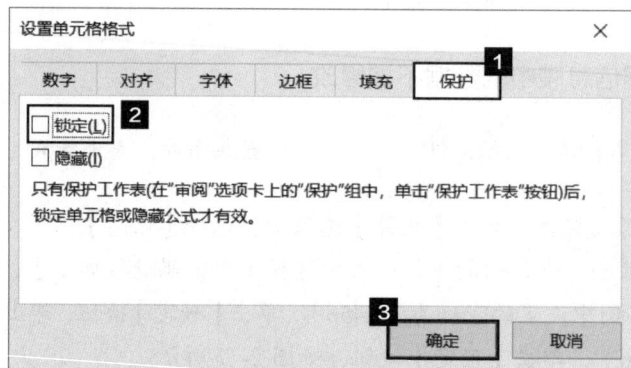

▲ 图2-79

课堂解疑

默认情况下，单元格的锁定功能是被打开的，当激活保护工作表功能后，锁定功能才会被启用，单元格的内容将无法修改。因此当只需要锁定工作表的部分单元格时，需要先将锁定功能关闭，然后根据需求设置指定单元格的锁定或隐藏。

■■**02** 选中 A2:A23 单元格区域，按【Ctrl】+【1】组合键，打开【设置单元格格式】对话框，切换到【保护】选项卡，勾选【锁定】复选框，单击【确定】按钮，如图 2-80 所示。

■■**03** 选中 J2:J23 单元格区域，按【Ctrl】+【1】组合键，打开【设置单元格格式】对话框，切换到【保护】选项卡，勾选【锁定】和【隐藏】复选框，单击【确定】按钮，如图 2-81 所示。

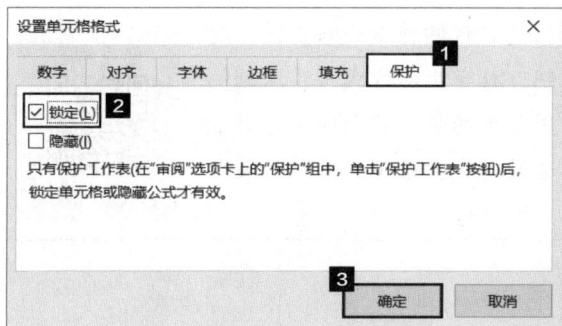

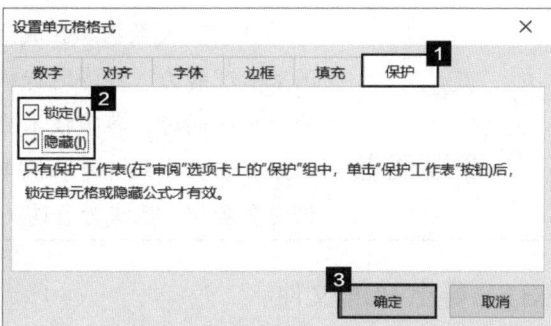

▲ 图2-80　　　　　　　　　　　　　　▲ 图2-81

04 切换到【审阅】选项卡，单击【保护】组中的【保护工作表】按钮，如图 2-82 所示。

05 弹出【保护工作表】对话框，输入密码（本实例中设置的密码为 123456），单击【确定】按钮，弹出【确认密码】对话框，再次输入密码（123456），单击【确定】按钮，如图 2-83 所示。

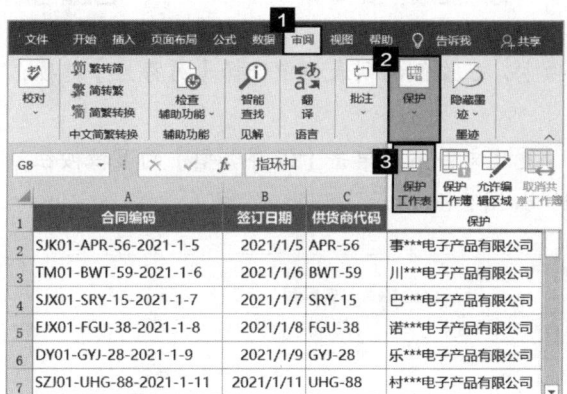

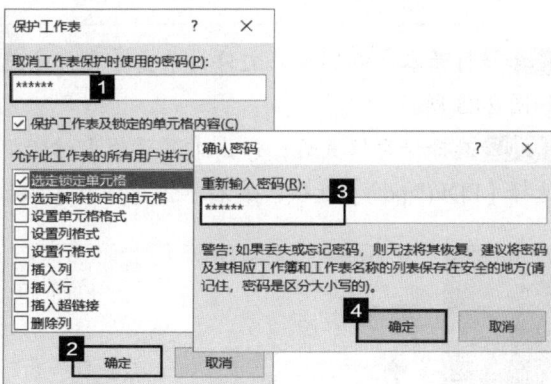

▲ 图2-82　　　　　　　　　　　　　　▲ 图2-83

06 设置完成后，返回工作表，当试图修改 A 列和 J 列的数据时，会弹出提示框，提示需输入密码。此时切换到【审阅】选项卡，单击【保护】组中的【撤消工作表保护】按钮，弹出【撤消工作表保护】对话框，输入密码，单击【确定】按钮即可，如图 2-84 所示。

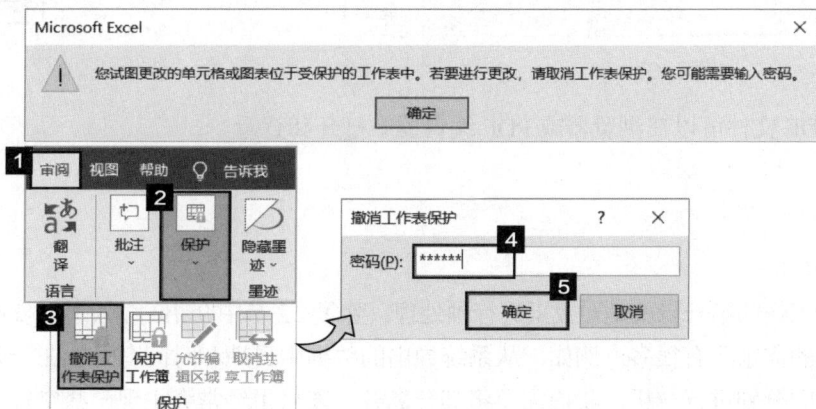

▲ 图2-84

51

当前，大数据正在成为信息时代的核心战略资源，对国家治理能力、经济运行机制、社会生活方式产生深刻影响。与此同时，各项技术应用背后的数据安全风险也日益凸显。在数字经济进入快车道的时代背景下，如何开展数据安全治理，已成为普遍关注的问题。

数据安全

微课视频

2.3.6　导出 PDF 文件

PDF 格式具有适合阅读、体积小、信息丰富、集成度高和安全性较强的特点。对于某些 Excel 文件，如果不希望被修改，而只希望被浏览、查看，可以将文件转换为 PDF 格式。

课堂练习　**将销售数据表导出为 PDF 文件**

素材：第2章\销售数据表05—原始文件　　　　　　重点指数：★★★

微课视频

---

01 打开本实例的原始文件，单击【文件】选项卡，在左侧的列表框中选择【另存为】选项，如图 2-85 所示。

02 选择保存位置后，弹出【另存为】对话框，更改文件名，单击【保存类型】的下拉按钮，选择【PDF(*.pdf)】选项，最后单击【保存】按钮，如图 2-86 所示。

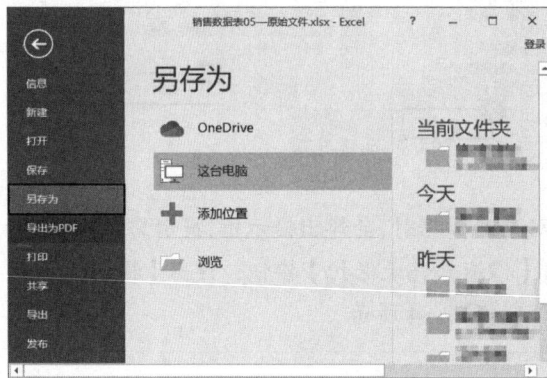

▲ 图2-85

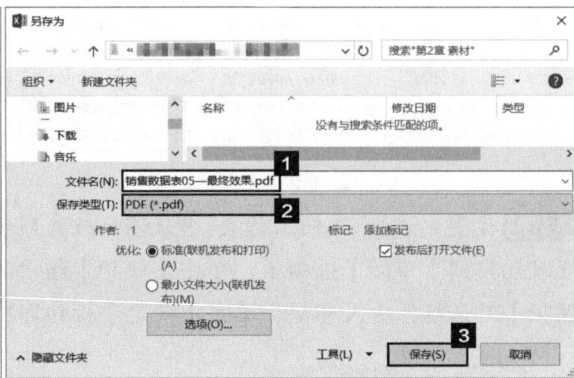

▲ 图2-86

导出的 PDF 文件可以在浏览器或 PDF 编辑器中打开和查看。

案例解析

数据分析工作的第一步就是对数据进行预处理，除了 2.2 节中介绍的情况外，实际工作中对数据进行预处理的需求还有很多。例如，从系统导出的数据中日期和时间有时放在一列中，为了便于对日期和时间分别进行分析，我们需要将其分离开；表格中经常会出现一些空行（列），为了保证数据区域的连续性，需要将其删除。下面针对以上两个问题，对某店铺洗护产品的销售数据进行预处理。

| 案例解析 | 洗护产品销售数据的预处理 |

素材：第2章\洗护产品销售数据—原始文件　　　　重点指数：★★★★

01 打开本案例的原始文件，可以看到"下单时间"列的数据，有的显示日期和时间，有的只显示日期，为了统一格式，可以设置自定义格式，如图 2-87 所示。

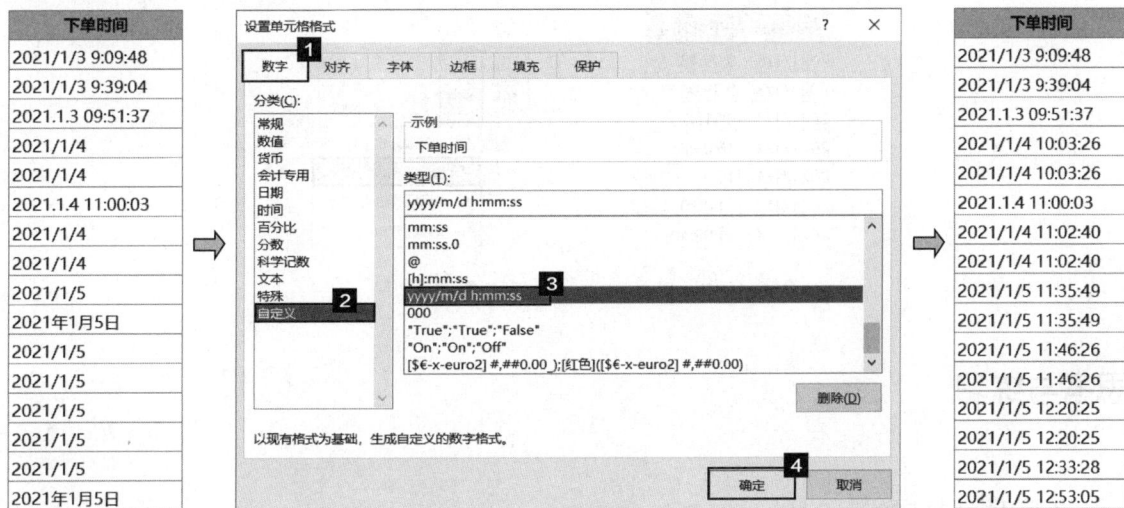

▲ 图2-87

02 格式统一为显示日期时间后可以看到，有些日期是以"."分隔的，这是系统无法识别的日期格式，需要将其替换为"/"。选中该列数据，按【Ctrl】+【H】组合键，在【查找和替换】对话框中进行相应操作，如图 2-88 所示。

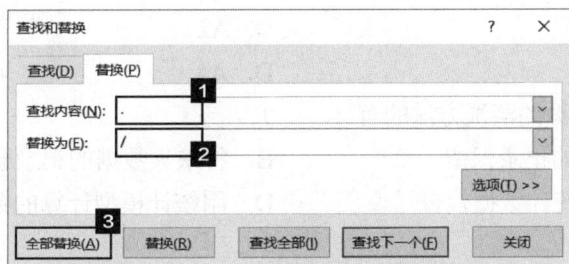

▲ 图2-88

03 将日期和时间进行分离。由于日期和时间之间是以空格分隔的，因此可以使用分列工具。首先选中该列数据，由于要分出两列，因此需要在 B 列后插入一个空白列。然后单击【数据】选项卡，单击【分列】按钮，打开【文本分列向导 - 第 1 步，共 3 步】对话框，选中【分隔符号】，在【文本分列向导 - 第 2 步，共 3 步】对话框中勾选【空格】复选框，在【文本分列向导 - 第 3 步，共 3 步】对话框的【目标区域】文本框中输入"B1"，单击【确定】按钮即可。分列完成后，将第 1 列的数字格式设置为短日期，第 2 列设置为时间，并修改对应标题，效果如图 2-89 所示。

　　04 对于表格中的空行，可以先定位其中的空单元格，然后删除该单元格所在的行即可。首先选中数据区域的某一列，按【Ctrl】+【G】组合键定位，在【定位条件】对话框中选中【空值】单选按钮，定位到该列的空单元格后，切换到【开始】选项卡，单击【单元格】组中【删除】按钮的下半部分，在下拉列表中选择【删除工作表行】，如图 2-90 所示。这样就可以将定位到的空单元格所在的行删除了。

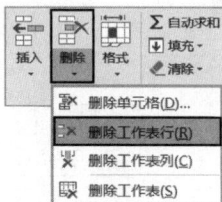

▲ 图2-89　　　　　　　　　　▲ 图2-90

思考与练习

一、不定项选择题

1. 以下日期格式中，格式规范的有（　　　）
   A. 2021.5.20　　　　　　　　　B. 2021\5\20
   C. 2021 年 5 月 20 日　　　　　D. 2021-05-20
2. 以下哪个单元格中的数据是文本类型的数据？（　　　）
   A. A1　　　　　　　　　　　　B. A2
   C. A3　　　　　　　　　　　　D. A4

	A
1	20210521
2	20210521
3	¥20,210,521.00
4	¥　20,210,521.00

3. 以下属于缺失数据的清洗方法的有（　　　）。
   A. 将缺失数据的记录保留　　　　B. 将缺失数据的记录删除
   C. 用一个样本统计数据代替　　　D. 用统计模型计算的数据代替

二、判断题

1. 只有大规模的企业才需要进行数据分析，小规模的企业没必要进行数据分析。（　　　）
2. 为了不影响分析结果，对于采集到的异常数据直接删除即可。（　　　）
3. 数据管理是店铺运营的核心内容，有效的数据管理可以提高店铺的交易额。（　　　）

三、简答题

1. "不管你现在处于什么行业，未来都要做数据的生意。"请谈谈你对这句话的理解。
2. "从电商平台导出的数据可以直接用来分析。"这种说法是否正确，为什么？

3. "给别人看的表格需要美化，给自己看的表格没有必要美化。"这种说法是否正确，为什么？

四、操作题

1. 根据以下提供的学历内容，制作一个学历的下拉列表。

学历内容：小学、初中、高中、大学专科、大学本科、研究生、博士、博士后。

2. 对商品信息表进行适当的美化操作。

要求：设置合适的字体格式、对齐方式、行高和列宽，并隔行填充颜色。

3. 使用替换法（调出【查找和替换】对话框），将不规范的日期格式整理为规范的日期格式。

最终效果：日期的年月日之间以斜杠"/"相连，如"2021/1/5"。

4. 将表格中含有公式的单元格锁定并隐藏。

要求：①锁定 C2:D10 单元格区域，②锁定并隐藏 E2:E10 单元格区域。

5. 清洗表格中的错误数据。

要求：使用条件格式将表格中不为 0 或 1 的单元格填充为红色。

6. 清洗表格中的重复数据。

要求：将表格中全部重复的数据删除。

综合实训

实训题目：整理店铺会员档案表

实训目标：将店铺会员信息录入 Excel 工作表中，并且在录入过程中，要合理运用本章所学功能，从而在巩固知识的同时，提高录入效率。

实训要求：

① 标题包含"会员编码""会员名称""会员等级""联系电话""联系地址""支付方式"等。

② 使用快速填充功能自动填充"会员编码"列。

③ 为"会员等级"和"支付方式"列制作下拉列表（会员等级为 LV0～LV5，支付方式为支付宝、网上银行、信用卡、找人代付、货到付款）。

④ 设置数据验证，限定"联系电话"列必须输入 11 位，并设置出错警告"请检查输入的手机号码是否为 11 位！"。

⑤ 使用冻结窗格功能冻结标题行。

实训效果：

会员编码	会员名称	会员等级	联系电话	联系地址	支付方式
A0001	带着梦想出发	LV1	136****5334	四川省	支付宝
A0002	梦的方向叫闯。	LV0	138****9258	山西省	支付宝
A0003	这世界从不欣赏眼泪	LV3	135****1100	江西省	网上银行
A0004	汗水比眼泪更亮	LV1	136****1053	甘肃省	找人代付
A0005	我是太阳我会发光	LV1	138****5438	河南省	货到付款

第 **3** 章　市场分析：了解市场，百战百胜

3.1　市场状况分析

分析市场状况是电商运营中非常重要的一个环节，对于刚进入电子商务市场的管理者而言，只有在充分了解了市场状况的前提下，才能确定自己选择的行业是否可行，从而做出准确有效的决策。如果不先了解清楚市场，仅凭自己的主观想法去操作，极有可能失败。本节将介绍市场容量分析和市场趋势分析的内容。

3.1.1　市场容量分析

1.　了解市场容量

市场容量是指在不考虑商品价格或供应商策略的前提下，市场在一定时期内能够吸纳某种商品或服务的单位数目，实际上就是总需求量。

市场容量分析主要是指估计市场规模的大小及商品的潜在需求量。在分析时，可以使用多个指标来描述市场容量，如销售额、销售量、流量等。在宏观市场分析中，市场容量只是其中一个维度。在分析时要注意，市场容量并不是越大越好，如何选择市场或制定市场策略，需要综合考虑多种因素。

市场容量分析，可以帮助管理者合理制定企业的销售和运营计划与目标，否则会给企业的运营造成不良的影响。例如，某个行业的销售额容量只有 1000 万元左右，如果管理者事先没有研究清楚该行业的市场容量，贸然给自己制定了 1000 万元的推广费用或 2000 万元的销售额目标，这样不切实际的计划势必会造成严重的财务负担，甚至导致企业破产。

一般认为，市场容量越大，相对市场的竞争也就越大，同时需要的市场投入也会越多；市场容量越小，相对市场的竞争也就越小，那么需要的市场投入也会越少。这时，就需要管理者根据自身企业的实力来选择市场。对于实力相对较强的企业，可以选择市场容量大的市场；实力较弱或新兴的企业，则可以选择市场容量较小的市场，以免使企业面临较大的风险。

2．市场容量分析的方法

市场容量的分析方法有很多，较方便、实用的就是使用 Excel。分析人员首先可使用生意参谋采集某个行业的子行业数据，然后利用 Excel 整理和汇总数据，并完成分析工作。

专家提示

利用生意参谋采集某行业中各个子行业的市场容量数据的步骤如下。首先登录淘宝网，在网页右上角单击【千牛卖家中心】超链接，打开千牛卖家工作台，将鼠标指针定位到左侧导航栏，选择【数据中心】→【生意参谋】，进入生意参谋首页。进入【市场】功能模块，选择【市场大盘】功能选项，设置好行业和采集日期，一般以月为单位，即可采集相应的市场容量数据。由于一个月的市场容量数据会有偏差，因此一般可以采集多个月或一年的市场容量数据。

课堂练习 **男鞋子行业市场容量分析**

素材：第3章\市场容量分析—原始文件 重点指数：★★★★

微课视频

01 将生意参谋中采集到的男鞋子行业数据复制到 Excel 中，整理采集到的源数据，删除多余数据，或直接打开"市场容量分析—原始文件"即可，如图 3-1 所示。

	A	B	C	D	E	F
1	**子行业**	**交易指数**	**交易增长幅度**	**支付金额较父行业占比**	**支付子订单数较父行业占比**	**月份**
2	男士运动鞋	16,857,815	-13.12%	16.61%	16.74%	1月
3	男士休闲皮鞋	13,734,181	23.07%	15.63%	16.76%	1月
4	男士正装皮鞋	13,139,131	112.05%	13.95%	13.26%	1月
	……	……	……	……	……	……
157	男士沙滩凉鞋	6,354,146	114.75%	0.57%	0.23%	12月
158	男士雨鞋	6,217,155	-24.65%	0.24%	0.24%	12月

▲ 图3-1

02 在整理好的源数据的基础上，创建一个数据透视表。在【数据透视表字段】对话框中，将"子行业"字段添加到【行】字段区域，将"支付金额较父行业占比"字段添加到【值】字段区域，如图 3-2 所示。

03 设置数据透视表。将【报表布局】设置为【以表格形式显示】，删除值字段标题名称中的"求和项："，效果如图 3-3 所示。

04 插入饼图，展示各子行业的市场容量占比情况。按照支付金额占比划分扇区，并为饼图添加数据标签，显示类别名称、百分比和引导线，效果如图 3-4 所示。

▲ 图3-2

子行业	支付金额较父行业占比
男士正装皮鞋	1.2193
男士休闲皮鞋	1.3579
男士运动鞋	1.5918
男士雨鞋	0.383
男士网面鞋	1.225
男士拖鞋	0.4898
男士马丁靴	0.5963
男士罗马鞋	0.6617
男士工装靴	0.5702
男士帆布鞋	1.262
男士豆豆鞋	1.1244
男士洞洞鞋	0.8105
男士沙滩凉鞋	0.7081
总计	12

▲ 图3-3

05 从图3-4可见各类别非常混乱，不美观、不易读。在制作饼图时，通常将各扇区按照数值大小降序排列，这样阅读效果更佳，效果如图3-5所示。

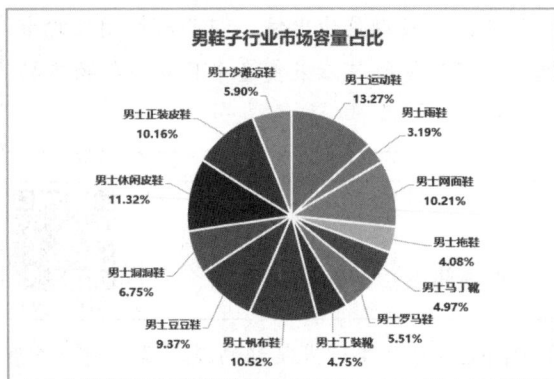

▲ 图3-4

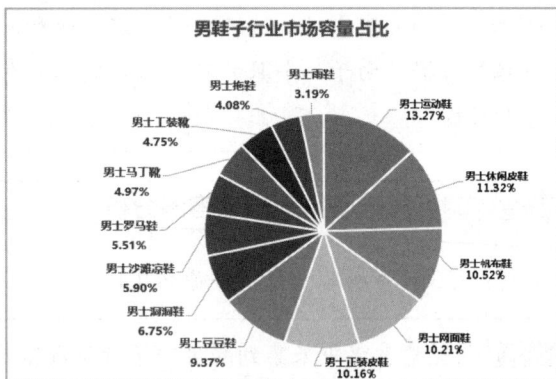

▲ 图3-5

完成以上操作后就可以查看男鞋的各个子行业在全年的市场容量情况了。通过图3-5所示的结果可以发现：男士运动鞋的市场容量最大，占比为13.27%；男士休闲皮鞋和男士帆布鞋的市场容量占比都约为11%；男士网面鞋、男士正装皮鞋的市场容量也较大，占比都在10%左右。

06 为了便于分析全年或某月的数据，可以在数据透视图中插入【切片器】工具，图3-6所示为8月男鞋子行业的市场容量占比情况。

在进行市场容量分析时，不能只关注绝对数据，而应当结合子行业、季节等多种因素综合分析，这样才能得出全面的结论，看清市场容量的大小。例如，在图3-5中所示的全年累计的男鞋各子行业市场容量占比中，男士运动鞋的占比最高为13.27%，而男士沙滩凉鞋的占比则为5.9%。单从绝对数据来看，男士运动鞋的市场容量大于男士沙滩凉鞋，但并不能因此认定男士运动鞋的需求量就比男士沙滩凉鞋的需求量大。原因在于，男士运动鞋下还包含跑步鞋、登山鞋、足球鞋等类目，并且市场需求没有明显的季节差异，也就是说它包含了整年的数据；但是男士沙滩凉鞋是更细的子行业，而且它的销售集中在夏季。因此，从全年的数据来看，即使男士运动鞋的需求量大于男士沙滩凉鞋的需求量，但在夏季可能会呈现出相反的结果。

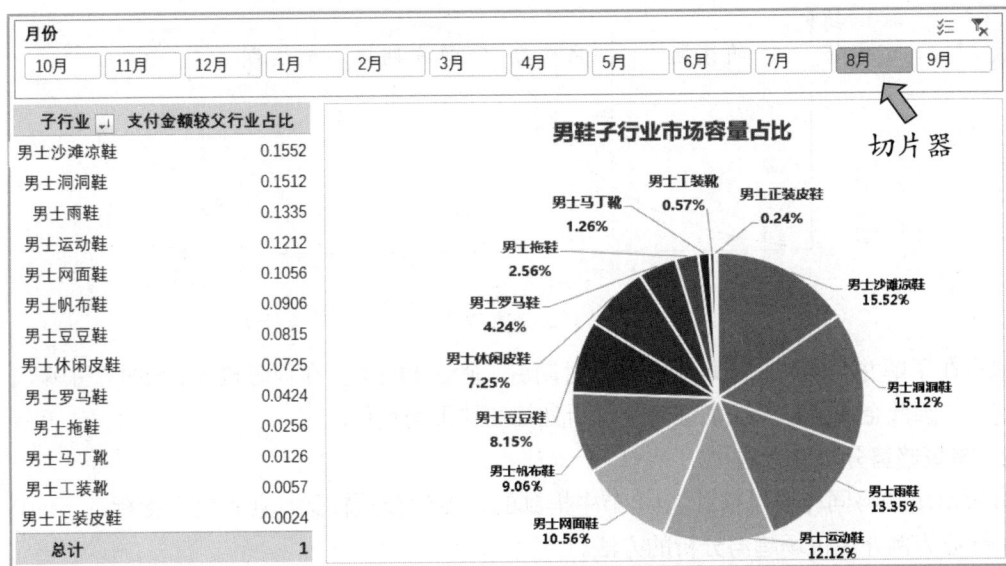

▲ 图3-6

例如，图 3-6 所示的在切片器中选择 8 月时对应的各子行业的市场容量占比情况，从该图可以看出，男士沙滩凉鞋的市场容量比男士运动鞋高出 3.40%。该实例验证了，销售季节是在分析市场容量时必须要考虑的重要因素。

因此，我们在分析数据时，一定不能只看表面数据，而要从多个角度，综合考虑多个因素的影响，管理者如果忽略数据背后的因素，极有可能做出错误的决定。

3.1.2　市场趋势分析

市场趋势分析是指根据历史数据，掌握市场需求随时间变化的情况，从而估计和预测出市场未来的趋势。市场趋势分析对电商企业来说非常重要，可以说它与电商企业的发展息息相关。电商企业在进入市场前或制定发展规划时，首先需要掌握市场趋势，通过对市场趋势的判断与预测，电商企业能够针对不同阶段采取不同的运营策略，最终实现高效运转。

1. 市场趋势分析的思路

市场趋势分析要重点解决以下两个问题。

（1）市场是否有潜力

发展趋势好的市场称为增量市场或者朝阳产业；发展趋势差的市场称为存量市场或者黄昏产业。分析市场趋势就是要辨别市场类型，辨别的标准是，当连续两年增幅超过 15% 时，可以判定为增量市场，反之则判定为存量市场。

（2）市场处于哪个阶段

根据市场需求的变化，市场趋势可分为 4 个阶段：萌芽期、成长期、爆发期和衰退期，如图 3-7 所示。其中，萌芽期是刚开始产生需求的阶段，企业要布局好商品并投入市场；成长期是需求开始上升的阶段，增长迅速，企业应加快市场推进，迅速抢占市场；爆发期是需求达到顶峰的阶段，企业应尽量促销，通过差异化策略等抢占细分市场；衰退期是需求开始下降的阶段，企业应提前处理库存，甚至制定好退出机制。

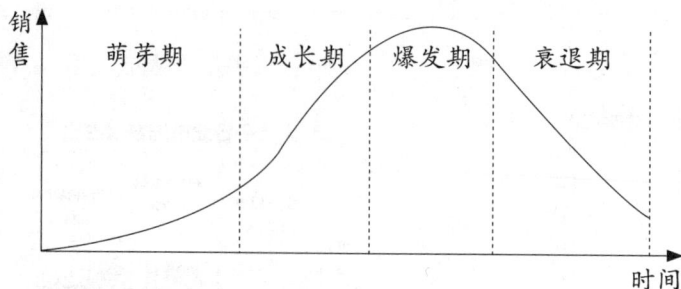

▲ 图3-7

只有在了解并准确判断市场处于什么时期后，企业才能决策在何时投入、何时"引爆"、何时"收割"。因此企业管理者还需准确了解所处行业的市场趋势。

2. 市场趋势分析的方法

分析市场趋势同样可以借助 3.1.1 节中提到的"支付金额较父行业占比"指标，下面以分析男鞋子行业为例介绍市场趋势分析的方法。

| 课堂练习 | **男鞋子行业市场趋势分析** |

素材：第3章\市场趋势分析—原始文件　　　　重点指数：★★★★

01 打开"市场趋势分析—原始文件"，在整理好的源数据的基础上，创建一个数据透视表。将"月份"字段添加到【行】字段区域，将"子行业"字段添加到【列】字段区域，将"支付金额较父行业占比"字段添加到【值】字段区域，并以表格形式显示，效果如图3-8所示。

支付金额较父行业占比　子行业			
月份	男士洞洞鞋	男士豆豆鞋	男士帆布鞋
1月	0.0208	0.1283	0.0592
2月	0.0332	0.1412	0.0756
3月	0.0101	0.0551	0.0208
4月	0.0354	0.0435	0.0765
5月	0.0815	0.0906	0.1335
6月	0.1156	0.0643	0.1652
7月	0.1258	0.0435	0.1652
8月	0.1512	0.0815	0.0906
9月	0.0592	0.1563	0.1661
10月	0.0756	0.1652	0.102
11月	0.0765	0.0824	0.1258
12月	0.0256	0.0725	0.0815
总计	0.8105	1.1244	1.262

▲ 图3-8

专家提示

　　如果数据透视表中的日期排列有误，需要调整排列顺序。选中需要调整顺序的【行】字段（月份）标题，将鼠标指针移至该单元格的边缘，当鼠标指针变成十字箭头形状时，按住鼠标左键拖曳至合适位置再释放，即可调整排列顺序。

02 折线图是在分析市场趋势时常用的可视化图表，这里是在数据透视表的基础上插入折线图，隐藏图表上的图例字段按钮，删除图例，并插入"子行业"切片器，调整好图表的长宽比例，将切片器设置为两列，效果如图 3-9 所示。

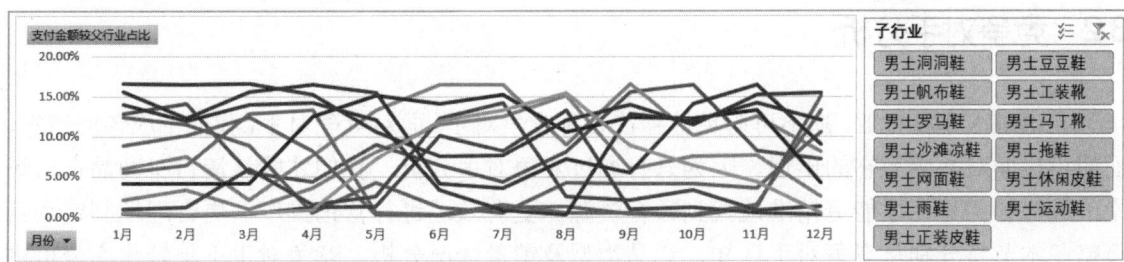

▲ 图3-9

　　图 3-9 中展示了男鞋所有子行业的市场趋势，看起来十分混乱，这时就可以利用切片器单独查看某个子行业的市场趋势。例如，选择男士沙滩凉鞋如图 3-10 所示。通过图 3-10 可以看出，从 4 月开始，男士沙滩凉鞋的销售额数据开始迅速上升，到 8 月时销售额达到顶峰，随后迅速下降。

　　因此，通过对该市场趋势的分析可知，如果我们要选择男士沙滩凉鞋这个行业，至少要在 4 月开始投入市场，在 7 月、8 月时"引爆"，随后就要做好处理库存和退出的准备。如果我们在 8 月以后还大力推广，很有可能入不敷出。

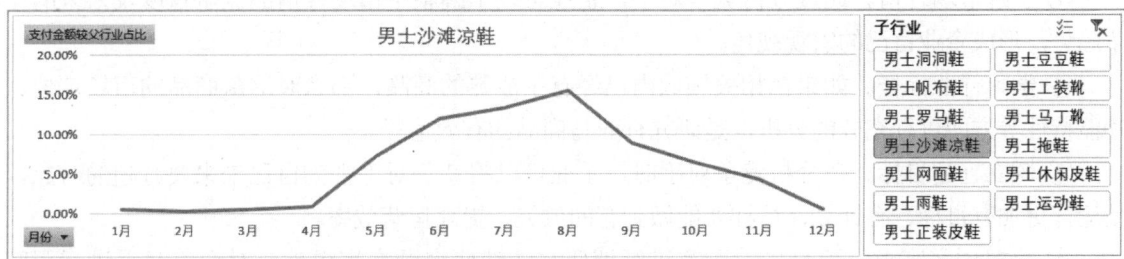

▲ 图3-10

　　在 3.1.1 节中介绍过，分析市场容量时我们不能只看绝对数据，同样，在分析市场趋势时也不能只看绝对数据，要根据实际情况进行具体分析。图 3-11 中展示的是男士帆布鞋和男士洞洞鞋的市场趋势对比图，表面上看男士帆布鞋的销售额普遍高于男士洞洞鞋的销售额，但是我们不能忽略的一点是支付金额由销量和客单价两个元素决定，而男士帆布鞋的客单价往往成倍高于男士洞洞鞋的客单价，因此，男士帆布鞋的销量未必高于男士洞洞鞋的销量。

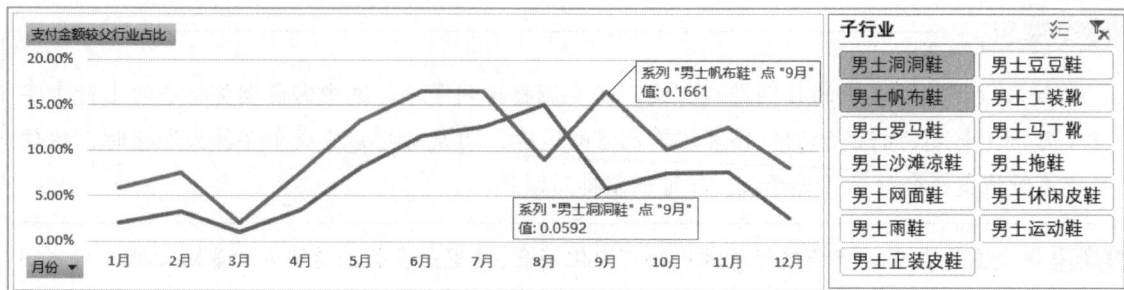

▲ 图3-11

3.2 竞争对手分析

无论进入哪种行业，都不可避免地存在各种竞争对手。面对竞争对手，我们不应该回避它，而应积极面对并感激它的出现。因为只有通过竞争对手分析，我们才能认清自身商品在市场中的优势和劣势，才能更精准地找到顾客资源，更有效地进行营销推广，更合理地制定经营策略。本节将分别从竞争对手认知、竞品类型及销量情况分析、竞争对手下单转化率分析进行介绍。

3.2.1 竞争对手认知

目前大多数电商企业，已经能够普遍意识到竞争对手分析的重要性，但是对于部分中小型电商企业而言，竞争对手分析是比较陌生的，甚至对于竞争对手分析的意义还不了解。至于如何界定竞争对手，以及如何获取竞争对手的数据更是不了解。下面就分别对以上内容进行介绍。

1. 竞争对手分析的意义

一般而言，竞争对手分析的意义主要体现在以下6个方面。

① 了解市场行情。通过分析竞争对手，企业可以了解整个市场行情的竞争程度及未来的竞争趋势，形成企业自己的宏观视角。

② 学习行业标杆。如果在相关领域内已经有了成熟的商品，那么对这款商品的市场定位、功能特性等方面进行充分的分析，是研究行业与商品的有效途径。

③ 树立赶超目标。在分析竞争对手时，企业可以将竞争对手视为自己未来要赶超的对象，使运营更加有目标、有计划，这样才能做到有的放矢、提高运营效率。

④ 挖掘顾客需求。除直接对顾客进行调研与访谈研究顾客需求外，对竞争对手进行跟踪分析也能够从另一维度挖掘顾客需求，尤其是要注意分析那些竞品已经满足而自身商品还未满足的顾客需求。

⑤ 优化市场策略。有的放矢地进行竞争对手分析可以为企业提供更多的优化方向，例如，可以在商品战略规划、商品线布局及明确市场占有率等方面为企业提供相对客观的参考依据。

⑥ 有效进行防御。进行竞争对手分析的一个重要目的就是见机行事、调整自身策略。企业根据相关数据信息就可判断出竞争对手的战略意图和最新调整方向，以便采取相应措施，保持自身商品在市场中的稳定性或快速提高市场占有率。

2. 认识不同的竞争对手

古人有云"知己知彼，方能百战不殆"，要想打败竞争对手，首先要了解竞争对手。通常情况下，有竞争就有资源的争夺，竞争对手一般都是同自己争夺各种资源的同类型企业或个人。因此，我们可以根据不同的争夺资源，定位不同的竞争对手，如图 3-12 所示。

争夺人才资源
在电子商务的发展过程中，人才资源是非常重要的，如果一家企业的员工在离职后去了另一家企业，那么这两家企业就存在竞争关系。

争夺顾客资源
争夺顾客资源是竞争对手最本质的体现，当顾客在选购商品时，可能会浏览多家店铺，这些店铺就互为竞争对手。

争夺商品资源
销售同类商品或服务的为直接竞争对手，销售替代类商品或服务的为替代竞争对手，销售互补类商品或服务的为互补类竞争对手。

争夺生产资源
当两家企业或店铺的原材料相同并相互争夺生产资源时，它们就互为竞争对手。

争夺营销资源
优质的营销资源是非常有限的，如果多家店铺在同一时段、通过同一媒介投放广告，那么这些店铺就互为竞争对手。

争夺物流资源
电子商务的发展离不开物流，物流资源是各大店铺非常重视的资源，因此争夺相同物流资源的店铺就互为竞争对手。

▲ 图3-12

📺 **课堂解疑**

何为同类商品、替代商品、互补商品？

同类商品包括相同或类似的商品，例如，不同企业生产的橙汁、不同企业生产的可乐都为同类商品。当两种商品的功能相同或相近，可以满足顾客的同一需要时，它们就为替代商品，例如，汽车与电车、牛肉与羊肉等。当两种商品必须组合在一起才能满足顾客的某一需要时，它们就为互补商品，例如，汽车和汽油、牙刷与牙膏等。

课程思政

我国经济已由高速增长阶段转向高质量发展阶段。高质量发展离不开高水平创新，高水平创新离不开公平竞争。只有公平的竞争环境，才能繁荣创新；只有不断繁荣创新，才能提高竞争的层次和水平；只有提高竞争的层次和水平，才能进一步推动创新繁荣，从而持续推动经济高质量发展。因此，强化反垄断、深入推进公平竞争政策实施，才能实现竞争和创新的良性互动，推动经济高质量发展。

公平竞争

微课视频

3. 收集竞争对手的数据

收集竞争对手数据的方法有很多，主要有线上收集和线下收集两大途径，如图3-13所示。线下收集主要包括自行市场调研、购买数据分析报告、委托专业机构调研等传统方法。通常，这些方法费时费力又费钱，对于多数中小型企业来说并不是首选。

随着互联网和电子信息技术的高速发展，线上收集数据的方法也变得越来越灵活多样，成为更普遍的数据收集方法。例如，直接访问竞争对手的店铺，就可以查看其页面设计、主图效果、评论内容、客服数据等信息，也可以借助各种数据平台来收集数据，例如百度指数、生意参谋等。这些方法都可以帮助企业从各个角度更全面地了解竞争对手的情况，从而优化自身的运营手段并评估运营效果。

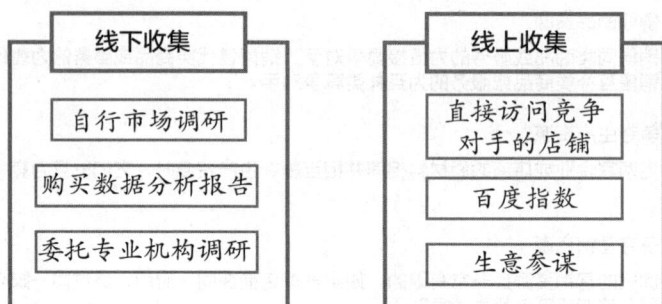

▲ 图3-13

3.2.2 竞品类型及销量情况分析

找准了竞争对手，下一步就需要对竞争对手进行深入地了解与分析。在电子商务领域，企业了解竞争对手最直接的方法就是分析竞争对手的销售情况，如竞品类型和销量情况等。收集到竞争对手的数据后，下载到本地，在 Excel 中就可以对其进行分析了。

1. 分析竞品类型及销量情况

课堂练习 **竞店男鞋类型及销量情况分析**

素材：第3章\竞争对手销量分析—原始文件　　　　重点指数：★★★★　　　微课视频

01 打开"竞争对手销量分析—原始文件"，创建一个数据透视表，重命名为"竞店男鞋类型及销售情况分析"。将"名称"字段添加到【行】字段区域，将"订单数量"字段添加到【值】字段区域，并将【报表布局】设置为【以表格形式显示】，调整合适的字体、行高和列宽，效果如图 3-14 所示。

02 为了分析不同类型商品的销量，即既要展示商品类型，又要展示各类型的销量情况，可以在数据透视表的基础上插入簇状柱形图。然后隐藏图表上的所有字段按钮，删除图例，添加图表标题和坐标轴标题。为了清楚地展示各类型商品的销量，应添加数据标签。最后对图表进行适当美化，调整好大小，效果如图 3-15 所示。

名称	求和项:订单数量
男士帆布鞋	26
男士工装靴	18
男士马丁靴	19
男士休闲皮鞋	12
男士运动鞋	9
男士正装皮鞋	20
总计	104

▲ 图3-14

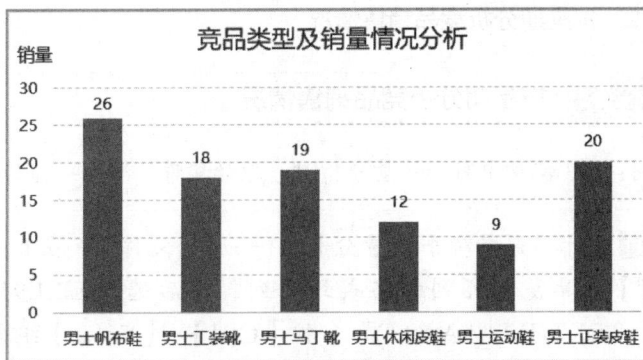

▲ 图3-15

03 在分析过程中，为了更精确地分析竞品的销售情况，有时需要对不同的时间跨度进行分析。这里可以利用日程表工具，在【插入日程表】对话框中勾选【下单日期】复选框，如图 3-16 所示，即可插入下单日期的日程表。日程表插入后，可以设置时间级别为年、季度、月或者日，最常用的就是月或季度，如图 3-17 所示，只要单击各时间刻度下方的蓝色按钮，即可对数据进行筛选。

04 插入日程表后即可对竞品类型及销量情况进行分析。从图 3-15 可以看出，各类商品的排列是比较混乱的，很难一眼看出各类型商品的销量。这时为了方便分析，可以对数据进行降序排列，对应的数据透视表和图表数据也会按降序排列，效果如图 3-18 所示。

▲ 图3-16

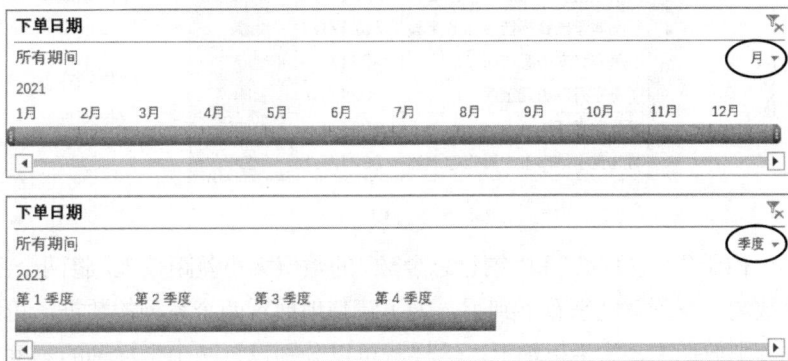

▲ 图3-17

名称	求和项:订单数量
男士帆布鞋	26
男士正装皮鞋	20
男士马丁靴	19
男士工装靴	18
男士休闲皮鞋	12
男士运动鞋	9
总计	104

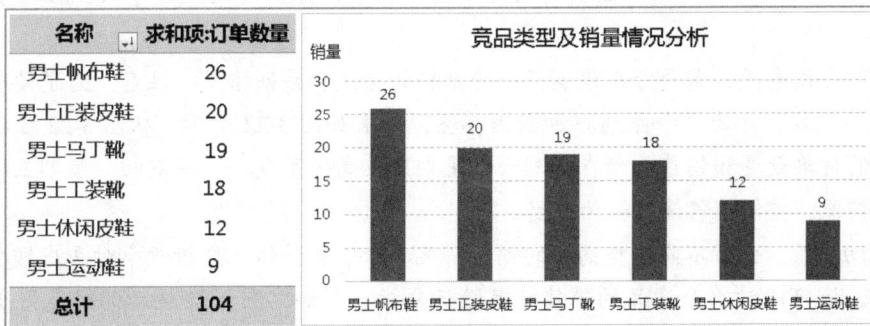

▲ 图3-18

65

2. 按星期分析竞品销售情况

课堂练习	按星期分析竞品销售情况	
素材：第3章\竞争对手销量分析01—原始文件		重点指数：★★★★

微课视频

01 打开"竞争对手销量分析01—原始文件"，在L1单元格中输入"星期"，使用【格式刷】工具复制K列的格式到L列，然后选中L2:L91单元格区域，在编辑栏中输入公式"=TEXT(K2,"AAAA")"，按【Ctrl】+【Enter】组合键返回计算结果，效果如图3-19所示。

02 创建一个数据透视表，重命名为"按星期分析竞品销售情况"。将"星期"字段添加到【行】字段区域，将"订单数量"和"销售总金额"字段添加到【值】字段区域，并将【报表布局】设置为【以表格形式显示】，调整星期顺序，设置字体、格式、行高和列宽，效果如图3-20所示。

L2			✕	✓	*fx*	=TEXT(K2,"AAAA")

	J	K	L
1	联系地址	下单日期	星期
2	山东省烟台市蓬莱市	2021/1/1	星期五
3	福建省福州市连江县	2021/1/2	星期六
4	云南省玉溪市峨山彝族自治县	2021/1/3	星期日
5	云南省楚雄彝族自治州武定县	2021/1/4	星期一
6	山东省泰安市肥城市	2021/1/5	星期二
7	辽宁省丹东市元宝区	2021/1/6	星期三
8	湖北省潜江市	2021/1/7	星期四
9	河北省承德市丰宁满族自治县	2021/1/8	星期五

星期	订单数量	销售总金额
星期一	13	3,411
星期二	14	3,545
星期三	16	4,581
星期四	12	3,521
星期五	13	3,369
星期六	20	5,383
星期日	16	4,922
总计	104	28,732

▲ 图3-19　　　　　　　　　▲ 图3-20

由于"订单数量"和"销售总金额"的数值大小差距较大，将两个系列放在同一张图表中，"订单数量"系列就几乎看不到了。为了清楚地展示两个系列的数据，可以使用组合图表，将两个系列分别放在主、次坐标轴上，这样就可以分别设置两个坐标轴的刻度大小，分析起来互不影响。

03 在数据透视表的基础上，插入组合图表。设置"订单数量"系列的图表类型为【簇状柱形图】，"销售总金额"系列的图表类型为【折线图】，并将其设置为【次坐标轴】，效果如图3-21所示。

04 插入组合图表后，需要分别设置两个坐标轴的格式和系列格式。注意，为了读取方便，将图例移至标题下方，并为两个系列添加数据标签，效果如图3-22所示。从图3-22可以看出，竞争对手店铺的订单数量和销售总额在星期六、星期日较高，星期一、星期四、星期五的订单数量和销售总额较低，整体销售情况较为平稳。

05 插入切片器，分析不同类型商品的销售情况。除了从整体上分析竞争对手店铺在一星期中的销售情况，还可以对单个竞品的销售情况进行分析，例如，图3-23展示的就是男士工装靴的销售情况，从该图可知，男士工装靴的订单数量和销售总额在星期日出现高峰，在星期一迅速下降，星期二到星期六相对平稳。

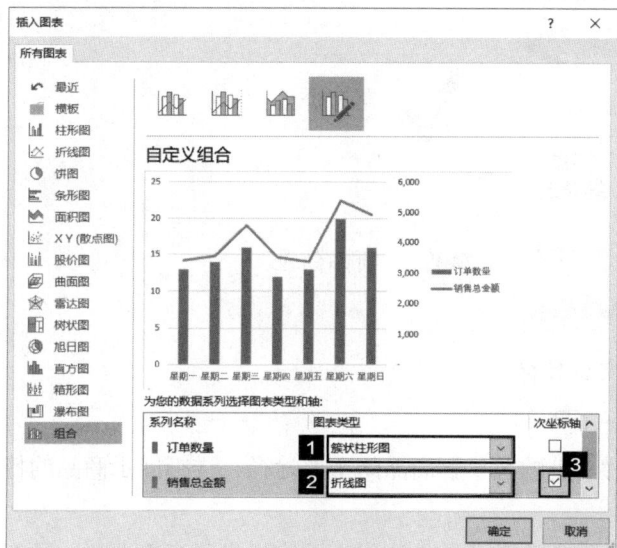

▲ 图3-21

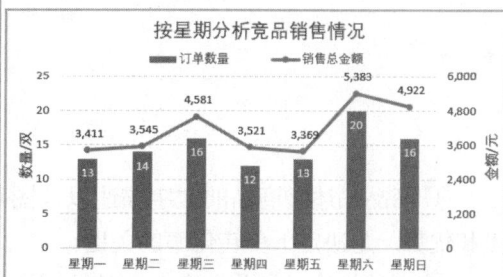

▲ 图3-22

星期	订单数量	销售总金额
星期一	1	378
星期二	2	756
星期三	3	1,134
星期四	3	1,134
星期五	2	756
星期六	2	756
星期日	5	1,890
总计	18	6,804

了解竞争对手各商品每星期的销售情况, 与自身店铺的销售情况进行比较, 找到销量高峰和低谷, 从而根据自身情况选择适当的竞争策略。

▲ 图3-23

3.2.3 竞争对手下单转化率分析

下单转化率是分析竞争对手销售情况的重要指标, 也是店铺自身最看重的重要指标。也就是说, 下单转化率越高, 代表着店铺生意越好, 利润越高。

1. 了解下单转化率

下单转化率是指到店并且下单付款的买家数与到店进行浏览的总访客数的比率。这个比率越大, 说明店铺的生意越红火, 利润也就越可观。

计算公式: 下单转化率 =(下单买家数 / 总访客数)×100%

在分析下单转化率之前, 我们首先要了解哪些因素会对下单转化率造成影响。这里主要总结了以下几种影响下单转化率的因素, 如图 3-24 所示。

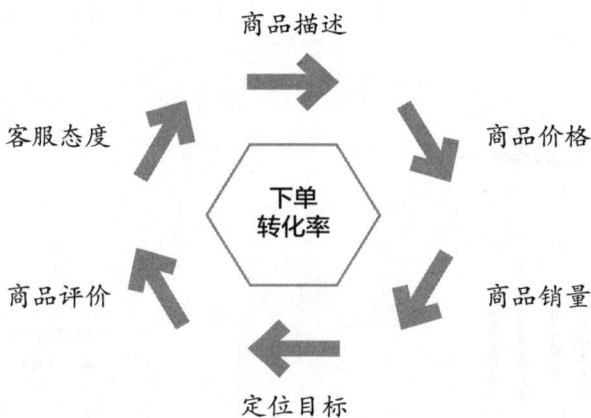

▲ 图3-24

① 商品描述。商品的文字描述以及图片，是顾客了解商品的主要途径。详细展示商品的特点和优势，是决定下单转化率的关键。

② 商品价格。目前淘宝上商品的同质化现象非常严重，这也为顾客提供了多个选择，顾客在做出购买决策前往往会货比三家。同一件商品，如果自身店铺的价格偏高，那么自身店铺的商品转化率就很难提高。

③ 商品销量。顾客往往担心被骗，同时懒于自己动脑，就倾向于跟随大众进行选择。所以，卖得越多的商品，其下单转化率也就越高。

④ 定位目标。大多数顾客都喜欢跟风，也就是从众，多数人愿意购买的东西，他们也想试一试。因此，店铺在定位的时候，需要将主流的消费群体放在第一位。当大多数人到店并且产生了购买行为时，有一些闲逛的人看到了，说不定也会下单。

⑤ 商品评价。顾客对商品的评价对于店铺来说至关重要。如果商品的好评率较高，那么就能提高商品的潜在顾客的购买信心。好评越多，商品的信誉度越高，越能够获得顾客的认可。

⑥ 客服态度。如果店铺有称职的客服，便是成功了一大半。客服首先要让顾客感到舒服，同时还要在交流的时候收集顾客的信息，并以专业的服务为顾客挑选出符合其需求的商品，让顾客购买更多的商品。因此，店铺对客服服务的要求必须高一些，不能马虎。

2. 竞争对手下单转化率分析

要分析竞争对手的下单转化率，需要从多角度、多层次进行综合分析，其中流量构成是影响下单转化率的重要因素。下面介绍如何从店铺的流量构成的角度分析竞争对手的下单转化率。

课堂练习 竞争对手下单转化率分析	
素材：第3章\竞争对手下单转化率分析—原始文件　　　　重点指数：★★★★	微课视频

01 打开"竞争对手下单转化率分析—原始文件"，选中 C8:D8 单元格区域，切换到【开始】选项卡，在【编辑】组中单击【自动求和】按钮，计算访客数和下单数的合计，如图 3-25 所示。

02 计算下单转化率，选中 E3 单元格，在编辑栏中输入公式"=D3/C3*100%"，如图 3-26 所示，按【Enter】键确认。

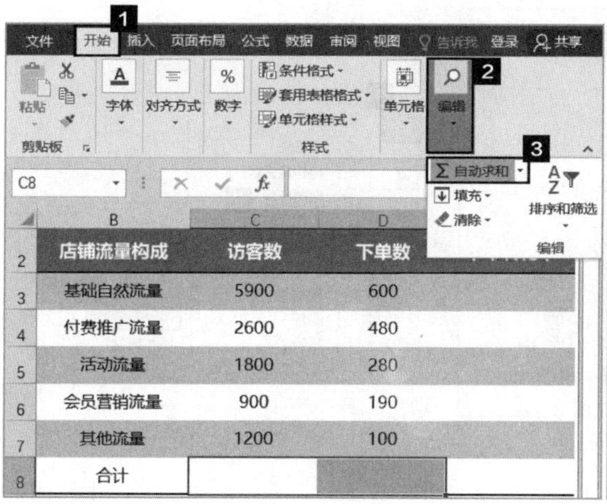

▲ 图3-25 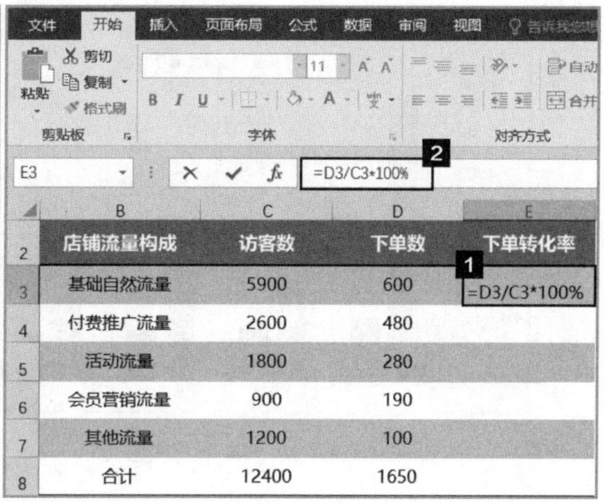　　　　　　　　　　　　　　　　　　　▲ 图3-26

03 将 E3 单元格的公式不带格式地向下复制。选中 E3 单元格，将鼠标指针放在 E3 单元格的右下角，按住鼠标左键向下复制至 E8 单元格，单击右下角的【自动填充选项】按钮，选中【不带格式填充】单选按钮，如图 3-27 所示。

04 选中 E3:E8 单元格区域，单击【数字】组中的【百分比样式】按钮，将下单转化率转换为百分比格式，如图 3-28 所示。

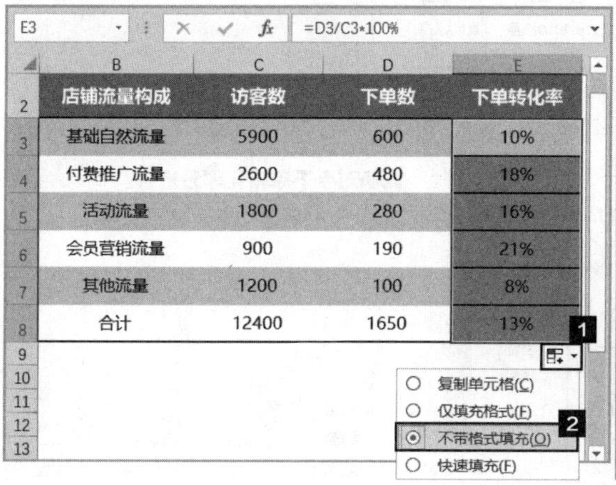

▲ 图3-27 　　　　　　　　　　　　　　　　　　　▲ 图3-28

05 选中 B2:D7 单元格区域，插入簇状柱形图，添加图表标题，将图例移至标题下方，设置坐标轴刻度，对图表进行适当的美化，效果如图 3-29 所示。

06 选中"下单数"系列，单击图表右上角的【图表元素】按钮，选择【数据标签】→【数据标签外】，为"下单数"系列添加数据标签，如图 3-30 所示。

07 选中添加的数据标签，在【设置数据标签格式】任务窗格中，取消勾选【值】复选框，再勾选【单元格中的值】复选框，弹出【数据标签区域】对话框，选择表格中的"下单转化率"列，即 E3:E7 单元格区域，如图 3-31 所示。

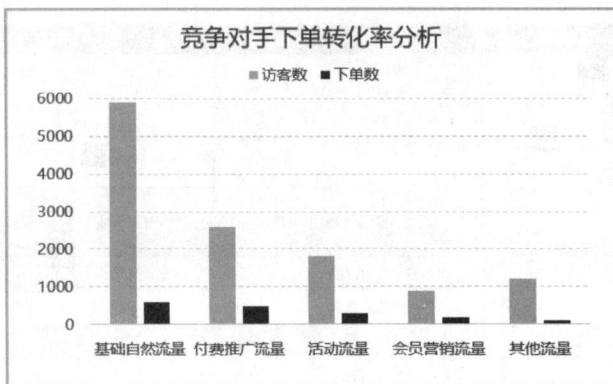

▲ 图3-29

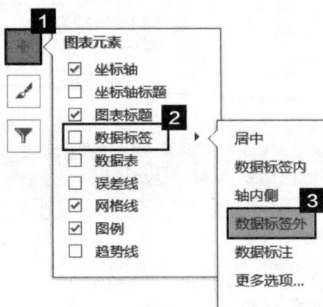

▲ 图3-30

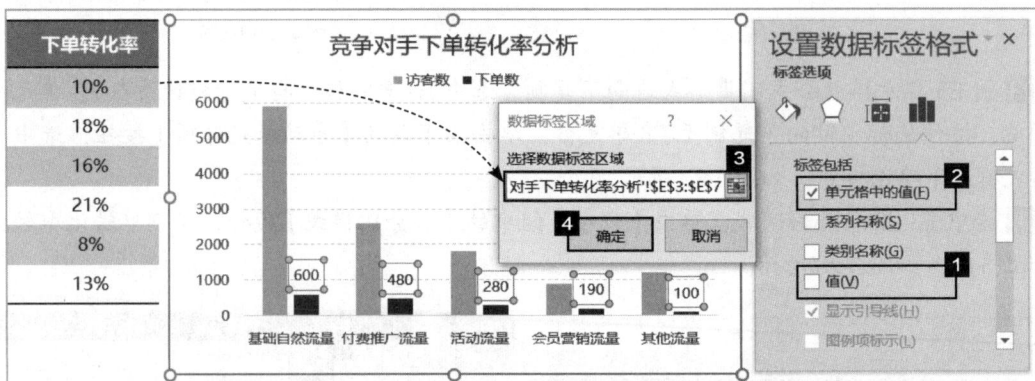

▲ 图3-31

08 这样"下单数"系列的上方可显示出各类流量对应的下单转化率，此时即可对竞争对手的下单转化率进行分析了，效果如图3-32所示。

从图3-32可知，竞争对手的下单转化率很高，除其他流量的下单转化率较低外，其他流量都在10%以上，其中会员营销流量的下单转化率最高，达到了21%，其次是付费推广流量，其下单转化率为18%。针对竞争对手的流量构成情况，我们可以借鉴其营销经验，优化店铺运营，加大付费

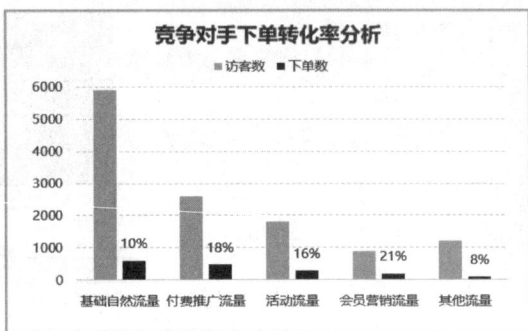

▲ 图3-32

推广流量和会员营销流量的投入力度，争取利用这两类流量的高下单转化率促进店铺整体下单转化率的提高。

案例解析

竞争对手的顾客占比是分析竞争对手销售情况的重要指标，也是企业务必重视的重要指标，企业可以结合竞争对手的顾客占比情况对自身店铺进行分析，找出差异并改进。下面介绍对竞争对手的顾客占比进行分析的具体方法。

案例解析　竞争对手顾客占比分析

素材：第3章\竞争对手顾客占比分析—原始文件　　　重点指数：★★★★

01 打开"竞争对手顾客占比分析—原始文件"，在数据源的基础上，计算出竞店一个月内的下单人数，D2 单元格中的公式为"=COUNTA(B2:B104)"，如图 3-33 所示。

02 在 E2 单元格中计算出回头客的人数，计算方法：回头客人数＝下单人数－不重复的人数。因此 E2 单元格中的公式为"{=D2-SUM(1/COUNTIF(B2:B104,B2:B104))}"，由于该公式中包含数组公式，因此需要按【Ctrl】+【Shift】+【Enter】组合键确认，如图 3-34 所示。

B	C	D	E
顾客名称		下单人数	回头客人数
追风少年		103	

▲ 图3-33

B	C	D	E
顾客名称		下单人数	回头客人数
追风少年		103	15

▲ 图3-34

课堂解疑

　　COUNTA函数旨在计算指定数据区域中不为空的单元格的个数（包括错误值和经公式计算后返回的空文本 ("")）。COUNTA函数不会对空单元格进行计数，其语法结构为"COUNTA(value1, [value2], ...)"，value表示要计数的参数，最多可包含255个参数。

　　COUNTIF 函数用于统计满足某个条件的单元格的数量，其语法结构为"COUNTIF (range, criteria)"，range表示要统计的区域，criteria表示要查找的内容或条件。

　　公式"SUM(1/COUNTIF(B2:B104,B2:B104))"表示统计B2:B104单元格区域中不重复的单元格个数。

　　计算完成后，我们便可分析竞店的顾客占比。为了更直观地展示数据情况，可以插入图表，这里选择创建饼图。

03 选中 D1:E2 单元格区域，插入饼图。将图表标题改为"顾客占比分析"，标题字体设置为微软雅黑、加粗，效果如图 3-35 所示。

04 选中图表，单击图表右上角的【图表元素】按钮，勾选【数据标签】复选框，即可添加数据标签，然后选中数据标签，单击鼠标右键，在快捷菜单中选择【设置数据标签格式】，在【设置数据标签格式】任务窗格中，单击【标签选项】按钮，设置数据标签选项，设置完成后将标签字体设置为微软雅黑、10 号，移动标签至合适的位置，设置操作和效果如图 3-36 所示。

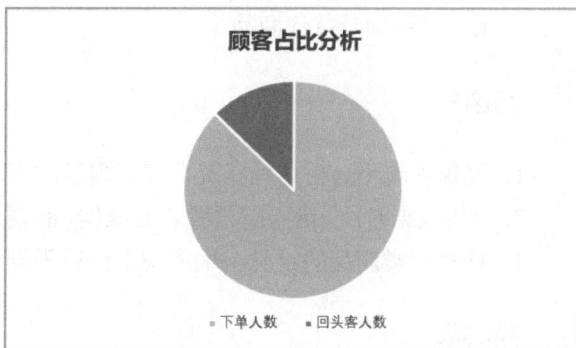

▲ 图3-35

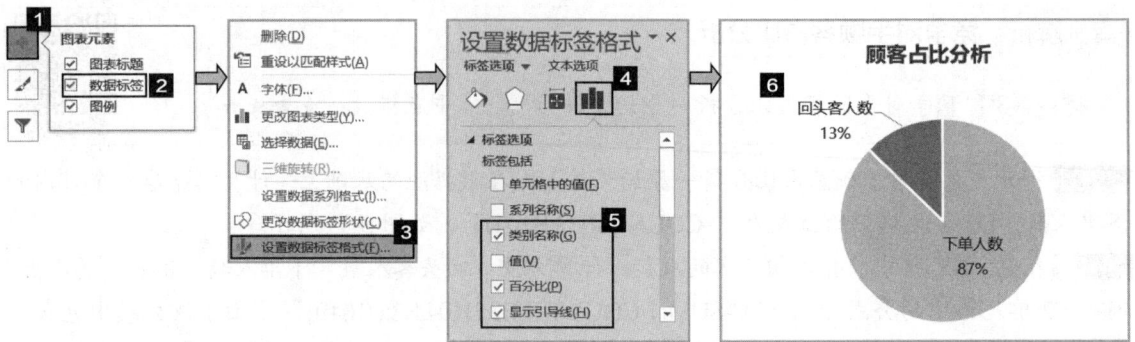

▲ 图3-36

思考与练习

一、不定项选择题

1. 以下关于宏观市场分析的说法中，正确的有（　　）。
   A. 市场容量分析主要是估计市场规模的大小及商品的潜在需求量
   B. 市场容量分析的周期最好为一个月，时间太长会导致分析不准确
   C. 发展趋势好的市场称为增量市场，发展趋势差的市场称为存量市场
   D. 实力相对较强的企业，可以选择市场容量大的市场，实力较弱或新兴的企业，则可以选择市场容量较小的市场，以免使企业面临较大的风险

2. 以下不属于线上搜集竞争对手数据的渠道的有（　　）。
   A. 网上寻找专业机构调研　　　　　　B. 生意参谋
   C. 直接访问竞争对手的店铺　　　　　D. 百度指数

3. 以下关于品类别的说法中正确的有（　　）。
   A. 键盘和鼠标是互补商品　　　　　　B. 百事可乐和可口可乐是同类商品
   C. 米和面是替代商品　　　　　　　　D. 牙刷和牙膏是互补商品

二、判断题

1. 商家如果不分析市场状况，仅凭自己的主观想法去操作，极有可能失败。（　　）
2. 分析数据时，一定不能只看表面数据，而要从多个角度，综合考虑多个因素的影响。（　　）
3. 根据同类商品的定义，牛肉与羊肉属于同类商品。（　　）

三、简答题

1. "市场容量大就表示该行业的市场需求大，因此企业应该选择市场容量大的市场"，这个说法是否正确？请举例说明。
2. "竞争对手仅仅是争夺顾客的对手"，这个说法正确吗？为什么？

3. "下单转化率越高，代表着店铺生意越好，利润越多"，你同意这种说法吗？理由是什么？

四、操作题

1. 以女士羽绒服行业为例，画出其全年的交易走势图，要求：在图上标注出各个阶段，并说明各个阶段的特点。

2. 影响淘宝店铺下单转化率的因素有哪些？如果你是淘宝店主，你将采取哪些措施来提高店铺的下单转化率？

3. 假设你是某家公司的运营人员，下表为该公司竞争对手 B2C 电子商务网站上星期的销售数据，该网站的主要顾客群体是办公室女性，销售额主要集中在 3 种商品上。你从该表的一星期的销售数据中能发现什么问题？如果要你针对该数据为本公司提出营销改进建议，你会怎么做？

日期	6月7日 （周一）	6月8日 （周二）	6月9日 （周三）	6月10日 （周四）	6月11日 （周五）	6月12日 （周六）	6月13日 （周日）
销售额/元	8016	8027	8009	8042	8091	5243	5028

综合实训

实训题目：竞争对手店铺中的女装的销量情况分析

实训目标：对竞争对手店铺中的商品按类目划分，分析各类目商品的数量占比情况，然后分析各类目商品近 30 日的销量，与本店销量进行对比。

实训思路：

① 打开实训素材，分别尝试使用"替换法"和"分列法"从商品类目中提取出二级类目，注意保持表格结构不变。

② 使用数据透视表对商品二级类目进行分类，分别汇总出不同类目商品的数量和不同类目商品近 30 日的销量。

③ 利用饼图分析各类目商品的数量占全店商品的占比情况。

④ 利用条形图分析竞店商品与本店商品的销量对比情况。

第 4 章　商品分析：精准定位，优化运营

学习目标

√　了解店铺商品的定位及分析重点

√　学会搜索关键词的分析方法并将其运用到实际工作中

√　学会并熟练应用上下架时间的优化方法

√　掌握商品价格规划的内容并将其运用到日常营销中

4.1　商品分析概述

商品是电商的基础和核心，通过对商品进行数据分析，店铺可以选出"爆品"，找出运营中的薄弱环节以及与竞争对手的差异。商品分析是电商运营过程中必不可少的工作，也是电商数据化运营的基础。在商品运营过程中基于数据做决策，可以避免经验主义，实现精准定位，从而优化运营。本节将介绍商品定位规划和商品分析的重点。

4.1.1　商品定位规划

商品是店铺盈利的关键，商品的定位规划是店铺运营的重要环节。只有合理的定位规划，才能让商品发挥最大的优势。

商品定位规划主要包括两方面的内容：一是商品的选择，只有选对、选好商品，才能达到店铺盈利的目的；二是要有合理的布局，只有对不同的商品赋予不同的使命，才能让商品在竞争中发挥出最大的优势。

对于商品的选择，这里有几点建议，如图 4-1 所示。

> **专家提示**
>
> 　　在选择商品时，建议规模小的店铺不要考虑太大的类目，一是因为卖家太多、竞争太大；二是大类目的受众面广，规模小的店铺确实没有足够的实力去和很多大规模的店铺竞争，想要脱颖而出太困难。当然，如果确实资金实力雄厚，那就另当别论了。

01 ●------● 选择自己喜欢的商品，因为只有喜欢才能用心经营，这是成功的关键。

02 ●------● 了解商品的所有属性，这样才能将其更好地介绍给客户。

03 ●------● 多了解同行商品，比较自身劣势，从而不断改进。

04 ●------● 与同行商品相比，找到自身优势，以更好地将商品推荐给客户，得到客户青睐。

05 ●------● 选择符合平台调性的商品，平台推荐商品的概率才更大。

06 ●------● 分析竞争对手的商品，找到客户的痛点，选择最符合客户需求的商品。

▲ 图4-1

课程思政

客户都喜欢物美价廉的商品，但是这会让很多店铺误解，认为只有"价廉"才能赢得客户，但忽略了"物美"是排在"价廉"前面的，也就是说，商品的质量比价格更重要。这就是真正受客户青睐的商品都不便宜的原因。所以，店铺运营的第一步不是考虑流量，而是用心地选择好的商品，做好商品定位，否则，后续的工作都可能白做。

物美与价廉

微课视频

对于店铺来说，不同的商品都被赋予不同的使命，发挥着不同的作用。就像在日常工作中，每家企业都有不同的岗位，每个岗位的人都有不同的职责，大家各司其职、各显其能。商品也是一样，不同的商品都有不同的特性，如果为店铺中所有的商品都赋予了相同的使命，就会产生混乱；只有让不同的商品发挥不同的作用，才能让店铺在竞争中更好地生存和发展。也就是说，商品要有合理的布局和定位，这样才能起到引流、销售或盈利的作用。

一般来说，按照商品的不同作用，店铺的商品可分为以下 4 种，如图4-2 所示。

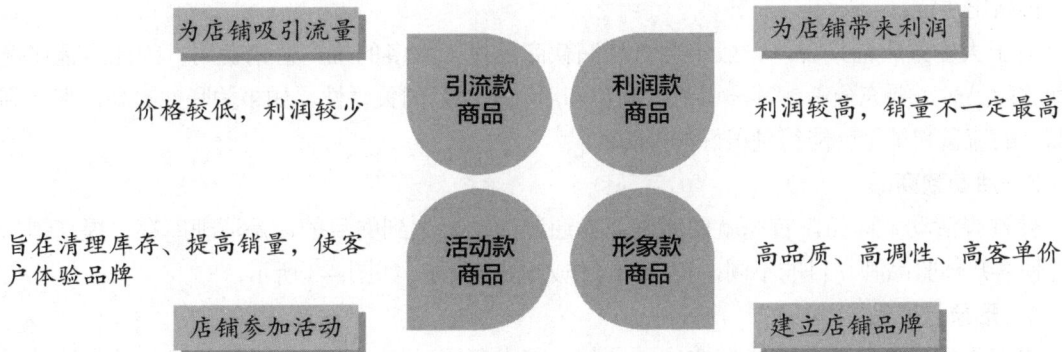

为店铺吸引流量		为店铺带来利润
价格较低，利润较少	引流款商品 / 利润款商品	利润较高，销量不一定最高
旨在清理库存、提高销量，使客户体验品牌	活动款商品 / 形象款商品	高品质、高调性、高客单价
店铺参加活动		建立店铺品牌

▲ 图4-2

1. 引流款商品

引流款商品，顾名思义就是店铺的主推商品，或者是客户进入一家店铺时首先看到的商品。其作用就是为店铺吸引流量。引流款商品一般都是大部分客户能接受的非小众商品，且要有一定的市场热度，这样才能达到引流的效果。

在选择引流款商品时，可以从以下几方面进行考虑。

① 利用生意参谋等工具查看店铺各商品的详细数据，观察各商品每天的点击率变化趋势，然后选出几款点击率较高的商品。

② 观察选出的这几款商品的跳失率。如果跳失率较低，说明商品对客户的吸引力较大。紧接着观察其收藏率、加购率和下单转化率等指标，如果其收藏率、加购率较高，但下单转化率较低，说明需要对商品详情页进行优化。一段时间后，如果下单转化率上升，说明这几款商品具有引流潜力。

③ 要考虑商品的性价比。虽然引流款商品的价格较低，但是在物美价廉的基础上也要考虑其性价比尽是选择款式新颖、符合趋势的商品。

④ 在为引流款商品拟定标题时，需要注意关键词的选择。一般，商品都是通过搜索引擎带来流量的。店铺可以利用生意参谋选择一些低竞争、高流量的关键词，然后与商品属性结合，以达到高效引流的效果。

专家提示

就引流款商品的数量而言，一般建议大中型店铺打造3～5个引流款商品，小型店铺打造1～2个引流款商品即可。以上只是建议，各店铺可根据实际情况调整。

2. 利润款商品

利润款商品，就是为店铺带来更多利润的商品，是店铺重点推荐的商品，在店铺的所有商品中应占较高比例。

利润款商品的目标人群应该是某一特定的小众人群，例如一些比较追求个性、追求潮流的人群。因此利润款商品的前期选款对数据挖掘的要求比引流款更高。在选择时，首先要锁定目标群体，精准分析目标群体的爱好，然后分析出适合商品的款式、卖点、风格、价位等多方面的因素，再做出决定。

对于大多数店铺来说，一般不会对利润款商品投入太多的推广营销费用，因此店铺在选择利润款商品时需要充分考虑其与引流款商品和活动款商品的关联性，如果关联性够高，那么利润款商品的流量和销量就能得到很好的保障。

3. 活动款商品

要选择活动款商品，首先就要明确商品通过活动要达到的目的，是清理库存、提高销量，还是使客户体验品牌。目的不同，相应的操作方式也不同，如图4-3所示。

4. 形象款商品

推出形象款商品的目的是建立店铺品牌，突出店铺风格和品位。它们就像是某些地域或城市的地标或名片一样，例如，人们提到东方明珠会想到上海，说起北京烤鸭会想到北京，提及茅台会想到贵州，其作用与店铺的形象款商品相同。

清理库存

以清理库存为目的的活动款商品，一般都是些陈旧或尺码不全的款式，那么低价出售就是弥补客户心理落差最好的方式。很多店铺都有清仓特卖、促销或折扣栏目，利用的就是该原理。

提高销量

以提高销量为目的的活动款商品，最好是大众喜欢的商品。在以低价吸引流量的同时，也要考虑到客户对商品的体验和店铺盈利情况。因此在定价时，店铺要综合考虑多种因素，以达到最好的效果。

使客户体验品牌

以使客户体验品牌为目的的活动款商品，应该是整个商品结构中利润率最低的商品。其主要目的是让客户感知品牌，与此同时做好后续的售后服务和跟踪反馈，以提升客户的购物体验。

▲ 图4-3

因此，形象款商品应该是一些高品质、高调性、高客单价的极小众商品。但是形象款商品仅仅是众多商品中的极小一部分，每家店铺设置 3 ～ 5 个形象款商品即可。店铺应该把经营重点放在前面 3 类商品上。

专家提示

总而言之，想要实施好商品差异化策略，店铺就要把商品定位成引流款、利润款、活动款和形象款这4种形式，从而大大提高商品的下单转化率和销量。

4.1.2 商品分析的重点

随着越来越多的人加入电商行业，店铺的数量越来越多，同质化商品也随之大量涌入。当买家在搜索框中输入某个商品的关键词时，几十甚至上百个搜索结果将呈现在买家眼前，但是大部分买家只会浏览排在前列的商品，后面的商品将直接被忽略。

那么新手卖家如何从众多卖家中脱颖而出，在搜索结果页面中的排名更靠前，让买家能搜索到店铺商品，提升下单转化率呢？这就需要对店铺商品进行分析。

商品分析的内容很多，下面重点介绍其中 3 个方面，如图 4-4 所示。

| 搜索关键词 | ≫ | 上下架时间 | ≫ | 商品定价 |

▲ 图4-4

1. 搜索关键词

商品的标题就是商品的"门户"，它会直接影响商品的流量和排名。而设置商品标题的核心就是设置好关键词，买家通过搜索关键词，并且有选择性地查看、购买相关的商品。因此，关键词的质量就决定了商品的访问量。

（1）认识商品标题的关键词

商品标题的关键词主要分为 3 类：核心词、修饰词、长尾词。

① 核心词。这主要指搜索范围较大的商品类目词。例如，"女装""男装""家居""箱包""数码"等。这类关键词的搜索量非常大，买家很容易搜索到相关的商品，但是由于不太精准，其竞争也很激烈，新手卖家很难通过核心词获得较多的流量，因而对应的下单转化率并不高。

② 修饰词。这是指能直接体现商品特性的关键词。例如，店铺经营的是女裤，则"直筒""商务""宽松""修身""纯棉"等都是女裤类目的热门修饰词。

③ 长尾词。这主要指能同时体现出商品类目和特性的词语。长尾词由核心词和修饰词组成。例如，"宽松商务女裤""纯棉直筒女裤""牛仔裤女高腰"等。长尾词可以更好地匹配商品类目和特性，具有可延展性、针对性强和范围广的特点。这类关键词的搜索量相对较小，针对性较强，带来的下单转化率比核心词的下单转化率高很多。新手卖家可以采用长尾词来做标题。

（2）将关键词组合为商品标题

商品的标题中往往包含了多个关键词，将优质的关键词组合成标题也需要一定的技巧，主要包括以下几点。

① 标题要限制在 30 个汉字（60 个字符）以内，其中空格算作 1 个字符。标题的设置要能突出商品的卖点，让买家在第一时间明确商品的特点。为了保证商品能够被买家搜索到，应尽量将标题限制在 30 个汉字（60 个字符）以内。

② 标题中至少要包含两个精准的核心词，这样才能扩大引流范围，并且每个核心词只能重复一次。但是需要注意的是，很多卖家为了提高流量，会同时将多个不同属性的关键词设置为标题，如"轮滑鞋、头盔、包包、护膝、护腕"这类标题中就出现了多个不同属性的商品，这样会被后台判定为关键词堆砌，从而影响商品的搜索权重。

③ 核心关键词前后的修饰词的位置不能轻易改变，例如"毛衣女羊绒"，如果调整为"女羊绒毛衣"，则商品的搜索量、点击率、下单转化率等指标都会受到影响。

④ 关键词中存在空格的，则空格前后的修饰词的位置可以变化，例如"毛衣女羊绒 100% 纯羊绒 打底"，其中"100% 纯羊绒"和"打底"这两个修饰词可以放在关键词的前面，也可以互换位置。

⑤ 通常标题最前面和最后面的关键词的搜索权重最大。因此，在组合商品标题时，卖家应尽量将引流能力强的关键词放在标题的最前面和最后面。

专家提示

在选择商品标题的关键词时，建议不要选择搜索权重小、点击率低或太长的关键词。因为搜索权重太小和点击率太低意味着关键词比较冷门，而太长的关键词则会影响标题设置的自由度。

2. 上下架时间

对于大多数中小卖家来说，限于自身实力，其商品的主要流量还是站内的免费流量，其中搜索流量占据了很大的比例。针对搜索流量，除了前面介绍的搜索关键词外，商品的上下架时间也是影响搜索排名的重要因素之一。商品的上下架指的是商品上架 7 天后会被平台下架，如果销售状况正常，平台会自动上架该商品。

在买家搜索商品时，商品权重（即商品的搜索排名）与商品下架的剩余时间有关。越靠近下架时间的商品，其搜索排名越靠前。也就是说，当商品在下架前一天到前几个小时，特别是最后几十分钟时，将获得最有利的展示效果，这样就能够为店铺吸引免费的流量。因此，对商品的上下架时间进行管理对店铺来说是非常重要的。

由于商品的上下架周期是固定的（1 周，即 7 天），因此商品的上架时间很重要，它不但决定了下架时间，也决定了下架时间是否处于黄金时段，从而影响商品能否获得较大的流量，如图 4-5 所示。

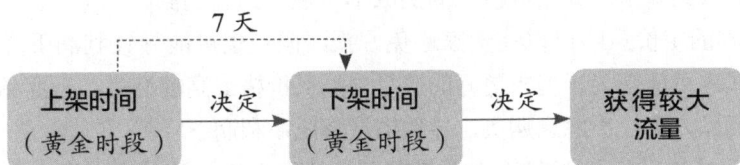

▲ 图4-5

下面从两方面来介绍商品上下架时间的优化技巧。

① 上架时间要准确。一般来说，网购的黄金时间段主要集中在上午的 9 点至 11 点，下午的 3 点至 5 点，以及晚上 8 点至 10 点。但是卖家也要根据店铺商品的实际情况进行分析。例如，店铺商品的顾客主要是上班族，那么网购的黄金时段应该是晚上和周末；如果店铺的顾客主要是全职宝妈，那么网购的黄金时段可能就是白天。确定好黄金时段后，安排好下架时间，就可以反推出商品的上架时间了。

② 分批次上架商品。一般来说，平台关键词排名的刷新规律是每 15 分钟刷新一次，因此店铺可以根据黄金时段和刷新频率分批次上架商品。例如，确定黄金时段为晚上 8 点至 10 点，则可以在 8 点上架一批商品，在 8 点 15 分上架另一批商品，以此类推，在 7 天内将所有商品上架。这样在 7 天后，每个黄金时段的每个刷新节点都有商品处于下架状态，从而保证店铺始终能够获得较大的免费流量。

> 📺 **课堂解疑**
>
> 很多人会有这样的疑问：商品频繁上下架，会影响销售吗？
>
> 答案当然是不会！这里的下架并不是真的下架，它只是一个虚拟行为，只是表示一个周期的结束，平台会以一个新的周期计算商品的上下架周期，不会影响商品的销售。换句话说，一旦商品上架后，无论到了下架时间还是重新上架的时间，商品一直处于销售状态。

卖家一定要在掌握了平台规则的前提下对商品进行优化，如果卖家能合理地优化商品的上下架时间，就可以让自己店铺的商品的搜索排名更靠前，在节省流量成本的同时为店铺带来更大的流量。

3. 商品定价

在开店初期，店铺的核心运营指标之一就是定价。商品定价一直都是困扰新手卖家的重要问题，特别是对中小型卖家而言，定价就是一个挑战。

店铺商品的定价非常重要，如果定价太高，无法吸引买家，流量太少，难以实现转化和成交，从而导致无法实现销售目标；如果定价过低，则无法实现盈利目标，甚至使店铺陷入亏损；而中等价位的定价范围太广，卖家很难找到真正合适的定价区间。

实际上，商品定价是有策略而言的，以这些策略为出发点，定价也就没有那么复杂了。这里主要介绍 3 种商品定价策略，分别是基于商品成本的定价、基于商品价值的定价和基于竞争对手的定价。

（1）基于商品成本的定价策略

基于商品成本的定价策略比较简单，卖家只需知道商品成本，然后在此基础上定价，留足利润空间，其计算公式如下：商品价格 = 商品成本 + 期望的利润额。

基于商品成本的定价策略可以让卖家避免亏损，但是也可能导致利润下降。例如，当商品的定价太低时，买家可能会为了追求更好的质量去购买价格更高的商品；当商品的定价太高时，买家可能会认为商品太贵，不愿意购买，导致销量降低，利润下降。

采用基于商品成本的定价策略的难点就在于商品成本的核算。很多卖家由于商品成本核算不准确或者有遗漏，从而导致利润太低，甚至亏损。实际上，在核算商品成本时，除了核算采购成本外，还需核算固定成本、人工成本、销售成本等。图4-6所示为店铺商品成本的一般构成情况，卖家在核算商品成本时可进行参考。

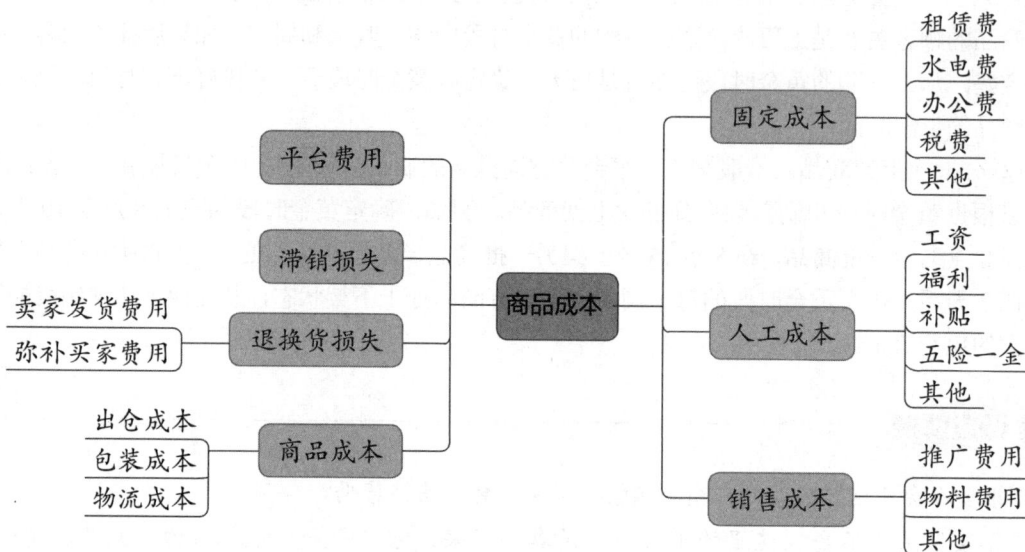

▲ 图4-6

（2）基于商品价值的定价策略

如果卖家专注于商品给买家带来的价值，希望在一段特定的时期内让买家为某一特定的商品支付预期的金额，并以此为定价依据，就是采用了基于商品价值的定价策略。

这是一种比较复杂的定价策略，采用该策略时，卖家需要进行市场调研和分析，了解买家的关键特征和购买原因等。以销售风扇为例，在天冷的时候，买家对风扇的感知价值较低，即使价格再低也几乎没人去购买，因为买家对风扇没有需求；但是在炎热的夏天，风扇的价格可能会上升，即使这样也会有大量的买家购买，因为这时他们对风扇有一定的需求。这就说明，商品的价格是以买家的感知价值为基础的。

基于商品价值的定价策略，无论是从平均利润还是整体盈利角度来说，一般都可以为卖家带来可观的利润。但是随着卖家对市场和商品的逐步了解，需要不断对价格进行调整，因而可能会使定价过程延长，这是卖家在定价时需要考虑的问题。

（3）基于竞争对手的定价策略

基于竞争对手的定价策略，只需要监控竞争对手对特定商品的定价，然后设置与其相应的价格即可。需要注意的是，该定价策略只限于与竞争对手销售完全相同的商品的情况。

但是该定价策略可能会带来恶性的价格竞争。例如，卖家在销售某件商品时，发现竞争对手对该商品的定价为 299 元，为了在价格上取得优势，该卖家将同类商品定价为 289 元。随后，竞争对手也想重新取得价格优势，会进一步压低价格，将价格降到 279 元。这种恶性的价格竞争，会导致双方不断采取降价措施，压缩利润空间，给双方造成恶劣的影响，以致打破良性竞争的市场环境，形成恶性循环。因此，卖家在使用基于竞争对手的定价策略时一定要慎重，避免形成恶性的价格竞争。

4.2　搜索关键词分析

顾客搜索商品主要有两大途径，分别是 PC 端和移动端。PC 端搜索分为类目搜索和关键词搜索，而移动端的搜索则全部来源于关键词搜索，可见关键词搜索占搜索统计中的比重非常大。本节将重点介绍搜索关键词的处理方法、统计过程及分析思路。

4.2.1　从搜索关键词中提取行业大词

从电商平台后台的数据系统中很容易获取商品的搜索明细记录（包含关键词），但是这些记录往往比较繁杂，数据量也比较大，在具体分析之前，我们需要先从搜索关键词中提取出行业大词，利用提取出的行业大词进行进一步分析。

课堂练习	从女包的搜索关键词中提取行业大词	
素材：第4章\搜索关键词分析—原始文件	重点指数：★★★★★	微课视频

▇01 打开"搜索关键词分析—原始文件"，该文件中记录了商品的搜索明细及行业大词列表。

▇02 在"关键词"列的右侧插入一个空白列，输入标题"行业大词"，然后使用 FIND 函数来查找行业大词，在 F2 单元格中输入公式"=FIND(行业大词 !$A$2:$A$38, 数据源 !E2)"，该公式表示将行业大词列表里的每一个行业大词，分别在关键词单元格中进行查找，并返回查找值的起始位置，由于该公式是数组公式，需要按【Ctrl】+【Shift】+【Enter】组合键确认，公式返回的结果是行业大词列表中第一个行业大词"女包"所在的位置，如图 4-7 所示。

日期	商品ID	商品标题	搜索类型	关键词	行业大词
2021/7/28	5888****7832	某品牌红色包包2021	PC淘宝搜索	女包	1
2021/7/28	5888****7832	某品牌红色包包2021	PC淘宝搜索	斜挎包 贝壳包	#VALUE!
2021/7/28	5888****1282	某品牌包包女包2021	PC淘宝搜索	小包	#VALUE!
2021/7/28	5888****1282	某品牌包包女包2021	PC淘宝搜索	女包	1
2021/7/28	5888****1282	某品牌包包女包2021	PC淘宝搜索	包包女	#VALUE!
2021/7/28	5821****7278	某品牌2021秋冬新款	PC淘宝搜索	小包 斜挎包 女包	8

女包的位置为"1"

不含女包，返回错误值

女包的位置为"8"，其中空格占一个字符

▲ 图4-7

课堂解疑

FIND函数的语法结构为"FIND(find_text,within_text,[start_num])"，其中，find_text指要查找的文本，within_text指要查找文本的文本，start_num指定开始进行查找的字符，within_text中的首字符是编号为1的字符，如果省略start_num，则假定其值为1。

03 结合 LOOKUP 函数，返回行业大词的具体内容。在 FIND 函数的基础上嵌套 LOOKUP 函数，公式为"=LOOKUP(1,0/FIND(行业大词 !\$A\$2:\$A\$38, 数据源 !E2), 行业大词 !\$A\$2:\$A\$38)"。行业大词就被提取出来了，如图 4-8 所示。

观察图 4-8 会发现，当关键词中同时有"斜挎包""贝壳包"时，提取出的是"贝壳包"而不是"斜挎包"，这是因为该公式中 LOOKUP 函数是逆向进行查找的，当找到多个关键词后，会按照行业大词列表（从上而下权重依次降低）从下向上返回数据，"贝壳包"排在"斜挎包"的下面，所以返回的是"贝壳包"。按照搜索规则，我们需要提取出权重大的关键词（列表中靠上的词），因此需要将已有的行业大词列表逆序排列。

04 将行业大词逆序排列。首先创建一个辅助列，给行业大词编号（1～37），然后选中 A、B 两列的数据，将其复制到 D 列，再将 E 列的数据按降序排列，这样 D 列的行业大词就会逆序排列了，如图 4-9 所示。

关键词	行业大词
女包	女包
斜挎包 贝壳包	贝壳包
小包	小包
女包	女包
包包女	包包女
小包 斜挎包 女包	小包

▲ 图4-8

行业大词	辅助列		行业大词	辅助列
女包	1		铂金包	37
单肩包	2		短款钱包	36
包	3	复制	卡包	35
斜挎包	4		机车包	34
小包	5		菱格链条包	33
翅膀包	6		毛呢包	32
手拿包	7		小圆包	31

降序

▲ 图4-9

05 将公式中行业大词的引用区域替换为以上新的单元格区域(D2:D38)，公式内容变为"=LOOKUP(1,0/FIND(行业大词 !\$D\$2:\$D\$38, 数据源 !E2), 行业大词 !\$D\$2:\$D\$38)"，这样就能按从权重大到权重小的顺序返回行业大词了，如图 4-10 所示。

从图 4-10 中可以看到，经过以上操作后，从关键词中提取出的是行业大词列表中权重最大的词。但是现在又有一个新问题，由于在关键词列表中第一个出现的行业大词权重更大，因此我们需要提取的是关键词列表中第一个出现的行业大词，而不是行业大词列表中排名靠前的词。例如，在图 4-10 中，关键词"小包 斜挎包 女包"中虽然"女包"在行业大词列表中排名最靠前，但是它不是关键词中第一个出现的词，第一个词是"小包"，因此这里提取的应该是"小包"。接下来我们需要对公式进行调整。

　06 在公式中查找字符的参数前面添加一个不常使用的字符，可以使公式强制地按照关键词中最早出现的行业大词进行查找。例如，可以添加一个"@"字符，公式变为"=LOOKUP(1,0/FIND("@"& 行业大词 !\$D\$2:\$D\$38,"@"& 数据源 !E2), 行业大词 !\$D\$2:\$D\$38)"。这样就将关键词中第一个出现的行业大词提取出来了，如图 4-11 所示。

关键词	行业大词
女包	女包
斜挎包 贝壳包	斜挎包
小包	小包
女包	女包
包包女	包包
小包 斜挎包 女包	女包

▲ 图4-10

关键词	行业大词
女包	女包
斜挎包 贝壳包	斜挎包
小包	小包
女包	女包
包包女	包包
小包 斜挎包 女包	小包

▲ 图4-11

> **专家提示**
>
> 　　在日常的数据处理和统计过程中结合工作需要，利用函数公式，进行相关数据的提取和处理是非常重要的一项工作。例如，在本实例中，在提取行业大词时使用了FIND函数和LOOKUP函数的嵌套，虽然公式看起来很复杂，但是操作很简单，只需几步，就能完成对行业大词的快速提取，我们在实践过程中直接套用即可。

4.2.2　按照搜索类型对比分析行业大词的流量

　　从搜索关键词中提取出行业大词后，就可以对行业大词进行具体的数据统计和分析了。以淘宝为例，其主要的关键词搜索可分为 PC 淘宝搜索、PC 天猫搜索和无线 APP 搜索 3 种类型。为了分析不同的搜索类型对各个行业大词的流量的影响，我们可以进行对比分析。

　　对于多个维度的数据分析，我们可以使用数据透视表功能，只要将各个维度的字段拖至数据透视表的不同区域，就可以快速完成汇总操作。

课堂练习　**利用数据透视表分析女包行业大词的流量**

素材：第4章\搜索关键词分析01—原始文件　　　　　重点指数：★★★

微课视频

　01 打开"搜索关键词分析 01—原始文件"，选中数据区域中的任意一个单元格，插入数据透视表，在【数据透视表字段】任务窗格中，将"行业大词"字段添加至【行】字段区域，将"直接访客数（UV）"字段添加至【值】字段区域，然后将"搜索类型"字段添加至【列】字段区域，创建的数据透视表如图 4-12 所示。

▲ 图4-12

02 将行业大词的直接访客数由高到低依次降序排序。选中行业大词列的任意一个单元格，单击鼠标右键，在快捷菜单中选择【排序】→【其他排序选项】，弹出【排序（行业大词）】对话框，然后选中【降序排序（Z到A)依据】单选按钮，在其下拉列表中选择【求和项：直接访客数（UV）】，如图4-13所示，最后单击【确定】按钮，这样系统就会依据访客数按降序对行业大词进行排列，效果如图4-14所示。

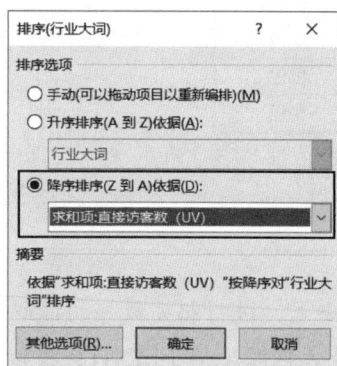

▲ 图4-13

▲ 图4-14

03 显示行标签和列标签的具体内容。选中数据透视表的任意一个单元格，切换到【数据透视表工具】的【设计】选项卡，单击【布局】组中的【报表布局】按钮，在下拉列表中选择【以表格形式显示】，如图4-15所示，这样就能清楚地显示出"行业大词"和"搜索类型"的字段名称了，如图4-16所示。

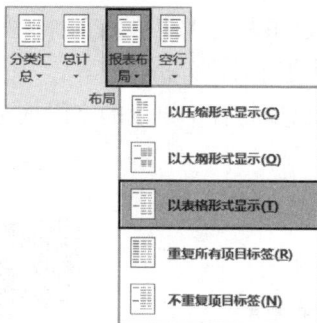

▲ 图4-15

▲ 图4-16

4.2.3 按照日期对比分析行业大词的流量

除了按照搜索类型来分析行业大词外，还可以按照日期来对比分析各个行业大词的流量。

由于涉及多个维度的数据，这里同样可以使用数据透视表来进行分析。

为了一目了然地查看两个日期之间各个行业大词的流量对比情况，我们首先可以在添加辅助列的基础上利用条件格式中的数据条功能，更直观地展示两个日期的访客数差异；另外，还可以插入切片器，更加细致地分析单个商品的情况。

<table><tr><td>课堂练习</td><td colspan="2">更直观细致地分析女包行业大词的流量</td></tr><tr><td colspan="1">素材：第4章\搜索关键词分析02—原始文件</td><td>重点指数：★★★</td><td>微课视频</td></tr></table>

01 打开"搜索关键词分析02—原始文件"，首先复制"按照搜索类型对比分析流量"工作表中的数据透视表，然后新建一个空白工作表，将复制的数据透视表粘贴到空白工作表中。由于这里要按日期分析，因此在【数据透视表字段】任务窗格中，将【列】字段区域的"搜索类型"字段拖回字段列表中，然后将"日期"字段添加至【列】字段区域，新的数据透视表如图4-17所示。

02 添加一个辅助列，其标题为"差异"，计算出不同日期的访客数差异。选中 E5 单元格，在编辑栏中输入公式"=C5-B5"，如图4-18所示，然后将公式不带格式地向下复制即可。

▲ 图4-17

▲ 图4-18

03 使用条件格式中的数据条功能。选中辅助列的数据，切换到【开始】选项卡，单击【样式】组中的【条件格式】按钮，在下拉列表中选择【数据条】→【绿色数据条】，如图4-19所示。这样，差异数为正的显示绿色数据条，差异数为负的显示红色数据条。

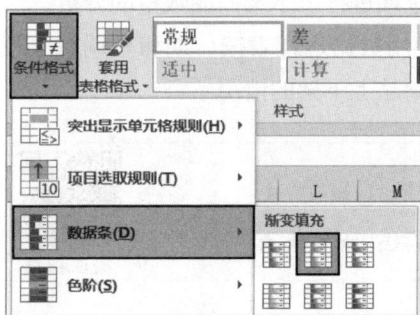

▲ 图4-19

04 除了可以查看店铺全部商品的搜索对比情况外，还可以按照商品来查看具体数据，方法是插入切片器。切换到【数据透视表工具】的【分析】选项卡，单击【筛选】组中的【插入切片器】按钮，在【插入切片器】对话框中勾选【商品ID】复选框，单击【确定】按钮即可插入商品ID的切片器，如图4-20所示。

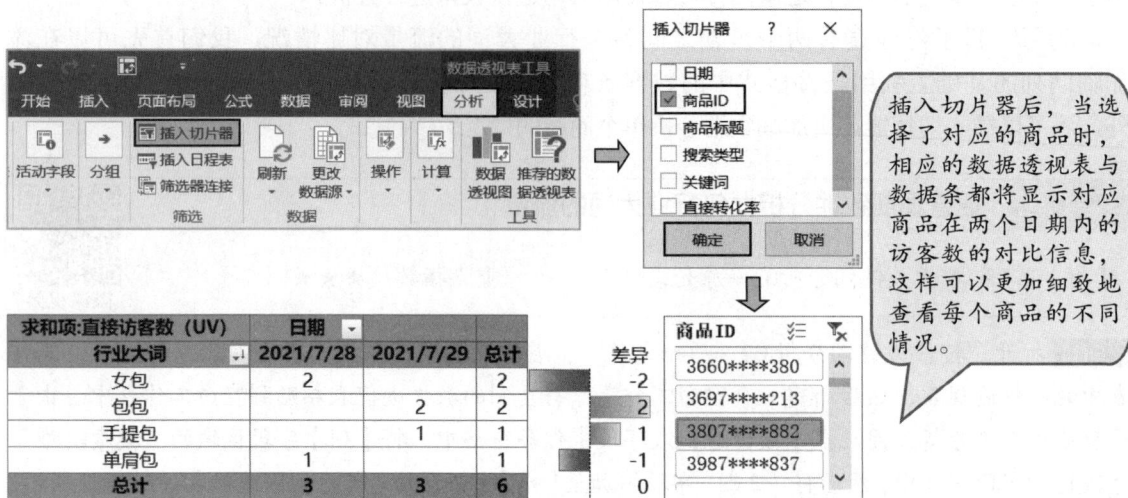

图4-20

4.3 上下架时间优化

在电子商务领域，每个商品的上下架时间都会直接影响该商品的搜索流量，也将决定该商品在市场上将与哪些卖家发布的商品同台竞争。因此，各卖家需要及时汇总统计同类目商品的上下架时间分布数据，从而找到最有利的上下架时间，进行上下架时间的优化。本节将重点介绍根据上下架时间对相关数据进行处理的分析思路及过程。

4.3.1 按照日期分析上下架商品数量

如前所述商品的上下架周期为一星期，因此在进行上下架时间优化时，我们应尽量以星期为单位进行分析，并且可以从日期中提取出星期，然后按照星期进行上下架商品数量的分析。

要从日期中提取出星期，可以使用 TEXT 函数，然后使用数据透视表按日期和星期对上下架商品数量进行分类汇总，这样就能清晰地分析出一星期内商品上下架的情况了。

课堂练习	按照星期分析母婴用品的上下架数量	
素材：第4章\上下架时间优化—原始文件	重点指数：★★★★	 微课视频

▇▇01 打开"上下架时间优化—原始文件"，在 D 列增加一个辅助列"星期"，在 D2 单元格中输入公式"=TEXT(B2,"aaa")"，如图 4-21 所示，然后将公式向下复制即可提取出 B 列的星期了。

▇▇02 创建一个数据透视表，将"日期"和"星期"字段添加至【行】字段区域，将"上下架商品数"添加至【值】字段区域，然后将【报表布局】设置为【以表格形式显示】，效果如图 4-22 所示。

日期	星期	求和项:上下架商品数
⊟2021/7/18	日	239665
⊟2021/7/19	一	280667
⊟2021/7/20	二	275721
⊟2021/7/21	三	301460
⊟2021/7/22	四	304198
⊟2021/7/23	五	286094
⊟2021/7/24	六	273860
总计		1961665

	A	B	C	D
1	时段	日期	上下架商品数	星期
2	0	2021/7/18	4904	=TEXT(B2,"aaa")
3	0	2021/7/19	5602	

▲ 图4-21　　　　　　　　　　　　　▲ 图4-22

03 插入数据透视图，更直观地查看数据。选中数据透视表中的任意一个单元格，切换到【插入】选项卡，单击【图表】组中【数据透视图】按钮的上半部分，弹出【插入图表】对话框，选择【柱形图】中的【簇状柱形图】即可。插入簇状柱形图后，删除图例和网格线（选中后按【Delete】键即可删除），在任意一个字段按钮上单击鼠标右键，在快捷菜单中选择【隐藏图表上的所有字段按钮】，并将标题改为"按星期查看商品分布"，插入纵坐标轴标题并输入内容"数量/个"，效果如图 4-23 所示。

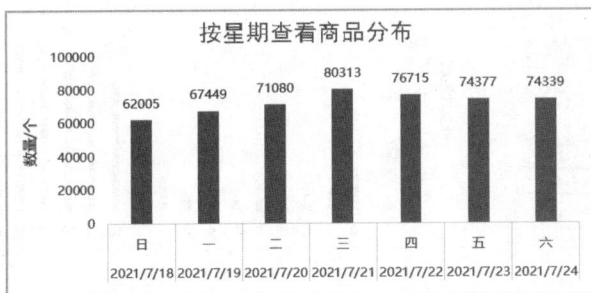

▲ 图4-23

04 插入时段切片器，在【切片器工具】的【选项】选项卡下的【按钮】组中，将【列】设置为"12"，这样所有切片就分两排显示了。选中一个切片后，按【Shift】键即可同时选中多个连续的切片，这样就可以很方便地查看和分析各个日期在各个时段中的数量分布情况，如图 4-24 所示。

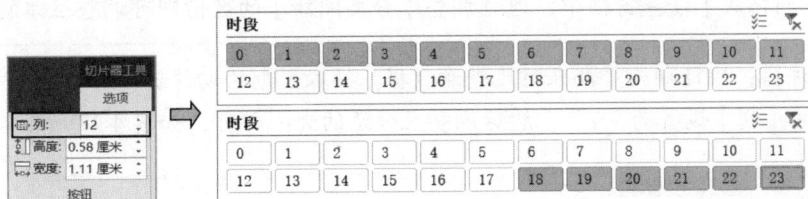

▲ 图4-24

4.3.2　按照时段分析上下架商品数量

分析了同类商品在各个日期或星期的分布情况，卖家就可以判断出一星期中哪天上下架商品最合适。那么接下来卖家需要考虑的问题就是，一天之内有 24 个时段，究竟在哪个时段上架商品最有利于销售呢？这时卖家就需要按照时段对一天内上下架的商品数量进行分析。

具体的操作方法仍是使用数据透视表，卖家应综合运用数据透视图和切片器，让分析过程更高效、分析结果更直观。

课堂练习	分析母婴用品不同日期下各时段的上下架数量
素材：第4章\上下架时间优化01—原始文件	重点指数：★★★★

微课视频

01 打开"上下架时间优化01—原始文件"，在数据源的基础上，创建一个新的数据透视表，数据透视表字段的布局如图4-25所示。

02 在数据透视表的基础上，创建一个数据透视图，这里选择【簇状柱形图】。由于之前已经设置好了一个柱形图，所以我们可以直接将上一个柱形图的格式复制过来：选择上一个柱形图并复制、再选中本步骤开始创建的柱形图粘贴即可，将图表标题改为"按时段查看商品分布"，如图4-26所示。

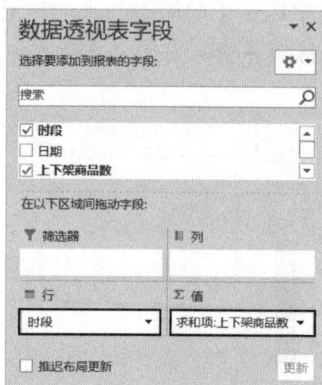

▲ 图4-25

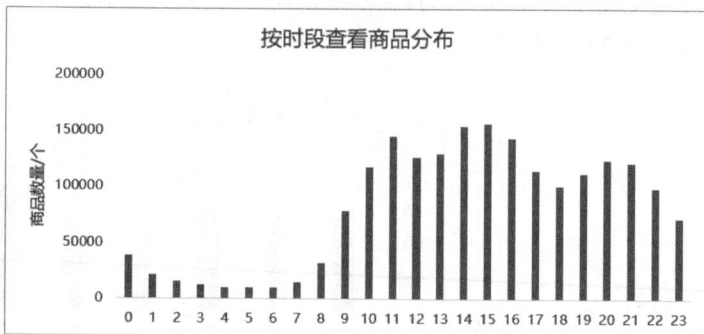

▲ 图4-26

专家提示

在创建柱形图后，对柱体的宽度进行调整是非常重要的一步，因为柱体过粗或过细都不利于数据的展示。选中柱体，单击鼠标右键，在快捷菜单中选择【设置数据系列格式】，在【设置数据系列格式】任务窗格中，通过调整【分类间距】的数值即可调整柱体的宽度。

03 插入切片器，按日期或星期来对比查看数据。插入星期的切片器，由于一个星期有7天，所以将切片器的【列】设置为"7"，然后调整至合适的大小即可，如图4-27所示。

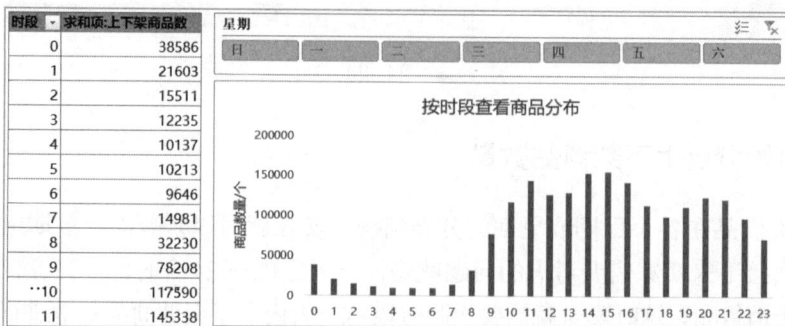

▲ 图4-27

4.4　店铺商品价格规划

在电商行业里，卖家在对商品进行定价时不能一概而论，而应对不同商品进行不同价位的划分，每家店铺的商品既要有低价位和中等价位的，也要有高价位的，每个商品的定价都有其存在的意义。本节将介绍如何对店铺商品进行全方位的价格规划。

4.4.1　低价位——引流

在店铺中，低价位商品凭借其价格优势可以为店铺带来更大的流量、更高的下单转化率和潜在成交率。低价位商品应该占店铺所有商品类目的 10% ~ 20%，这样才能发挥低价位商品的优势。

对于新手卖家而言，低价位商品主要是用来吸引流量的。首先，在低价位商品的选择上，卖家应该选择款式新颖的商品来吸引买家的目光，加上价格优势，这样才能够达到为店铺吸引流量的目的，进而提高商品的潜在成交率。其次，卖家在对低价位商品进行定价之前，还需要对市场上同款商品的定价进行全方位的了解，明确哪个价位区间的销量最高，从而结合市场行情确定低价位商品的价格。

许多卖家都会采用低价来吸引流量，但是很多人没有意识到低价营销的"雷区"，其实在进行低价营销时，很容易触碰到以下两大"雷区"。

①低价成交的部分订单的销量和信誉是不统计的。当订单的支付价格在 1 元及 1 元以下时，商品的销量是正常统计的，如果买家账号绑定了有效的手机号码，则买卖双方的评价都会正常统计，如果买家账号没有绑定有效的手机号码，则卖家评价最多统计 250 笔，买家评价正常统计。

②支付价格低于商品原价的 30% 且支付金额低于 5 元的订单，其销量和评价均不统计。注意，上述两个条件同时被满足时，该规则才生效。

在对低价位商品进行定价时，卖家只有清楚地了解了平台的定价规则后，才能最大可能地避开"雷区"，为低价位商品合理定价。

课程思政　价格竞争是指卖家运用价格手段，通过价格的提高、维持或降低，以及对竞争对手定价或变价的灵活反应等，来与竞争对手争夺市场份额的一种竞争方式。长期以来，价格竞争一直深受店铺经营者的重视。甚至一谈到竞争，就会想到削价。在一定条件下，价格竞争是必要的。但是，把价格高低看成决定交易成败的唯一因素，难免会造成恶性价格竞争的泛滥。

价格竞争
微课视频

4.4.2　中等价位——盈利

在一家店铺中，中等价位商品一般占据店铺所有类目的 60% ~ 75%，这类商品的数量多，买家对价格的接受度高，成交率也高，是店铺盈利的主要来源。

既然中等价位商品能使店铺盈利，对店铺的发展有着重要意义，卖家在对中等价位商品进行定价时，应该主要从以下两个方面考虑。

1. 主要消费群体的实际消费水平

主要消费群体是影响店铺盈亏的重要因素之一，卖家需要清楚地了解主要消费群体的实际消费水平。一般情况下，买家都会根据自己的经济实力确定购买哪个价位区间的商品，然后在该价位区间内，经过仔细的筛选、对比，最终选择自己最需要的、性价比最高的商品。

2. 对商品类目进行细分

由于中等价位商品类目多，因此卖家需要把中等价位商品按照质量和材质等进行细分。

① 按照质量细分。中等价位商品是店铺的盈利商品，如何平衡价格和质量之间的关系，是卖家需要重点考虑的问题。要使店铺商品具有竞争力，必须以合适的价格和高质量来满足买家的需求。也就是说，要让买家觉得在同等价位上该商品的性价比是最高的。卖家一定要在现有资源的基础上，尽量保证商品的质量，从而赢得买家的信任。

② 按照材质细分。大多数商品都是可以按照材质（或面料）进行细分的，如箱包、服装、配饰、家居用品等。卖家对店铺商品按材质（或面料）进行细分，可以提高店铺商品分类的专业程度，更能获得买家的认可，从而提高店铺商品的成交率。

4.4.3 高价位——品牌

一般而言，低价位商品可以为店铺带来流量，中等价位商品可以为店铺带来利润，高价位商品在店铺中也不可或缺，用来打造品牌，提升档次。一家店铺中，高价位商品一般占据店铺所有类目的 5% ～ 10%。

高价位商品主要满足一些高端消费群体对优质商品的需求。他们对生活环境、居住品质等都有较高的要求。随着社会经济的发展，买家对商品各方面的要求也在不断提升，只有提供优质的商品才能够吸引到这类买家。

卖家在给高价位商品定价前，应该先了解高端消费群体的心理，根据他们的消费心理制定出合适的价格，吸引他们下单。高端消费群体按消费心理可分为以下两种。

① 标签型。这类消费群体很在意自己的品位能否得到他人的认可。

② 享受生活型。享受生活型消费群体不断追求更高水平的生活方式和生活理念，追求物质与精神的统一，对生活品质有非常高的要求。

根据以上两类不同的消费群体，卖家需要采取不同的措施以提供更优质的服务。例如，可以通过打造 VIP 商品来体现买家的品位，通过培养高级客服为买家营造良好的购物氛围等。

案例解析

商品定价往往是影响交易的重要因素，同时也是电商运营中非常重要的分析指标。商品定价的目标是促进销售、获得利润，这就要求卖家既要考虑成本，又要考虑买家对价格的接受能力，也就是说，商品的定价要具有买卖双方相互决策的特征。

对商品定价进行分析，确定出合理的价格，对卖家来说非常重要。下面以某店铺女装价格与成交量分析为例，介绍如何在 Excel 中对商品定价进行分析。

案例解析 某店铺女装价格与成交量分析

素材：第4章\商品价格与成交量分析—原始文件　　　　重点指数：★★★★

微课视频

01 打开"商品价格与成交量分析—原始文件"，在数据源的基础上，计算出各价格区间的成交量，含有一个条件的求和需要用到 SUMIF 函数，E2 单元格中的公式如图 4-28 所示。

E2		fx	=SUMIF(B:B,"<=30",C:C)						
	B	C	D	E	F	G	H	I	J	K
1	价格	成交量		1~30	31~60	61~90	91~120	121~150	151~180	181以上
2	110	123		0						

▲ 图4-28

02 在 F2 单元格中输入公式，计算出 ">=31" 且 "<=60" 的成交量，含有多个条件的求和需要用到 SUMIFS 函数，如图 4-29 所示。接下来采用同样的方法，计算出 G2:J2 单元格区域内的值。

F2		fx	=SUMIFS(C:C,B:B,">=31",B:B,"<=60")						
	B	C	D	E	F	G	H	I	J	K
1	价格	成交量		1~30	31~60	61~90	91~120	121~150	151~180	181以上
2	110	123		0	324					

▲ 图4-29

03 选中 K2 单元格，将 E2 单元格中的公式不带格式地复制过来，第二个参数改为 ">=181"，这样就计算出价格在 "181 以上" 的成交量了，如图 4-30 所示。

K2		fx	=SUMIF(B:B,">=181",C:C)						
	B	C	D	E	F	G	H	I	J	K
1	价格	成交量		1~30	31~60	61~90	91~120	121~150	151~180	181以上
2	110	123		0	324	445	1282	742	936	199

▲ 图4-30

📺 **课堂解疑**

SUMIF函数的功能是对指定范围中符合指定条件的值求和。SUMIF函数的语法结构为 "SUMIF(range, criteria, [sum_range])"。

例如，公式 "=SUMIF(B:B,"<=30",C:C)" 表示对B列中小于等于30的值对应的C列中的值求和。

SUMIFS函数的功能是对指定范围中符合指定的多个条件的值求和。SUMIFS函数的语法结构为 "SUMIFS(sum_range, criteria_range1, criteria1, [criteria_range2, criteria2], ...)"。

例如，公式 "=SUMIFS(C:C,B:B,">=31",B:B,"<=60")" 表示对B列中大于等于31且小于等于60的值对应的C列中的值求和。

04 选中 E1:K2 单元格区域，插入面积图，切换到【图表工具】的【设计】选项卡，在【样式】组中选择【样式 7】。将图表标题改为"价格与成交量分析"，标题字号设置为 14 号。然后选中整个图表，将字体设置为微软雅黑。最后选中数据系列，添加数据标签并调整好位置，效果如图 4-31 所示。

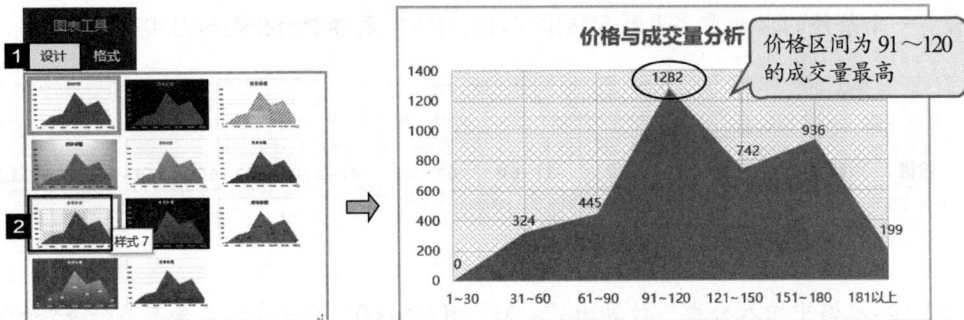

▲ 图4-31

05 选中"价格"列任意一个有数据的单元格，切换到【数据】选项卡，单击【排序和筛选】组中的升序按钮，将价格升序排列。然后选中 BI:CI 单元格区域，按【Ctrl】键的同时再选中 B7:C14 单元格区域，插入面积图，如图 4-32 所示。

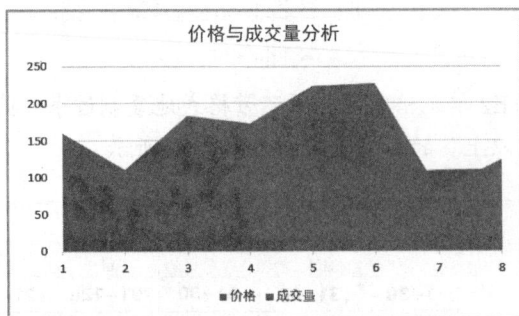

▲ 图4-32

06 切换到【图表工具】的【设计】选项卡，单击【数据】组中的【选择数据】按钮，弹出【选择数据源】对话框，单击【水平（分类）轴标签】的【编辑】按钮，弹出【轴标签】对话框，将鼠标光标定位到文本框中，然后选中 B7:B14 单元格区域，单击【确定】按钮，如图 4-33 所示。

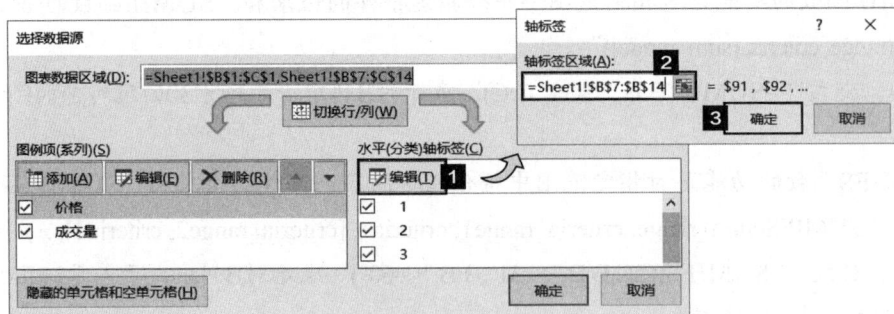

▲ 图4-33

07 将【图例项 (系列)】列表框中的【价格】系列删除。选中【价格】系列，然后单击【删除】按钮即可，删除后单击【确定】按钮，如图 4-34 所示。

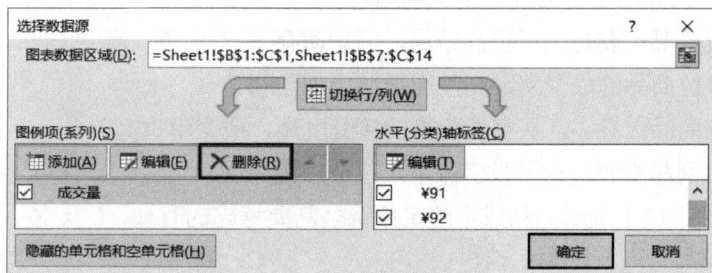

▲ 图4-34

08 美化图表，首先选中图表，将网格线和图例删除，将标题改为"区域价格分析"，添加横坐标轴标题"价格 / 元"和纵坐标轴标题"成交量 / 件"，然后选中整个图表，将字体设置为微软雅黑。最后选中数据系列，添加数据标签并调整好位置，效果如图 4-35 右图所示。此时，卖家即可对商品的区域价格进行分析。

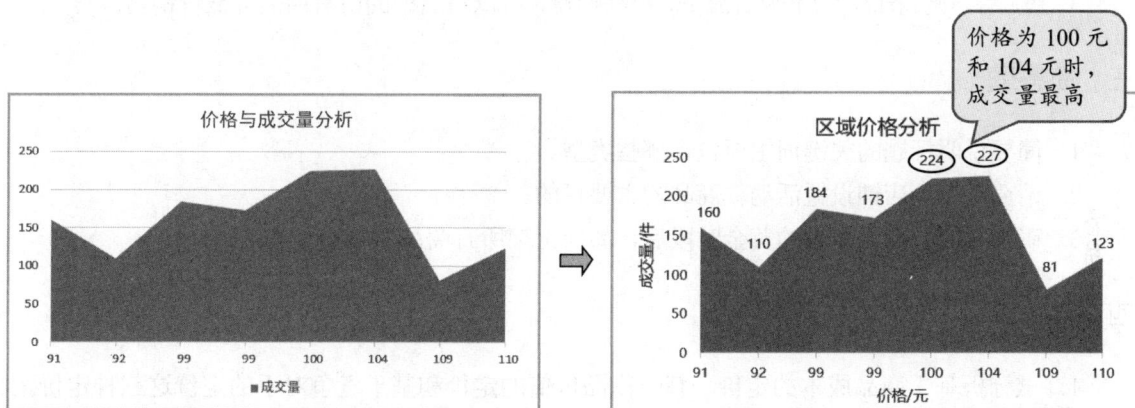

▲ 图4-35

思考与练习

一、不定项选择题

1. 店铺中各个价位区间的商品数量占比正确的是（　　　）。

    A. 低价位的商品占比 10%～20%，中等价位的商品占比 50%～65%，高价位的商品
       占比 5%～10%

    B. 低价位的商品占比 20%～30%，中等价位的商品占比 40%～55%，高价位的商品
       占比 10%～15%

    C. 低价位的商品占比 10%～20%，中等价位的商品占比 60%～75%，高价位的商品
       占比 5%～10%

D. 低价位的商品占比 20% ～ 30%，中等价位的商品占比 35% ～ 45%，高价位的商品
占比 15% ～ 25%

2. 以下关于店铺商品定价的说法中正确的有（　　　）。

A. 低价位商品主要是为了提高销量，清理库存

B. 中等价位商品的成交率最高，能帮助店铺盈利

C. 低价位商品数量多，买家对价格的接受度高，成交率也高

D. 高价位商品主要是为了吸引流量，打造店铺品牌

3. 以下因素中，属于基于商品成本的定价策略需要考虑的有（　　　）。

A. 人工成本　　　　　B. 销售成本　　　　　C. 商品成本　　　　　D. 退换货损失

二、判断题

1. 店铺活动款商品的主要作用是清理库存，提高销量，为店铺带来利润。（　　　）

2. 确定好商品上架的黄金时段后，为了获得最大的流量，可以将店铺所有商品在黄金时段内同
时上架。（　　　）

3. 对新手卖家来说，为了吸引流量、提高销量，可以将店铺的所有商品都低价销售。（　　　）

三、简答题

1. 简要说明标题的关键词主要包含哪些类型。

2. 请简单介绍店铺设置活动款商品的主要目的。

3. 确定好店铺商品上架的黄金时段后，如何上架所有商品？

四、操作题

1. 试分析基于商品成本的定价、基于商品价值的定价和基于竞争对手的定价这三种定价策
略各有什么优缺点。

2. 为了测试上下架时间对商品销量的影响，某淘宝卖家根据以往的销售数据（上午 10 点
和下午 1 点为销售高峰），将某商品于 2021 年 8 月 9 日（星期一）上午 10 点上架，于 2021 年 8
月 16 日（星期一）上午 10 点下架；商品下架后，该淘宝卖家将上架时间调到当天下午 1 点，于
2021 年 8 月 23 日（星期一）下午 1 点下架。该商品在连续两周内的成交量走势如图 4-36 所示，
试分析卖家这样做的原因。

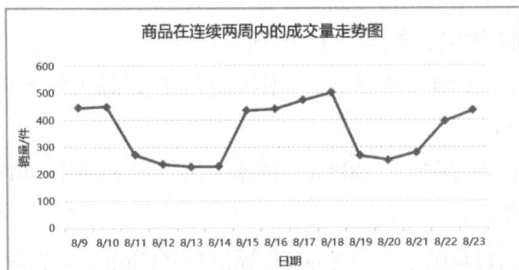

▲ 图4-36

综合实训

实训题目： 店铺女装的搜索关键词分析

实训目标： 对女装的搜索关键词进行统计汇总，将同类搜索关键词进行分组，计算出各搜索关键词的搜索指数占总数的百分比及在各自分组中的占比，从而选出最重要的搜索关键词作为标题。

实训思路：

① 打开实训素材，以"搜索关键词"为【行】字段，"搜索指数"为【值】字段，创建数据透视表。

② 将相同或相近的搜索关键词进行分组（选中关键词→单击鼠标右键→创建组）并更改分组名称。

③ 在布局组中将分类汇总设置为【在组的底部显示所有分类汇总】。

④ 将报表布局设置为【以表格形式显示】。

⑤ 为数据透视表设置一种样式，直接在数据透视表样式中选择一种合适的样式即可。

⑥ 插入计算字段，名称为"同类名称比重"，公式为"= 搜索指数"，该字段的值显示方式设置为【父级汇总的百分比】（单击鼠标右键→值显示方式→父级汇总的百分比）。

⑦ 将搜索指数以百分比方式显示（单击鼠标右键→值显示方式→总计的百分比）。

⑧ 根据统计结果，选择所占比重大的搜索关键词和同类名称中比重大的名称作为标题。

第5章 流量分析：高效引流，提高销量

5.1 店铺流量概况

流量是店铺的命脉，是店铺在激烈的电商竞争中存活下来的关键。如果店铺没有流量，那么一切都是空谈。也就是说，即使店铺商品的质量再好、服务再好，没有流量，也会无人问津。因此，对店铺来说，引流是关键。本节将主要介绍店铺流量的类型。

5.1.1 店铺流量认知

店铺流量是指店铺中的访客数量，访问店铺的顾客数量越多，说明该店铺的流量越大；访问店铺的顾客数量越少，表示该店铺的流量越小。

下面将简单介绍店铺流量的类型和店铺流量的查看途径。

1. 店铺流量的类型

顾客进入店铺的途径有很多，主要通过自主搜索、付费引流、站内其他途径和站外途径 4 种。这 4 种途径带来的流量就是店铺的 4 种流量类型，如图 5-1 所示。

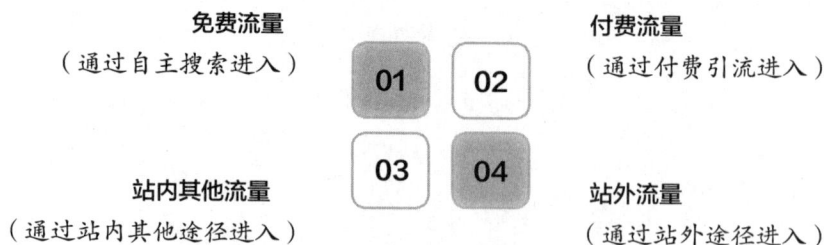

免费流量
（通过自主搜索进入）
01 02
付费流量
（通过付费引流进入）

站内其他流量
（通过站内其他途径进入）
03 04
站外流量
（通过站外途径进入）

▲ 图5-1

分析店铺的流量结构有利于商家更好地掌握店铺的运营情况，从而做出正确的运营决策。一般来说，不同的行业、不同的运营模式，都可能造成店铺运营结构的差异，理论上，利润较大的店铺的流量结构应该是免费流量占比最多，付费流量占比较小，其他流量占据一定比例。这样的店铺可被认为是健康的店铺。

2. 店铺流量的查看途径

查看自身店铺的流量情况，可以通过生意参谋来完成。在生意参谋中进入【流量】功能板块，单击左侧导航栏中的【店铺来源】，在右侧设置好查看的时间段，如近 30 天，即可看到这段时间内店铺流量的来源及趋势，如图 5-2 所示。

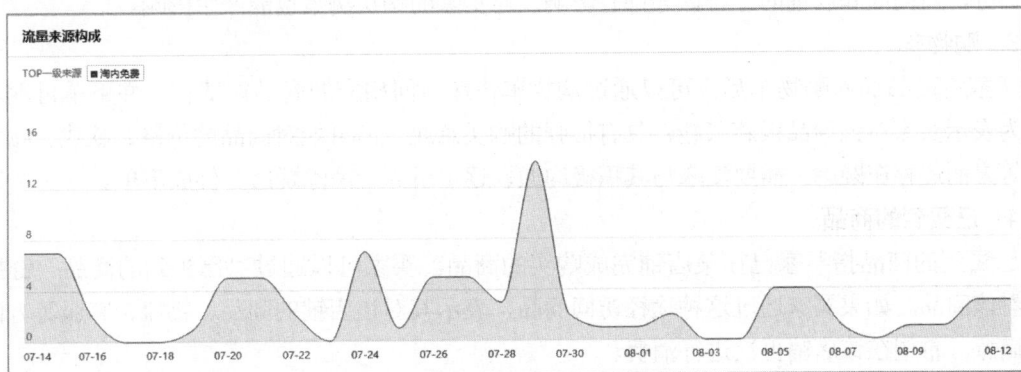

▲ 图5-2

在页面的下方还可进一步查看该段时间内店铺的各类流量来源对比，了解各类流量的访客数、下单买家数和下单转化率等情况，如图 5-3 所示。卖家也可将这些数据下载下来，在 Excel 中进行进一步分析。

流量来源	访客数	下单买家数	下单转化率	操作
淘内免费	52	8	15.38%	趋势
自主访问	7	4	57.14%	趋势
付费流量	0	0	0.00%	趋势
淘外网站	0	0	0.00%	趋势
淘外APP	0	0	0.00%	趋势
其它来源	0	0	0.00%	趋势

▲ 图5-3

5.1.2 免费流量

免费流量是指店铺没有进行付费推广，买家通过主动搜索访问店铺时产生的流量。这类流量是所有流量中质量最高的流量，具有很强的稳定性，且下单转化率很高，可以直观地反映出店铺的买家性质和质量。因此免费流量应该是对卖家而言最重要的流量。

免费流量主要来自直接访问、商品收藏、购物车、已买到的商品等途径。

1. 直接访问

直接访问是指买家通过搜索栏或分类导航功能直接进入店铺访问的行为。例如，买家输入某款商品的关键词，在搜索结果中单击商品主图即可进入店铺查看商品。这类买家具有很强的购买意愿，但是在购物过程中容易受到价格、主图效果等因素的影响，从而影响下单转化率。因此，卖家应尽量把商品的主图设置得更加有吸引力，以增加店铺的访问量。

2. 商品收藏

商品收藏是指买家对某个商品进行收藏的行为。商品的收藏量越高，表明买家对该商品越感兴趣，收藏商品后买家可以直接通过收藏夹进入店铺。商品的收藏量是收藏人数和关注热度的综合评分，对商品和店铺的综合评分都有影响，对买家的购买决策也能产生影响。

3. 购物车

买家将商品加入购物车后，可以通过购物车快速访问相应的商品详情页，并下单付款。加购行为表示买家对该商品很感兴趣，具有很强的购买意愿，但可能对商品的价格、款式、颜色、质量等方面还存在疑虑，需要卖家与其积极沟通、逐步引导、消除疑虑、促成下单。

4. 已买到的商品

已买到的商品指买家已在某店铺完成购买的商品。买家可以通过"已买到的商品"链接再次查看该商品。如果买家通过这种途径访问商品，表示其对该店铺的商品、物流、客服等方面都感到满意，希望在该店铺再次进行消费。

5.1.3　付费流量

付费流量是指通过付费推广的方法引入的流量。这类流量的精准度比较高，容易获取。卖家需要引流或主推某个或多个商品时，就可以通过付费推广来实现快速引流。常见的付费引流方式包括招募淘宝客、开通直通车、开通钻石展位和参与促销活动等。

1. 招募淘宝客

招募淘宝客是一种按成交计费的推广模式。淘宝客是在实际的交易完成后才收取佣金的，即买家确认收货后才进行计费，没有成交就没有佣金。淘宝卖家可以在淘宝联盟通过支付佣金的方式为自己的店铺招募淘宝客，为商品进行推广。

2. 开通直通车

直通车是以"文字＋图片"的形式出现在搜索结果页面中实现精准推广的工具。直通车在淘宝网页上的展示位置包括搜索结果页面的右侧、搜索结果页面的最下端和搜索结果列表的第一个等位置。直通车展示位置旁通常有灰色的"广告"字样。直通车在推广某个商品时，会通过精准的搜索匹配给店铺带来优质的买家，当买家进入店铺时，会产生一次或多次流量跳转，促成商品的销售。直通车以点带面的精准推广可以最大限度地降低店铺推广成本，提升整体的营销效果。

3. 开通钻石展位

钻石展位是为淘宝卖家提供图片类广告竞价投放的服务，卖家可通过创意图片吸引巨大的流量。

钻石展位按每千次浏览计费，按照竞价从高到低依次投放。卖家可以根据地域、访客和兴趣点 3 个维度设置定向的广告。钻石展位可以为卖家提供 200 多个优质展位，包括淘宝网首页、频道页、门户、画报等多个淘宝网站内的广告展位。这些广告展位都可以帮助卖家获取巨大的流量。

4. 参与促销活动

除了以上几种付费引流方式外，淘宝还有很多的促销活动，参与这些活动同样可以吸引流量并推广店铺和商品，例如，聚划算、天天特卖、淘金币等。卖家参与这些活动需要报名、付费，按照活动规则有计划地在活动中推广商品，通过特价策略等吸引流量，从而提高商品销量。

5.1.4 站内流量

站内流量是指通过淘宝平台获取的流量，是店铺流量最重要的构成部分之一。站内流量分为免费流量和付费流量，免费流量获取渠道如逛逛、淘宝直播等。

1. 逛逛

逛逛即以前的微淘，相当于手淘内的一个内容信息流平台。卖家通过在逛逛上发布一些活动预热及话题，引起"粉丝"的兴趣，吸引更多新"粉丝"。逛逛包含达人内容、卖家内容，内容的形式有图文、短视频，便于买家观看、浏览、点赞、评论和互动，最终实现"种草"。淘宝平台希望更多买家在逛逛内被达人和卖家发布的内容激发购物欲望，从而买到质量好、对自己有用处的商品。

2. 淘宝直播

淘宝直播是阿里巴巴推出的一款无线互动工具，定位于"消费类直播"，买家可边看边买。淘宝直播通过"粉丝"打赏、关注及红包等多种互动模式，让消费过程充满趣味性。淘宝直播的内容已覆盖服饰、美妆、运动、母婴、美食、二次元、数码等各个领域。

与其他短视频平台相比，淘宝直播有其自身的优势，它有线上卖家店铺做后盾，淘宝直播带货的整套流程是畅通无阻的，直播时便能一键触达，关联度高，目的性强，购物链路的便捷完整提升了买家的购物体验。

5.1.5 站外流量

站外流量是指从除淘宝平台以外的所有渠道获得的流量。站外流量可以为店铺带来很大一部分潜在的消费群体，随着各大消费平台的兴起，站外流量也逐渐成为卖家关注的焦点，如微信、微博、论坛、快手、抖音和小红书等。这些站外平台可以发布淘宝、天猫商城的店铺链接或店铺名称，直接将流量引导到店铺中。

卖家在引入站外流量之前，必须先把店铺装修好，优化商品详情页的设计，以刺激买家的购买欲望，否则即使引入再多的站外流量，店铺的转化率也会很低。

课程思政 我国历史上有很多少年英雄的故事，电影《红孩子》《小兵张嘎》《英雄小八路》等说的就是一些少年英雄的故事。今天，各行各业都有很多值得我们学习的榜样，包括航天英雄、奥运冠军、科学家、劳动模范、青年志愿者等。榜样的力量是无穷的，我们要把他们立为心中的标杆，向他们看齐，像他们那样追求美好的思想品德。

时代顶流
微课视频

5.2 店铺流量分析

流量分析是电商运营过程中为增强引流效果开展的分析活动，是运营过程中必不可少的工作，也是数据化运营的基础。虽然受多种因素影响，每家店铺的流量结构并没有严格的标准，但是店铺的流量结构在一定程度上能反映店铺的运营情况。本节将介绍店铺流量的分析过程。

5.2.1 统计不同类型的流量数据

利用生意参谋的下载功能将店铺的流量数据下载到电脑中，并在 Excel 中对数据进行整理，然后利用数据透视表功能汇总计算出不同类型的流量数据。

> **课堂练习** **统计某书店近 30 天移动端的流量数据**
>
> 素材：第5章\店铺流量构成分析—原始文件　　　　　重点指数：★★★★　　　微课视频

01 将下载的流量数据进行整理，删除访客数为 0 的数据记录，以便后续的统计汇总。在本实例中，直接打开"店铺流量构成分析—原始文件"即可。

02 在源数据的基础上，插入数据透视表。将"流量来源"添加到【行】字段区域，将"访客数"和"支付买家数"添加到【值】字段区域，创建的数据透视表如图 5-4 所示。

03 插入计算字段，计算转化率。切换到【数据透视表工具】的【分析】选项卡，单击【计算】组中的【字段、项目和集】按钮，在下拉列表中选择【计算字段】选项，如图 5-5 所示。

04 弹出【插入计算字段】对话框，在【名称】文本框中输入字段名"转化率"，在【公式】文本框中输入"="，然后在【字段】列表框中选中【支付买家数】，单击【插入字段】按钮，再输入"/"，然后选中【字段】列表框中的【访客数】，单击【插入字段】按钮，公式输入完成后单击【添加】按钮，最后单击【确定】按钮，如图 5-6 所示。

流量来源	求和项:访客数	求和项:支付买家数
淘内免费流量	305408	18056
付费流量	90425	9436
自主访问流量	65086	11472
总计	460919	38964

▲ 图5-4

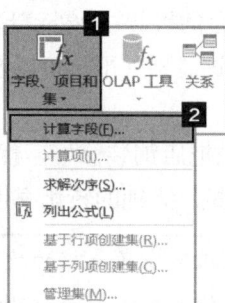

▲ 图5-5

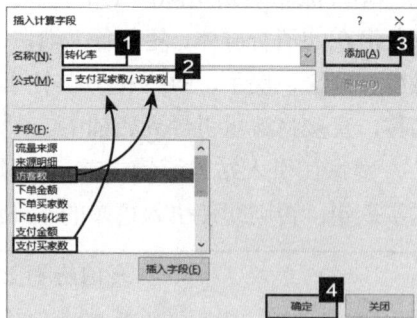

▲ 图5-6

05 将"求和项：转化率"列的数字格式设置为百分比样式，将"求和项：访客数"列和"求和项：支付买家数"列的数字格式置为千位分隔样式，然后将数据透视表的【报表布局】设置为【以表格形式显示】，这样就能显示出行标签的名称了，效果如图 5-7 所示。

流量来源	求和项:访客数	求和项:支付买家数	求和项:转化率
淘内免费流量	305,408	18,056	6%
付费流量	90,425	9,436	10%
自主访问流量	65,086	11,472	18%
总计	460,919	38,964	8%

▲ 图5-7

06 要想一眼看出各类流量的"访客数"和"支付买家数"占比情况，就需要将其设置为百分比样式显示。在"访客数"字段的任意一个单元格中单击鼠标右键，在弹出的快捷菜单中选择【值显示方式】→【列汇总的百分比】，这样"访客数"字段的值将会显示为百分比样式，用同样方法将"支付买家数"字段也显示为百分比样式，效果如图 5-8 所示。

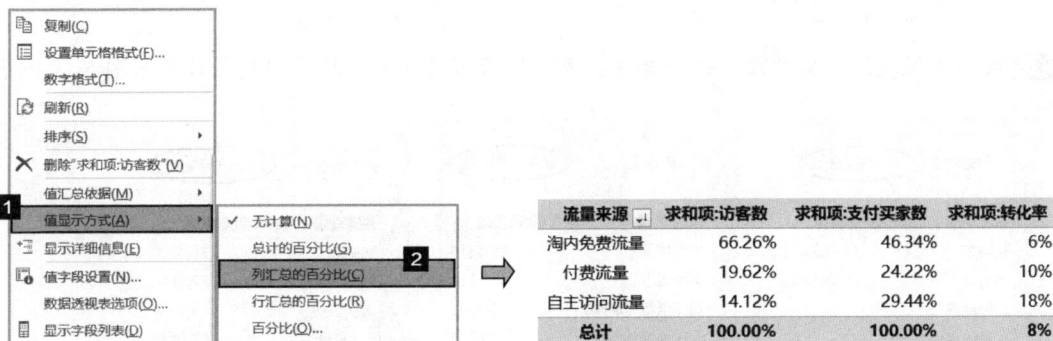

流量来源	求和项:访客数	求和项:支付买家数	求和项:转化率
淘内免费流量	66.26%	46.34%	6%
付费流量	19.62%	24.22%	10%
自主访问流量	14.12%	29.44%	18%
总计	100.00%	100.00%	8%

▲ 图5-8

5.2.2　创建不同类型的流量关系图表

分析完各类流量的占比及转化情况后，我们还需要分析各类流量中来源明细的具体结构情况。具体方法：通过数据透视表的筛选器功能，快速将数据透视表按照流量来源进行拆分，然后分别用图表展示拆分出的数据，且要展示出结构关系，这可以通过插入饼图来实现。

课堂练习　拆分各类流量来源明细数据并直观展示

素材：第5章\店铺流量构成分析01—原始文件　　　重点指数：★★★　　微课视频

01 打开文件"店铺流量构成分析01—原始文件"，在【数据透视表字段】任务窗格中，将"流量来源"字段添加到筛选器区域，将"来源明细"字段添加到【行】字段区域，将"求和项:支付买家数"和"求和项:转化率"字段移出【值】字段区域，只保留"求和项:访客数"字段，如图 5-9 所示。

02 选中数据透视表中任意一个单元格，切换到【数据透视表工具】的【分析】选项卡，单击【数据透视表】组中【选项】右侧的下拉按钮，在下拉列表中选择【显示报表筛选页】选项，弹出【显示报表筛选页】对话框，默认选中"流量来源"，单击【确定】按钮即可，如图 5-10 所示。

101

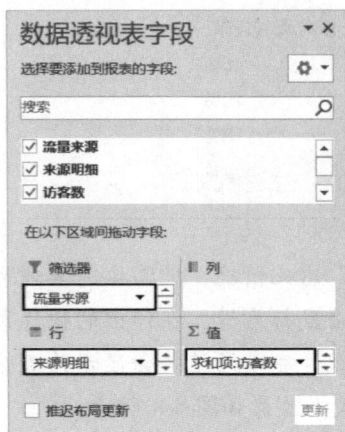

▲ 图5-9

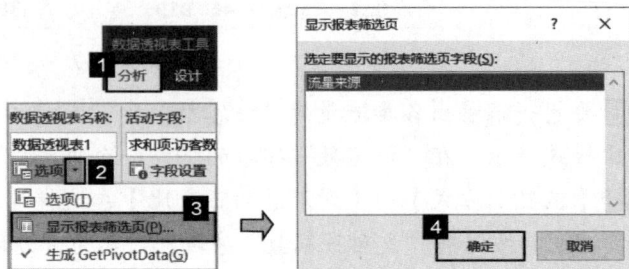

▲ 图5-10

03 数据透视表按照流量来源拆分为 3 张表，然后将访客数按降序排列，效果如图 5-11 所示。

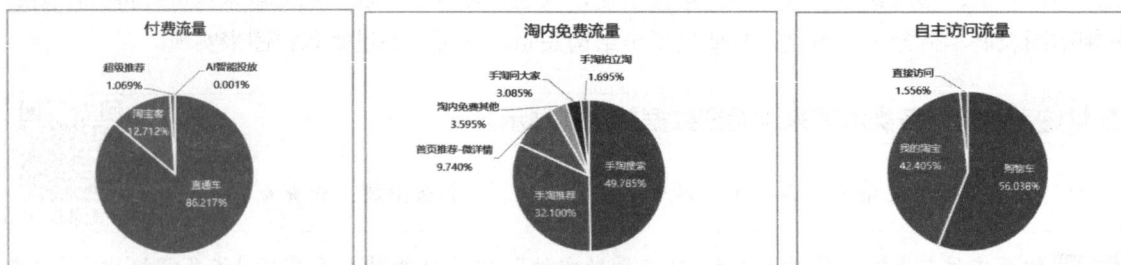

▲ 图5-11

04 分别为拆分出的 3 张表创建饼图，以展示来源明细的结构关系。创建完成后，对饼图做适当的美化，效果如图 5-12 所示。

![付费流量、淘内免费流量、自主访问流量三个饼图]

付费流量：超级推荐 1.069%，AI智能投放 0.001%，淘宝客 12.712%，直通车 86.217%

淘内免费流量：手淘拍立淘 1.695%，手淘问大家 3.085%，淘内免费其他 3.595%，首页推荐-微详情 9.740%，手淘推荐 32.100%，手淘搜索 49.785%

自主访问流量：直接访问 1.556%，我的淘宝 42.405%，购物车 56.038%

▲ 图5-12

通过图 5-12 的 3 个饼图可以清楚地看出，各类流量中来源明细项目的占比情况：在付费流量中，直通车带来的流量最高，占比为 86.22%，其次是淘宝客，占比为 12.71%；在淘内免费流量中，占比最高的是手淘搜索，占比为 49.79%，其次是手淘推荐，占比为 32.10%，其他类型流量的占比较低，都在 10% 以下；在自主访问流量中，通过购物车访问的流量占比为 56.04%，其次是我的淘宝，占比为 42.41%，直接访问的占比较低，只有 1.56%。通过以上分析，店铺可以通过流量占比较大的几种渠道进行重点投放和推广。

课堂解疑

在创建淘内免费流量的饼图时，由于明细项目很多，占比很小的部分在饼图中几乎无法区分，而且看起来会非常杂乱，这时可以根据数据情况只展示前几个占比较大的项目。

具体操作方法是通过筛选，只显示排名靠前的几个数据。单击"淘内免费"表中"来源明细"字段的下拉按钮，在下拉列表中选择【值筛选】→【前10项】，在弹出的对话框中设置显示的项目内容（这里设置最大的6项）即可，如图5-13所示。

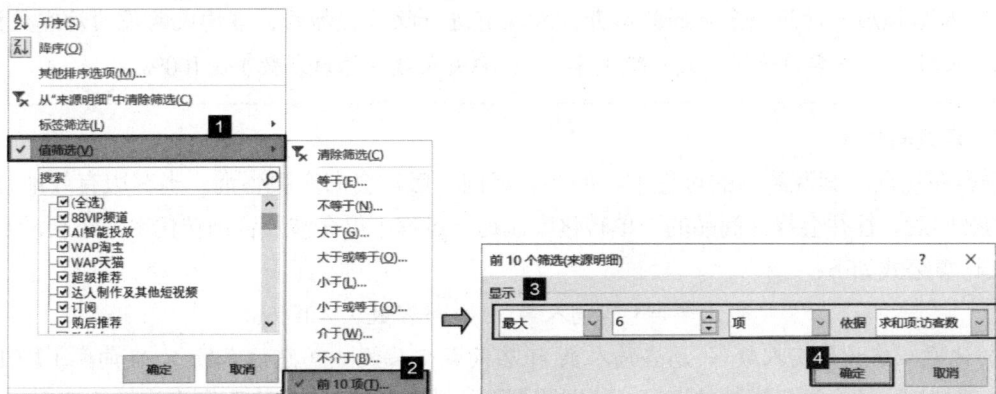

▲ 图5-13

5.3 店铺转化率分析

流量是店铺的生存之本，如果空有流量却无法实现转化或转化率过低，仍然无法提高店铺的销售额，也就无法获得预期的利润。因此对于店铺而言，在成功引流后，还需要通过各种手段来提高店铺的转化率。本节将重点介绍店铺转化率分析的内容。

5.3.1 转化率认知

在分析店铺的转化率时，可以借助转化漏斗模型。转化漏斗模型从顾客访问店铺到最终成交的各个环节，一层层过滤转化人数，对各个环节的转化情况进行分析并直观地展示出来。转化漏斗模型的内容如图 5-14 所示。

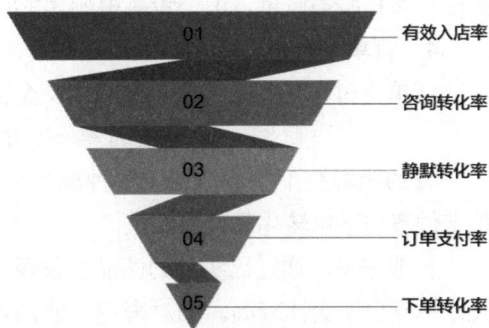

▲ 图5-14

1. 有效入店率

有效入店率是店铺运营的重要指标，其计算公式：

有效入店率 =（有效入店人数 ÷ 总访客数）×100%

其中，有效入店人数指的是访问店铺至少两个页面才离开的访客数量，也包括访客进入店铺后，直接收藏店铺或商品、将商品加入购物车、向客服咨询、直接购买的人数。

要提高有效入店率，就要想办法降低出店率，出店率的计算公式：

$$出店率＝（出店人数 ÷ 出店页面浏览量）×100\%$$

其中，出店页面指的是访客访问店铺时浏览的最后一个页面。由于店铺的页面类型很多，如首页、分类页、详情页等，通过分析出店率，卖家就能看到不同类型页面的出店率情况，从而找到有问题的页面，针对性地加以优化，降低其出店率。

专家提示

进入店铺后只访问一个页面就离开，或没有进行收藏、加购、咨询或购买的访客数被称为跳失人数，跳失率的计算公式：跳失率＝（总跳失人数÷总访客数）×100%。

2. 咨询转化率

顾客在访问店铺及商品的过程中，如果有疑问一般都会向客服咨询。当客服有效地解决了顾客的疑问后，往往会提升商品的下单转化率。这一过程不仅会涉及咨询转化率，还会涉及咨询率，其计算公式如下：

$$咨询率＝（咨询人数 ÷ 总访客数）×100\%$$

$$咨询转化率＝咨询成交人数 ÷ 总咨询人数 =[咨询成交人数 ÷（总访客数 × 咨询率）]×100\%$$

一般情况，顾客访问店铺的深度（即浏览页面的数量）越高，咨询率和咨询转化率也就越高。因此在优化页面时，还要考虑到整体性和紧密性，关注顾客的购买意愿，使页面更具吸引力，以提高顾客的访问深度，从而有效提高咨询率和咨询转化率。

3. 静默转化率

静默转化率是指顾客访问店铺后，没有咨询客服就直接下单购买的人数与总访客数之比。其计算公式如下：

$$静默转化率＝（未咨询成交人数 ÷ 总访客数）×100\%$$

一般来说，新顾客的静默转化率都会低于老顾客的静默转化率，因为新顾客对店铺的款式、尺寸、服务等都不了解，基本不会贸然下单。如果一家店铺的静默转化率高，则说明该店铺的商品、服务等已经受到顾客的认可，而这些顾客往往已经是店铺的回头客了。这样的店铺可以继续优化商品和服务质量，进一步赢得顾客的认可和信赖，从而促进静默转化率的提高。

4. 订单支付率

订单支付率指的是订单金额与成交金额之比。其计算公式如下：

$$订单支付率＝（订单金额 ÷ 成交金额）×100\%$$

有的顾客在下单后，由于各种原因迟迟没有付款，就会导致订单金额与成交金额不符。订单支付率与下单转化率直接相关。

一般来说，通过已买到的商品、收藏、购物车等途径访问店铺的顾客都有明确的购物目的，其订单支付率会比较高。相对来说，通过各种活动吸引来的顾客，其订单支付率也会较高。如果顾客迟迟未支付订单，就需要客服与其进行及时沟通，消除疑虑，促使其尽快完成支付。

5. 下单转化率

下单转化率是转化漏斗模型的最后一个环节，它能够反映出店铺整体的成交转化情况。如果下单转化率过低，商家可以利用转化漏斗模型进行反推，分析是哪个环节出现问题，然后制定解决方案，才能最终提高成交转化率。

5.3.2　店铺下单转化率趋势分析

在分析店铺的下单转化率时，除了店铺的总下单转化率，还可以拆分为 PC 端下单转化率和手机端下单转化率，通过对不同类型的下单转化率进行分析，更容易发现问题，解决问题。各类下单转化率的计算公式如下：

$$下单转化率 =（下单买家数 ÷ 总访客数）×100\%$$
$$下单转化率（PC）=[下单买家数（PC）÷ 总访客数（PC）]×100\%$$
$$下单转化率（手机）=[下单买家数（手机）÷ 总访客数（手机）]×100\%$$

为了动态分析不同月份的下单转化率变化趋势，可以在源数据的基础上，插入数据透视表，然后在数据透视表的基础上插入数据透视图，并通过切片器实现不同月份的切换。

课堂练习　**某书店月度下单转化率趋势分析**

素材：第5章\店铺下单转化率趋势分析—原始文件　　重点指数：★★★★★

01 打开文件"店铺下单转化率趋势分析—原始文件"，根据下单转化率公式"下单转化率 =（下单买家数 ÷ 总访客数）×100%"，分别计算出下单转化率、PC 端下单转化率和手机端转化率，如图 5-15 所示。

▲ 图5-15

02 在源数据表的基础上，插入数据透视表。将"日期"字段添加到【行】字段区域，将"下单转化率""下单转化率（PC）""下单转化率（手机）"字段添加到【值】字段区域，然后将【值】字段区域的数字格式设置为百分比，并保留两位小数，效果如图 5-16 所示。

行标签	求和项:下单转化率	求和项:下单转化率（PC）	求和项:下单转化率（手机）
3月	113.94%	144.98%	108.60%
4月	101.32%	115.32%	88.36%
5月	75.74%	76.12%	80.56%
总计	291.00%	336.42%	277.52%

▲ 图5-16

课堂解疑

在步骤02中，通过数据透视表计算出的月度下单转化率和总计下单转化率数值都很大，很明显这是机械地直接汇总求和的，由此得到的结果明显不对。

在计算总计下单转化率时，正确的做法应该是根据每天的下单买家数和访客数进行加权平均，也就是说每天的下单转化率应该按照一定的比重进行汇总。在数据透视表中，可以通过插入计算字段的方法对以上结果进行修正。

03 选中数据透视表的任意一个单元格，切换到【数据透视表工具】的【分析】选项卡，单击【计算】组中的【字段、项目和集】按钮，在下拉列表中选择【计算字段】选项，弹出【插入计算字段】对话框，在该对话框中分别添加 3 个字段，如图 5-17 所示。

04 插入计算字段后可以看到，现在汇总求和的转化率数值是正确的。将原有的字段"求和项：下单转化率""求和项：下单转化率（PC）""求和项：下单转化率（手机）"删除即可，删除完成后将【报表布局】设置为【以表格形式显示】，效果如图 5-18 所示。

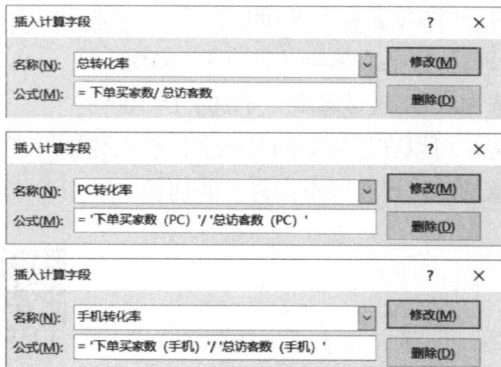

▲ 图5-17

月	日期	求和项:总转化率	求和项:PC转化率	求和项:手机转化率
⊞3月		3.77%	4.75%	2.82%
⊞4月		3.22%	3.55%	2.78%
⊞5月		2.56%	2.46%	2.67%
总计		3.13%	3.46%	2.75%

▲ 图5-18

05 单击各月份前面的展开按钮⊞，将日期数据展开，如图 5-19 所示。然后选中数据透视表的任意一个单元格，插入带数据标记的折线图（这样图表中就会展示每个日期的数据）。

06 选中图表，将图表上的所有字段按钮隐藏，隐藏操作如图 5-20 所示。然后对图表进行适当的美化，插入图表标题，将图例移至标题下方，最后插入切片器，按月份进行筛选。图 5-21 所示为 3 月的转化率趋势图。

月	日期
⊝3月	3月1日
	3月2日
单击	3月3日

▲ 图5-19

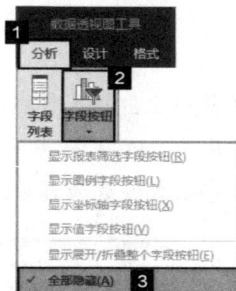

▲ 图5-20

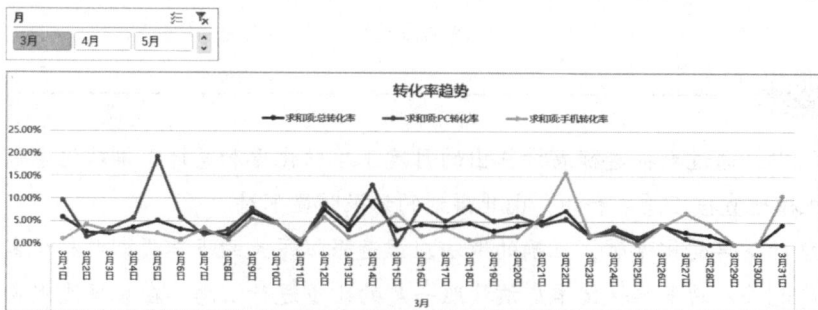

▲ 图5-21

案例解析

付费流量是店铺比较重要的流量来源，它需要卖家投入一定的资金，即通常所说的流量投放或商品推广。卖家要科学地分析付费流量对销量与利润带来的影响，如果投放与利润成正比，则可以继续投放，否则就需要慎重考虑是否继续投放。下面以某婴儿用品店的流量投放占比分析为例，介绍一下如何在 Excel 中对流量与成交量占比进行分析。

案例解析	婴儿用品店的流量投放占比分析	
素材：第5章\流量投放占比分析—原始文件	重点指数：★★★★	 微课视频

01 打开"流量投放占比分析—原始文件"，选中 B2:C5 单元格区域，插入复合饼图，输入图表标题"流量投放占比分析"，如图 5-22 所示。

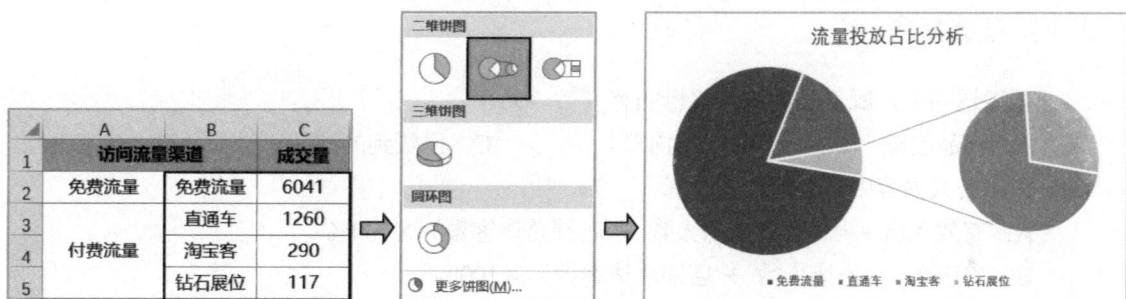

▲ 图5-22

02 选中图表，添加数据标签。在【设置数据标签格式】任务窗格中，勾选【类别名称】和【百分比】复选框，取消勾选【值】复选框，如图 5-23 所示。

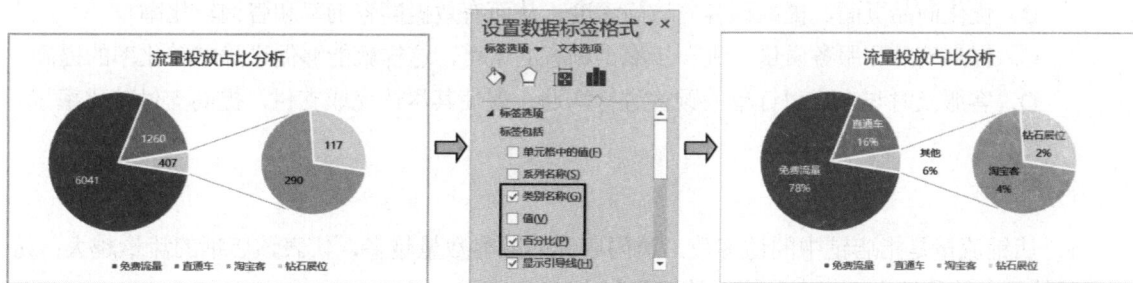

▲ 图5-23

03 选中任意一个饼图，打开【设置数据系列格式】任务窗格，在【系列选项】组中的【系列分割依据】下拉列表中选择【百分比值】，在【值小于】微调框中输入"20%"（该数值根据要分割出的数据大小来设置，由于本案例中要将所有的付费流量分割出去，所有的付费流量占比都小于 20%），设置和效果如图 5-24 所示。

04 将数据标签"其他22%"名称修改为"付费流量22%"，然后将其位置移至右侧。最后选中整个图表，将字体设置为微软雅黑，这样文字看起来会更清晰，效果如图 5-25 所示。

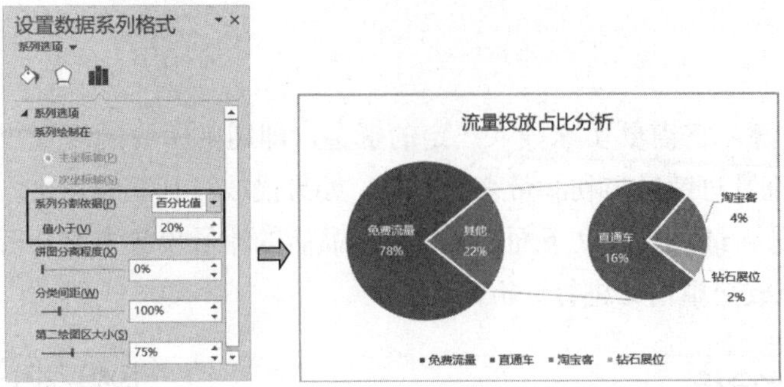

▲ 图5-24

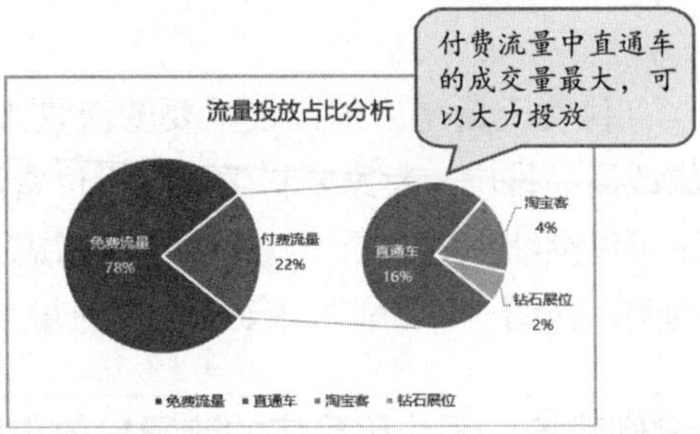

▲ 图5-25

思考与练习

一、不定项选择题

1. 以下选项中，属于店铺免费流量的有（　　）。

   A. 商品收藏　　　　　B. 购物车　　　　　C. 已买到的商品　　　　　D. 淘宝直播

2. 以下公式内容中，有错误的是（　　）。

   A. 有效入店率 =（有效入店人数 ÷ 店铺总访客数）×100%

   B. 出店率 =（出店人数 ÷ 店铺总访客数）×100%

   C. 咨询转化率 =（咨询成交人数 ÷ 咨询人数）×100%

   D. 下单转化率 =（下单买家数 ÷ 总访客数）×100%

3. 以下说法中，属于能够提高店铺转化率措施的有（　　）。

   A. 通过降低出店率来提高有效入店率，进而提高店铺转化率

   B. 优化商品页面，提高顾客的访问深度，从而有效提高咨询率和咨询转化率

   C. 提高商品和服务质量，进一步赢得顾客的认可，这样就能够促进静默转化率的提高

   D. 客服及时与未支付订单的顾客进行沟通，促使其尽快完成支付，提高支付转化率

二、判断题

1. 店铺流量是指店铺中的访客数，访问店铺的顾客数量越多，代表该店铺的流量越大；访问店铺的顾客数量越少，代表该店铺的流量越小。（　　）

2. 一般来说，付费流量的转化率最高，所以商家对付费流量的投入应该是最大的。（　　）

3. 站内流量是指淘宝平台免费为商家提供的流量，是店铺流量最重要的构成部分。（　　）

三、简答题

1. 简要说明店铺流量包含哪些类型。

2. 简述咨询转化率和静默转化率有什么区别。

3. 简要说明转化漏斗模型包含的主要环节及内容。

四、操作题

1. 在源数据的基础上创建数据透视表，按照流量来源汇总访客数和下单买家数，并插入计算字段，计算各类流量的转化率及店铺的下单转化率，效果如图 5-26 所示。

2. 根据已知数据创建复合条饼图，要求按百分比值分割，并且女装的各类项目要显示在第二绘图区上，如图 5-27 所示。

流量来源 ▾	求和项:总访客数	求和项:下单买家数	求和项:下单转化率
付费流量	90,449	9,444	10.44%
淘内免费	310,785	18,144	5.84%
自主访问	40,989	11,478	28.00%
总计	**442,223**	**39,066**	**8.83%**

▲ 图5-26

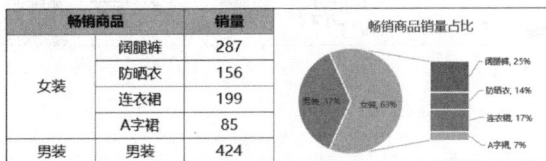

▲ 图5-27

综合实训

实训题目：某经营女帽的店铺近 6 个月的流量分析

实训目标：对该店铺近 6 个月的移动端流量数据进行分析，了解店铺的访客情况、跳失情况及新老访客情况，并根据分析出的问题及结果对店铺经营提出优化建议。

实训思路：

① 打开实训素材，以表格中的数据为来源创建数据透视表，统计各月份对应的移动端访客数，并且在数据透视表的基础上创建数据透视图。

② 创建数据透视表及对应的数据透视图，分析各月份的跳失率，并与访客情况进行对比。

③ 创建数据透视表及对应的数据透视图，分析各月份移动端的新老访客数情况。

④ 综合以上各个方面对店铺的经营情况进行分析，并根据分析结果提出优化建议。

第6章 进货分析：采购商品，控制成本

学习目标

√ 能够熟练掌握采购数据的概念及采购的 5R 原则

√ 能够学会分析商品采购成本的方法并熟练应用

√ 能够学会分析商品生命周期的方法并熟练应用

6.1 采购数据认知

采购是电商企业中比较重要的一部分，不仅是因为它涉及企业资金的使用，更是因为企业销售的商品基本都是通过采购得来的，采购对于企业的财务、商品质量甚至是营销环节都有着极其重要的作用。本节将介绍采购数据的概念及采购的 5R 原则。

6.1.1 采购数据的概念

采购是指企业在一定的条件下，从供应市场获取商品或服务作为企业资源，以保证企业的生产及经营活动正常开展的一项企业经营活动。

采购数据来源于采购流程的各个环节，要明确采购数据的内容，首先要了解采购流程。

采购流程包括收集信息、询价、比价、议价、评估、索样、决定、请购、订购、协调与沟通、催交、进货验收，以及整理付款。

在以上采购流程中产生的数据都属于采购数据，例如，商品采购明细数据（日期、商品名称、采购数量、价格）、供货商报价数据（商品名称、供货商、商品报价）、商品采购成本数据（商品名称、日期、成本价格）、采购金额预测数据（年份、投入成本、预测成本）等。

6.1.2 采购的 5R 原则

企业在采购过程中要遵循 5R 原则，才能使采购效益最大化。R 是英文 Right 的首字母，意为合适的、正确的。采购的 5R 原则是指在合适的时间以合适的价格从合适的供应商处买回合适

数量的合适质量的商品的活动。企业必须围绕 5R 原则开展采购活动，如图 6-1 所示。

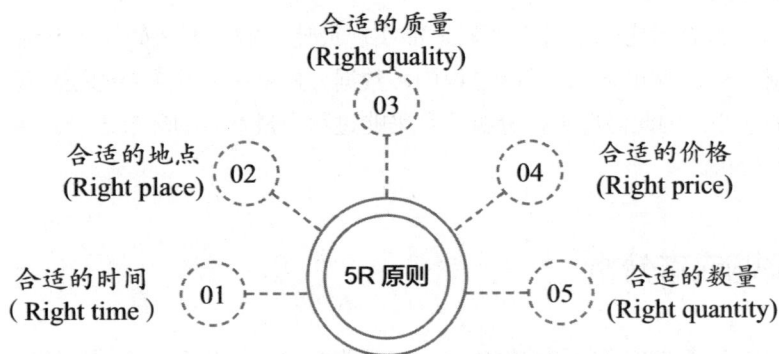

▲ 图6-1

1. 合适的时间

对电商企业来说，交货时间很重要。如果供货商未按时交货，而客户订单已生成，企业无法按时发货，就会引起客户的强烈不满。因此，采购人员要扮演好协调者与监督者的角色，促使供应商按预定时间交货。

2. 合适的地点

这里的地点主要是指距离，在不考虑其他条件的情况下，企业往往容易在与距离较近的供货商的合作中取得主动权。企业在选择试点供货商时最好选择距离较近的供应商，因为近距离供货不仅可以使买卖双方的沟通更为方便、事务的处理更为快捷，而且可降低采购的物流成本。

3. 合适的质量

在当今市场环境中，一家企业如果不重视商品质量，根本无法立足。若企业采购的商品的质量达不到要求，其后果是显而易见的，不仅会导致企业内部相关人员花费大量的时间与精力去处理售后问题，增加大量的管理费用，而且极易引起客户退货，有可能令企业蒙受某种损失，还会降低客户对企业的信任度，严重时还会丢失客户。

一个优秀的采购人员不仅要做一个精明的商人，同时也要在一定程度上扮演好管理人员的角色，在日常的采购工作中做好推动供应商改善、稳定供应商品质量的工作。

4. 合适的价格

价格是采购活动中企业最关心的要点之一，其目的是尽可能地节省采购资金。因此采购人员需要花费较多的时间与精力跟供应商"砍价"。

商品的价格与该商品的种类、是否为长期购买、是否为大量购买及市场供求关系有关，同时与采购人员对该商品的市场状况的熟悉程度也有关。一个合适的价格往往要经过多个环节的努力才能获得，例如，多渠道获得报价、货比三家、双方议价、进一步"砍价"等，经过上述环节后，供需双方以均可接受的价格作为日后的正式采购价格。

5. 合适的数量

通常情况下，在采购商品时，如果采购数量太多，获得的折扣就大，造成的库存和采购资金的积压就大，严重影响企业运营；如果采购数量太少，又不能满足生产或销售的需要。因此，商家合理确定采购数量非常关键，一般按经济订购量采购。采购人员不仅要监督供应商准时交货，还要强调按订单数量交货。

采购人员只有综合考虑以上各个要素才能实现最佳采购。那么如何才能选择最合适的要素呢？当然，数据分析必不可少。在采购过程中，数据分析具有极其重要的战略意义，是优化供应链和采购决策的核心。因此做好数据分析，是采购过程中最重要的环节之一。接下来将讲解如何对采购数据进行分析。

6.2 商品采购成本分析

商品采购成本是店铺经营中的关键内容，对采购成本进行分析是店铺持续发展的重要保障，在店铺经营过程中发挥着重要作用。商家可以通过对采购成本进行分析，得出科学的依据，为店铺制定经营策略提供重要的数据支持。

商品的采购成本包括商品成本价格、相关税费、运输费、装卸费及其他可归属于采购成本的费用。本节将重点对与商品采购成本相关的内容进行分析，例如商品成本价格、商品采购金额、采购金额预测、商品平均价格等。

6.2.1 商品成本价格分析

商品的成本价格会受很多因素的影响，如供求关系、季节、交通等，因此商家在商品的采购过程中要注意采购时机，从而节约采购成本。

由于商品的成本价格是随时间动态变化的，因此商家需要根据最新的成本价格进行趋势分析，这就需要制作一个动态变化的图表，即能随源数据的改变而自动更新，只展示出最近一段时间成本的价格数据。要实现该效果，需要联合应用公式函数与定义名称功能。

具体方法：首先用公式函数为动态区域定义名称，即只取近 10 天的数据；然后用定义好的名称创建图表，这样无论源数据怎样变化，图表都只展示近 10 天的数据。

课堂练习 连衣裙近 10 天的成本价格趋势分析

素材：第6章\商品成本价格分析—原始文件　　　　重点指数：★★★★★

微课视频

01 打开文件"商品成本价格分析—原始文件"，首先定义名称。切换到【公式】选项卡，单击【定义的名称】组中的【定义名称】按钮，如图 6-2 所示。

▲ 图6-2

02 弹出【新建名称】对话框，在【名称】文本框中输入"成本价格"，在【引用位置】文本框中输入公式"=OFFSET(Sheet1!$C$2,COUNT(Sheet1!$C:$C)-10,,10)"，单击【确定】按钮，如图 6-3 所示。

03 再次打开【新建名称】对话框，在【名称】文本框中输入"日期"，在【引用位置】文本框中输入公式"=OFFSET(成本价格,,-1)"，单击【确定】按钮，如图 6-4 所示。

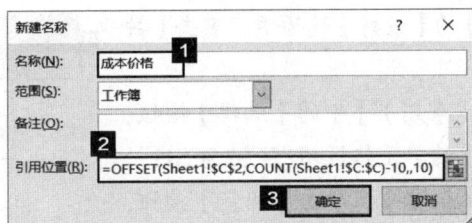

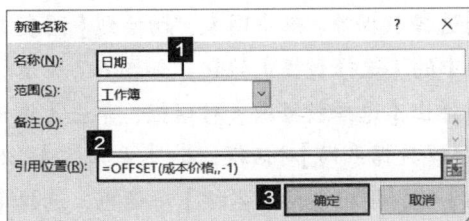

▲ 图6-3　　　　　　　　　　　　　　　　　▲ 图6-4

📺 **课堂解疑**

OFFSET函数的功能是从一个基准单元格出发，向下（或向上）偏移一定的行、向右（或向左）偏移一定的列，到达一个新的单元格，然后引用这个单元格，或者引用以这个单元格为顶点、指定行数、指定列数的新单元格区域。

OFFSET函数的语法结构为

OFFSET(reference, rows, cols, [height], [width])

■ reference 指基准单元格。

■ rows 指偏移的行数。如果是正数，是向下偏移；如果是负数，则向上偏移。

■ Cols 指偏移的列数。如果是正数，是向右偏移；如果是负数，则向左偏移。

■ [height] 指新单元格区域的行数。新单元格区域指基准单元格偏移后的位置。

■ [width] 指新单元格区域的列数。

注意，当省略了最后两个参数时，OFFSET函数就只引用一个单元格，得到的就是该单元格的值；当设置了最后两个参数时，OFFSET函数引用的是一个新的单元格区域。

例如，公式"=OFFSET(A1,3,2)"表示A1单元格向下偏移3行，到达A4单元格，再向右偏移2列，到达C4单元格，返回的结果是C4单元格的值；公式"=OFFSET(A1,3,2,3,2)"表示A1单元格向下偏移3行，再向右偏移2列，到达C4单元格，再以C4单元格为基准，向下引用3行，向右引用2列，得到新的单元格区域C4:E7。

---

04 插入图表。选中 B1:C11 单元格区域，插入带数据标记的折线图，在横坐标轴上单击鼠标右键，选择【设置坐标轴格式】选项，打开【设置坐标轴格式】任务窗格，单击【坐标轴选项】按钮，在【数字】组中将日期的【类型】设置为【3/14】格式，如图6-5所示。然后选中数据系列，添加数据标签，位置为上方。最后修改图表标题并进行美化，效果如图6-6所示。

▲ 图6-5

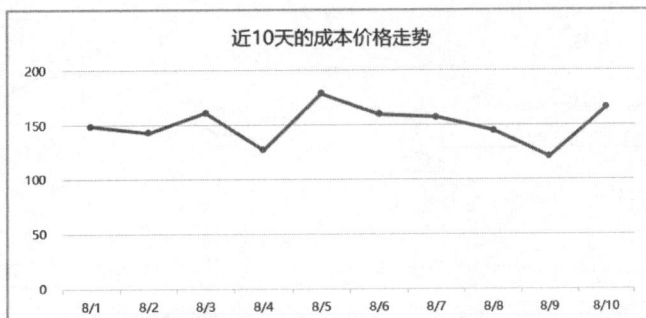

▲ 图6-6

113

05 选择数据源。选中图表，切换到【图表工具】的【设计】选项卡，单击【数据】组中的【选择数据】按钮，如图6-7所示。

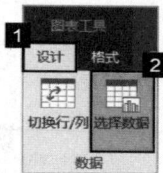

06 弹出【选择数据源】对话框，单击【图例项（系列）】中的【编辑】按钮，弹出【编辑数据系列】对话框，选中【系列值】文本框中的单元格区域"$C$2:$C$11"，按【F3】键，弹出【粘贴名称】对话框，选择【成本价格】，单击【确定】按钮，如图6-8所示。

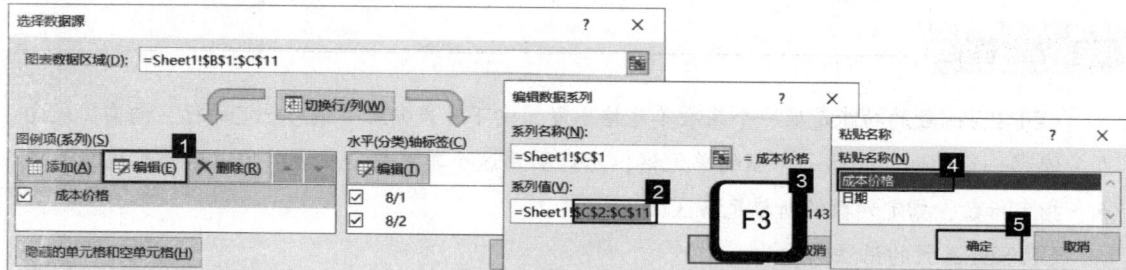

▲ 图6-7

▲ 图6-8

07 单击【编辑数据系列】对话框的【确定】按钮，返回【选择数据源】对话框。单击【水平（分类）轴标签】中的【编辑】按钮，弹出【轴标签】对话框，选中文本框中的单元格区域"$B$2:$B$11"，按【F3】键，弹出【粘贴名称】对话框，选择【日期】，单击【确定】按钮，如图6-9所示。

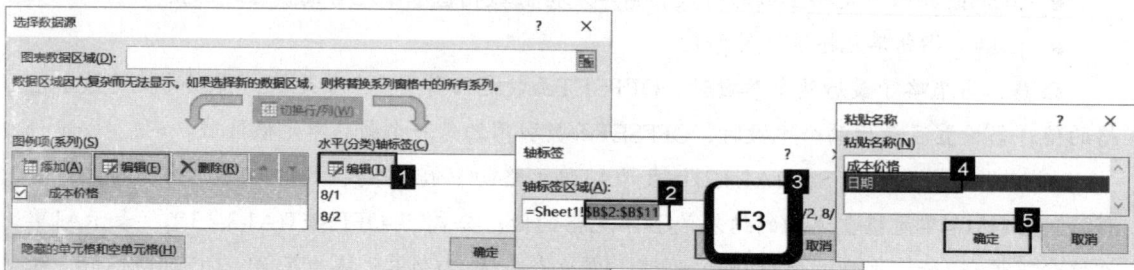

▲ 图6-9

08 依次单击【轴标签】对话框和【选择数据源】对话框中的【确定】按钮，可以看到图表已更新为数据区域中近10天的数据了。为了更直观地看到成本价格的变化，可以添加数据标签和横、纵坐标轴标题，并将坐标轴标题的【文字方向】设置为【横排】，如图6-10所示。

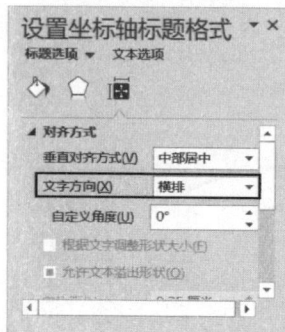

▲ 图6-10

6.2.2　商品采购金额分析

在采购商品时，商家一般会按照几个大类进行采购，并根据各类商品的销售情况及时调整各类商品的占比，优化店铺的商品结构，从而获得更多的利润。

要分析各类商品的占比，首先需要统计出各类商品的采购金额，我们可以使用条件求和函数 SUMIF 函数实现，统计出各类商品的总成本后，插入饼图就可以直接展示出各类商品的成本占比情况。下面以店内各类服饰采购金额的占比分析为例，介绍一下具体的分析方法。

课堂练习　店内各类服饰采购金额的占比分析

素材：第6章\商品采购金额占比分析—原始文件　　　重点指数：★★★★

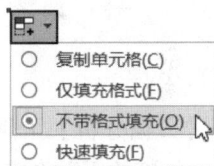

微课视频

---

01 打开文件"商品采购金额占比分析—原始文件"，统计各类商品的进货成本。首先计算连衣裙的进货成本，在 K2 单元格中输入公式"=SUMIF(C:C,J2,G:G)"，如图 6-11 所示。

02 将 K2 单元格中的公式向下复制。选中 K2 单元格，将鼠标指针放在 K2 单元格的右下角，当鼠标指针变成十字形状时，如图 6-12 所示，向下拖曳即可复制。复制完成后，可以看到复制区域的右下角有一个【自动填充选项】按钮，单击该按钮，在下拉列表中选中【不带格式填充】单选按钮，即可实现公式不带格式的填充，如图 6-13 所示。

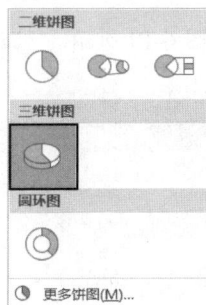

▲ 图6-11

▲ 图6-12

▲ 图6-13

03 选中 J1:K4 单元格区域，插入三维饼图，如图 6-14 所示。为图表添加数据标签，并设置数据标签选项，标签包括"类别名称""值""百分比"，分隔符设置为逗号，如图 6-15 所示。将图表标题改为"各类商品采购成本占比"，删除图例，设置好字体格式，效果如图 6-16 所示。

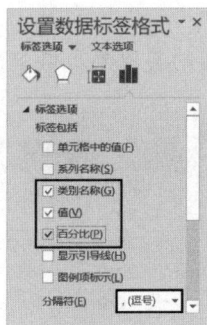

▲ 图6-14　　　▲ 图6-15　　　▲ 图6-16

6.2.3 对采购金额进行预测

为了提前对采购金额进行准备和规划，商家通常需要根据以往的采购数据，对未来一段时间内（下个月、季度或年度）的采购金额进行预测或推算。

移动平均法是比较常用的一种预测方法，它是根据时间序列数据，逐项推移，以此计算包含一定项数的序时平均值，以反映长期趋势的方法。Excel 中的移动平均工具是加载项，需要调用才能使用，具体方法：单击【文件】→【选项】按钮，在【Excel 选项】对话框的左侧选择【加载项】选项，单击【转到】按钮，弹出【加载宏】对话框，勾选【分析工具库】复选框，单击【确定】按钮。这样切换到【数据】选项卡，在【分析】组中就能看到【数据分析】按钮了，如图 6-17 所示。

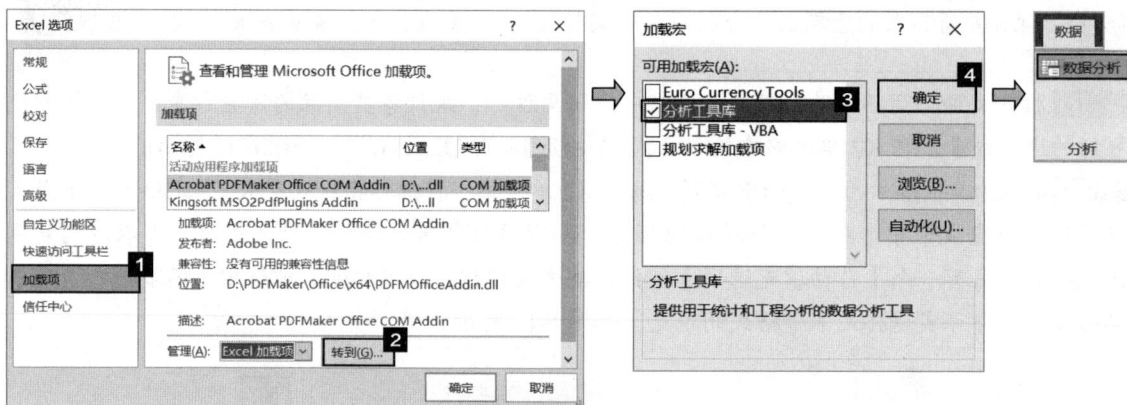

▲ 图6-17

将【数据分析】工具调用出来后，我们就可以使用移动平均工具进行预测分析了，下面以店铺下一年度的采购金额预测分析为例，介绍一下移动平均法的具体操作方法。

> **课堂练习** 店铺下一年度的采购金额预测分析
>
> 素材：第6章\商品采购金额预测分析—原始文件　　　重点指数：★★★★
>
>
> 微课视频

■01 打开文件"商品采购金额预测分析—原始文件"，首先计算成本增减率，选中 C3 单元格，输入公式"=(B3-B2)/B2"，如图 6-18 所示。

■02 利用填充柄将该公式不带格式地向下填充到该列的其他单元格中，如图 6-19 所示。

	A	B	C
1	年份	投入成本	成本增减率
2	2016	106,000	
3	2017	98,000	=(B3-B2)/B2
4	2018	166,000	
5	2019	190,000	
6	2020	209,000	
7	2021	196,000	

▲ 图6-18

	A	B	C
1	年份	投入成本	成本增减率
2	2016	106,000	
3	2017	98,000	-8%
4	2018	166,000	69%
5	2019	190,000	14%
6	2020	209,000	10%
7	2021	196,000	-6%

▲ 图6-19

03 切换到【数据】选项卡，单击【分析】组中的【数据分析】按钮，弹出【数据分析】对话框，在【分析工具】列表框中选择【移动平均】选项，单击【确定】按钮，如图 6-20 所示。

04 弹出【移动平均】对话框，将鼠标指针定位到【输入区域】文本框中，选中单元格区域 C2:C7，将鼠标指针定位到【输出区域】文本框中，选中单元格区域 D2:D7，勾选【图表输出】复选框，单击【确定】按钮，如图 6-21 所示。

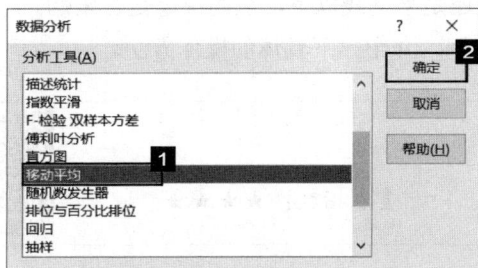

▲ 图6-20　　　　　　　　　　▲ 图6-21

05 此时 D 列中即可计算出成本增减率的预测值，并且会自动生成趋势图表，从图表中就可以查看商品未来采购金额的平均走势及相应的数据。对图表的大小进行调整，然后添加数据标签，并对图表稍加美化，效果如图 6-22 右图所示。

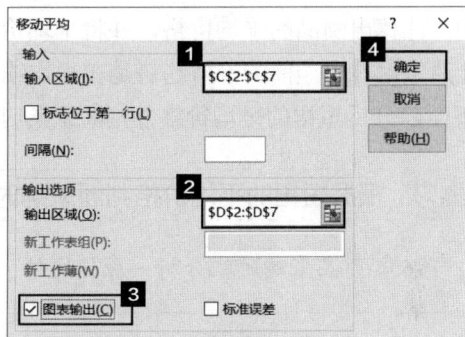

▲ 图6-22

06 根据 2021 年的投入成本和成本增减率的预测值，就可以计算出 2022 年的预测成本。选中 C10 单元格，输入公式"=B7+B7*D7"，即可得出结果，如图 6-23 所示。

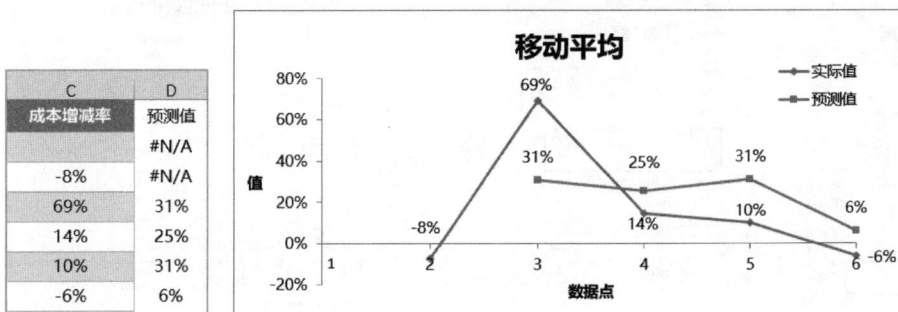

▲ 图6-23

117

6.2.4 根据平均价格判断采购时机

商品的采购价格不是一成不变的，会受到很多因素的影响而上下波动。商家在采购时如果能够把握好采购时机，争取最大限度地降低采购成本，就能有效提升店铺的销售利润。根据平均价格来选择采购时机是常用的一种方法。

分析思路：首先将商品的价格数据以折线图的形式展示出来，然后在源数据的基础上添加辅助列，计算出商品的平均价格，并将平均价格数据添加到折线图中（以水平线形式展示），这样就能清楚地看出当前的价格趋势是在平均线以上还是平均线以下，从而决定是否采购。

下面以分析短裙的平均价格并判断采购时机为例，介绍一下具体的操作方法。

课堂练习	**根据短裙的平均价格判断采购时机**
素材：第6章\商品采购时机分析—原始文件	重点指数：★★★★

01 打开文件"商品采购时机分析—原始文件"，首先选中 B1:C14 单元格区域，插入带数据标记的折线图。将坐标轴的【单位】设置为【2天】，日期的【类型】设置为【3/14】，然后修改图表标题为"短裙采购价格分析"，添加纵坐标轴标题"价格（元）"，删除网格线，添加数据标签，对图表元素进行适当美化，效果如图 6-24 右图所示。

▲ 图6-24

02 计算平均价格。选中 D2 单元格，输入公式"=AVERAGE($C$2:$C$14)"，注意这里要使用绝对引用，然后将公式向下复制，这样复制后公式内容不变，如图 6-25 所示。

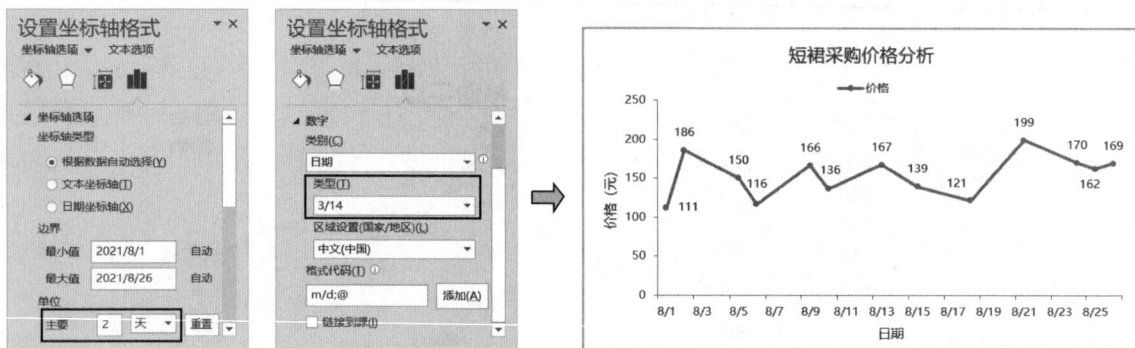

▲ 图6-25

03 将平均价格数据添加到图表中。选中 D1:D14 区域，按【Ctrl】+【C】组合键复制，然后选中图表，按【Ctrl】+【V】组合键粘贴，由于平均价格都是一样的数值，因此在折线图中会展示为一条水平线，将平均价格系列的数据标签删除，如图 6-26 所示。

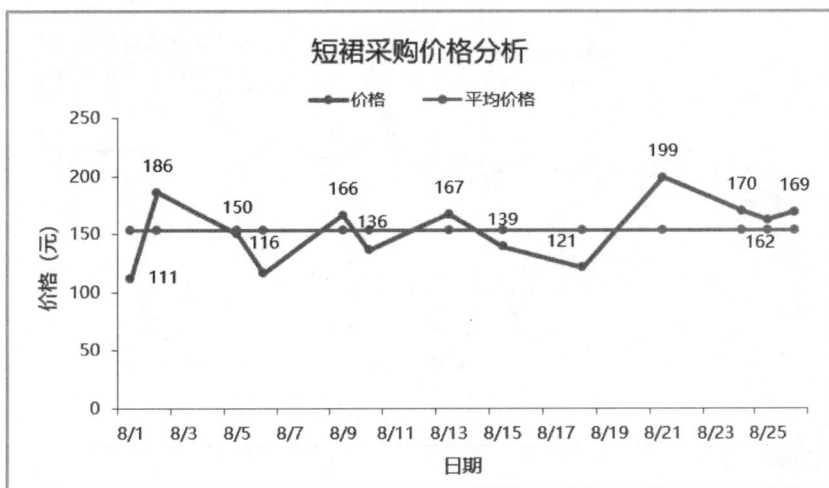

▲ 图6-26

04 设置平均价格系列的图表类型。在水平线上单击鼠标右键，在弹出的快捷菜单中选择【更改系列图表类型】选项，弹出【更改图表类型】对话框，将平均价格系列的【图表类型】设置为【折线图】，单击【确定】按钮，如图6-27所示。

05 设置平均价格系列的格式。选中平均价格系列，打开【设置数据系列格式】任务窗格，单击【填充与线条】按钮，在【线条】组中将【宽度】设置为【1.5磅】，将【短划线类型】设置为【圆点】，如图6-28所示。设置完成后，该图表即可直观地展示出短裙采购价格的趋势及其与平均价格的关系，效果如图6-29所示。

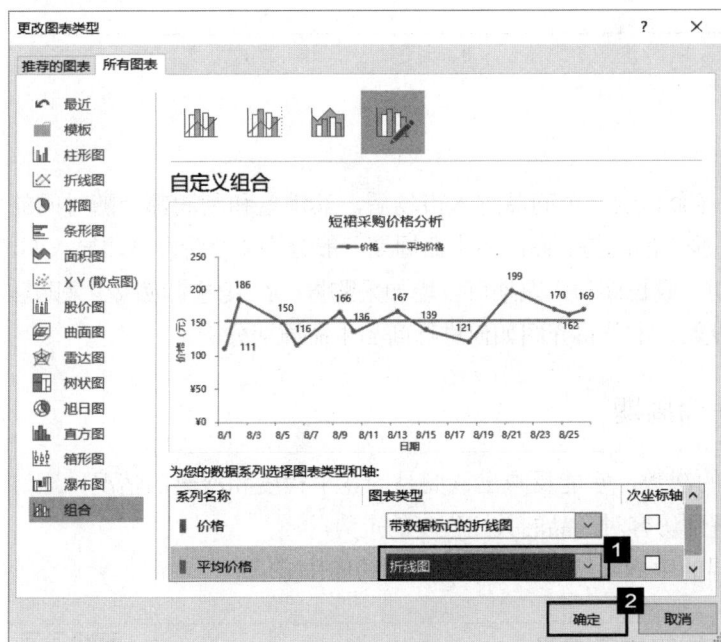

▲ 图6-27

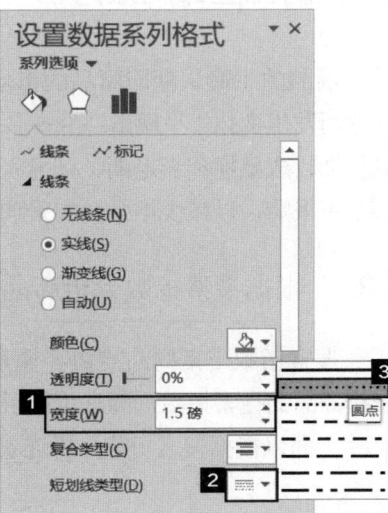

▲ 图6-28

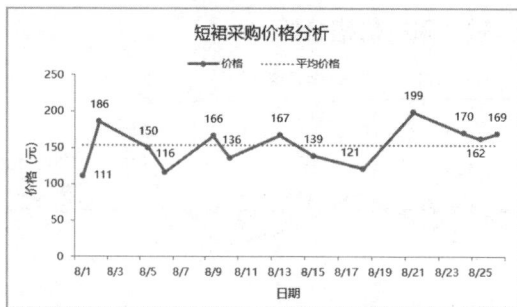

短裙采购价格分析

目前短裙采购价格的走势偏高（多在平均价格以上），不适宜采购

▲ 图6-29

专家提示

　　添加辅助列（例如本实例中的"平均价格"列）是图表制作过程中经常使用的方法，借助辅助列可以实现基本图表无法实现的展示效果，使图表的可读性更强。

课堂解疑

　　AVERAGE函数的功能是返回参数的平均值，其语法结构为"AVERAGE(number1, [number2], ...)"。

　　其中，number1参数是必需的，是要计算平均值的第一个数字、单元格引用或单元格区域。number2, ... 参数可选，是要计算平均值的其他数字、单元格引用或单元格区域，最多可包含255个。

6.3　商品生命周期分析

　　商品的生命周期即商品的市场寿命。当一个商品进入市场后，其销量和利润都会随时间的推移而发生变化，呈现出"少—多—少"的趋势。商品的生命周期一般分为4个阶段，即导入期、成长期、成熟期和衰退期。在导入期、成长期和成熟期可以增加采购量，在衰退期应减少采购量甚至不采购，以减少不必要的采购投入。本节将介绍如何进行商品生命周期分析。

6.3.1　根据搜索指数分析商品生命周期

　　搜索指数是指商品被访客搜索的次数，它能反映出该商品的竞争程度和冷热门情况。通过分析商品的搜索指数，商家可以了解到访客对商品的关注程度的走势。

　　下面以根据搜索指数分析连衣裙的生命周期为例，介绍具体的操作方法。

课堂练习　**根据搜索指数分析连衣裙的生命周期**

素材：第6章\根据搜索指数分析商品生命周期——原始文件　　　　重点指数：★★★★

微课视频

01 打开文件"根据搜索指数分析商品生命周期—原始文件"，选中 B 列和 C 列数据，插入折线图。将图表标题改为"根据搜索指数分析商品生命周期"，添加横坐标轴标题"日期"和纵坐标轴标题"搜索指数"，网格线线条的【短划线类型】设置为【短划线】，横坐标轴的日期格式设置为【3 月 14 日】格式，图表字体设置为微软雅黑，如图 6-30 所示。

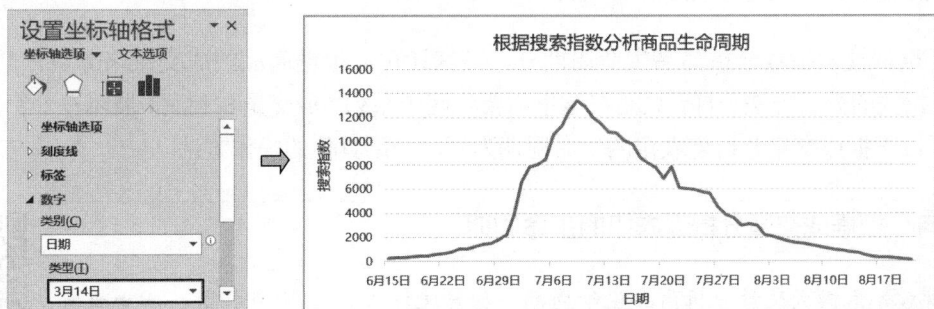

▲ 图6-30

02 切换到【插入】选项卡，单击【插图】组中的【形状】按钮，在下拉列表中选择【直线】形状，然后在折线和横坐标轴之间绘制直线，将直线的【宽度】设置为 1 磅，然后将直线放置在合适的位置，使数据系列分为 4 个阶段，如图 6-31 所示。

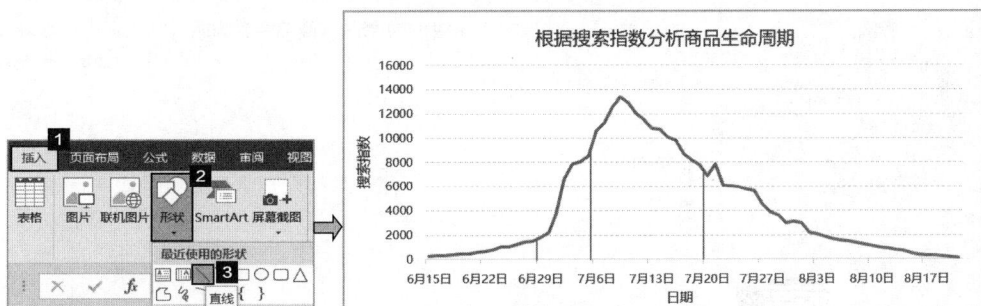

▲ 图6-31

03 切换到【插入】选项卡，单击【文本】组中的【文本框】按钮，在下拉列表中选择【横排文本框】选项，然后按住鼠标左键拖曳即可绘制出一个横排文本框，在文本框上单击鼠标右键，选择【设置形状格式】选项，在【设置形状格式】对话框中将文本框的【垂直对齐方式】设置为【中部居中】，然后输入"导入期"。采用同样的方法设置其他 3 个阶段的名称，如图 6-32 所示。

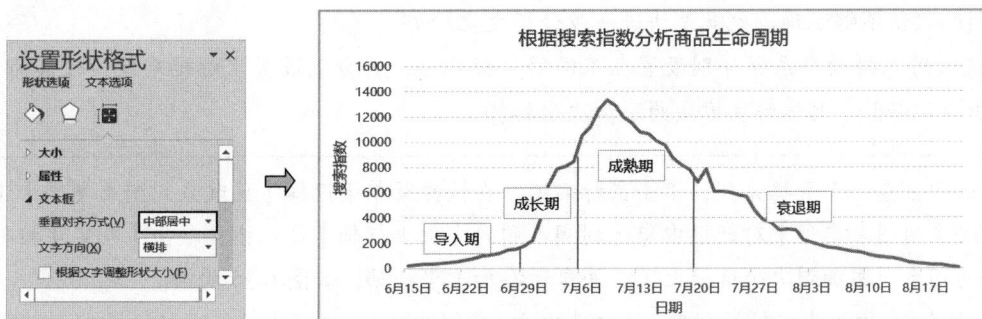

▲ 图6-32

商家可以根据搜索指数分析的商品生命周期，来判断或控制商品采购量。导入期的搜索指数较低，采购数量较少；成长期的搜索指数上升，采购数量增多；成熟期的搜索指数较高，可以大量采购；衰退期的搜索指数下降，应减少采购数量或不采购。

6.3.2 根据成交量分析商品生命周期

除了根据搜索指数分析商品生命周期外，商家还可以根据商品的成交量来分析。其分析方法和搜索指数的分析方法一样，只是在这里需要将两个系列（成交量和利润）展示在一个图表中。

下面以根据成交量分析连衣裙的生命周期为例，介绍具体的操作方法。

课堂练习	根据成交量分析连衣裙的生命周期

素材：第6章\根据成交量分析商品生命周期—原始文件　　　　重点指数：★★★★

01 打开文件"根据成交量分析商品生命周期—原始文件"，选中 B 列、C 列和 D 列数据，插入折线图，并对图表进行适当的美化，为了对两个系列进行区分，这里将利润系列线条的【复合类型】设置为【双线】，如图 6-33 所示。

▲ 图6-33

> **专家提示**
>
> 图6-33中，由于两个系列的数值大小差异较大，因此当通过一个坐标轴来展示时，其中一个系列的数值不够明确，也就无法进一步分析变化趋势。
>
> 这时可以将两个系列分别设置在不同的坐标轴上，再分别设置坐标轴刻度，使其都能够展示出变化趋势。具体解决方法为添加次坐标轴。

02 选中任意一个数据系列，单击鼠标右键，在快捷菜单中选择【更改系列图表类型】选项，在【更改系列图表类型】对话框中勾选利润系列的【次坐标轴】复选框，单击【确定】按钮，这样就将利润系列添加到次坐标轴上了，并自动添加次坐标轴，如图 6-34 所示。

03 设置主、次纵坐标轴的刻度。依次选中主、次纵坐标轴，打开【设置坐标轴格式】任务窗格，按图 6-35 所示对【坐标轴选项】组中的【边界】和【单位】进行设置，如图 6-35 所示。

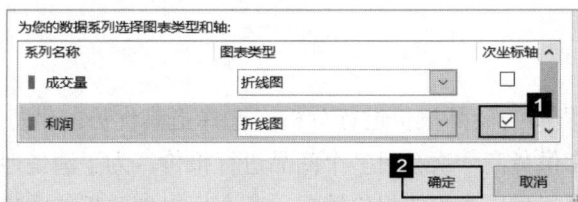

▲ 图6-34

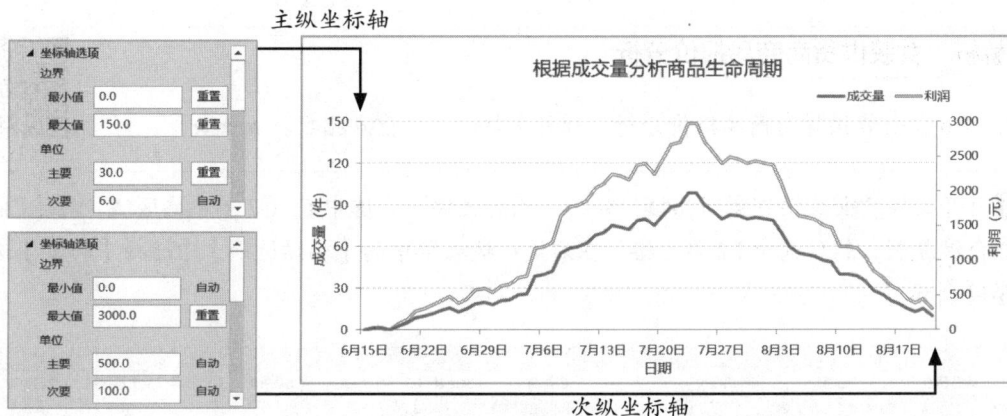

▲ 图6-35

04 根据两个系列的趋势，在合适的位置添加直线，粗细设置为 0.75 磅，将数据系列分为 4 个阶段。然后插入 4 个横排文本框，标注各个阶段的名称，效果如图 6-36 所示。

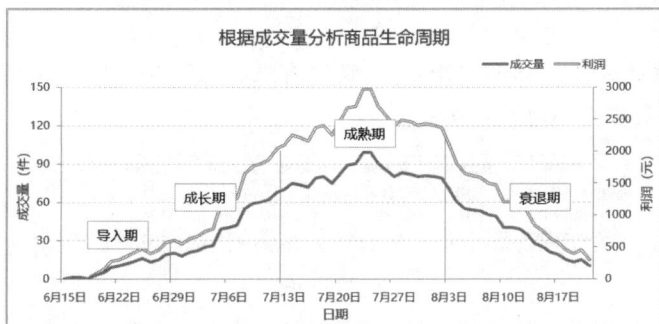

▲ 图6-36

此时，商家可以根据成交量来分析商品生命周期，从而控制商品采购量。

课程思政

"创新一号"卫星、"神舟七号"伴随卫星、"悟空"号暗物质粒子探测卫星、"墨子号"量子卫星、"试验六号"卫星……一个个卫星项目被镌刻在中国航天史册上。2003年成立的、科研人员平均年龄不到34岁的中国科学院微小卫星创新研究院，向公众展示了中国航天人的形象。这些闪亮的"星星"背后、那些年轻的航天人身后，有一位走南闯北、敢想敢试的航天人——朱振才。扫码学习更多航天人背后的故事。

生命的价值

微课视频

案例解析

商家通过对多家供货商的商品报价进行分析，选择更具优势的供货商进行合作，以达到降低采购成本的目的。通常供货商一次会对多个商品进行报价，为了清楚地看出同一供货商对不同商品的报价及不同供货商对同一商品的报价情况，商家可以创建折线图来协助分析。下面以女装供货商商品报价分析为例，介绍一下具体操作方法。

案例解析	**女装供货商商品报价分析**	
素材：第6章\女装供货商商品报价分析—原始文件		重点指数：★★★

微课视频

01 打开文件"女装供货商商品报价分析—原始文件"，选中 C2:C7 单元格区域，按【Ctrl】+【C】组合键复制，然后选中 F2 单元格，在右键快捷菜单中的【粘贴选项】中选择【转置】选项，如图 6-37 所示。

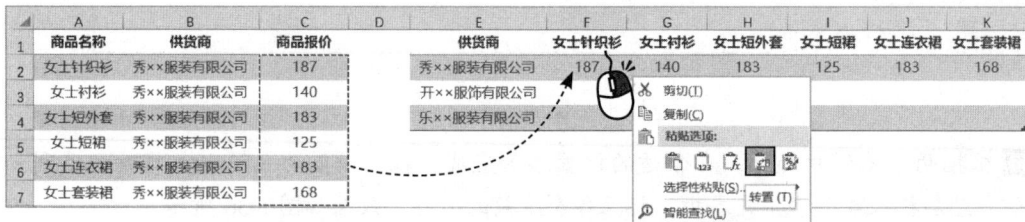

▲ 图6-37

02 采用上述同样的方法，粘贴"开××服饰有限公司"和"乐××服装有限公司"供货商所对应的商品报价数据，如图 6-38 所示。

供货商	女士针织衫	女士衬衫	女士短外套	女士短裙	女士连衣裙	女士套装裙
秀××服装有限公司	187	140	183	125	183	168
开××服饰有限公司	168	98	198	153	127	120
乐××服装有限公司	145	126	209	146	152	223

▲ 图6-38

03 选中 E1:K4 单元格区域，插入折线图。切换到【图表工具】的【设计】选项卡，单击【数据】组中的【切换行/列】按钮，如图 6-39 所示。

04 为纵坐标轴设置【刻度线】主要类型为【外部】，并设置其线条颜色为【白色，背景1，深色35%】，如图 6-40 所示。

▲ 图6-39

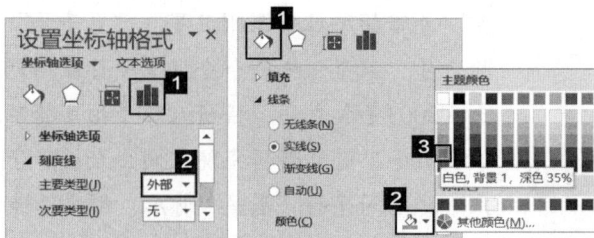

▲ 图6-40

05 切换到【图表工具】的【设计】选项卡，单击【图表布局】组中的【添加图表元素】按钮，在下拉列表中选择【线条】→【垂直线】选项，如图 6-41 所示。在【设置垂直线格式】任务窗格中，将线条的【短划线类型】设置为【短划线】，如图 6-42 所示。

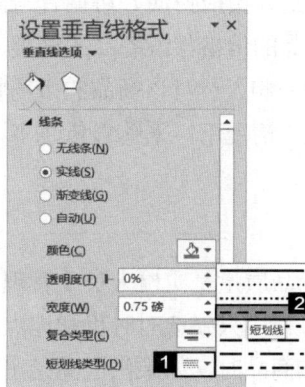

▲ 图6-41　　　　　　　　　　　　　　　　　▲ 图6-42

06 输入图表标题"女装供货商商品报价分析"，删除网格线，添加数据标签，并将数据标签移至合适的位置，避免重叠。最后，为了图表的美观性和易读性，可以将 3 个系列的线条分别设置为不同的颜色，效果如图 6-43 所示。

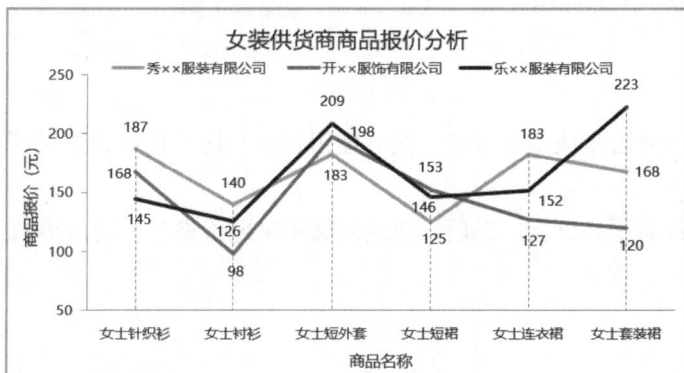

▲ 图6-43

> 通过对 3 家供货商的报价进行对比分析，可以选出每种商品的最低报价

思考与练习

一、不定项选择题

1. 以下选项中，属于采购数据的有（　　）。
   A. 货物采购明细数据　　　　　　　　　B. 供货商报价数据
   C. 采购金额预测数据　　　　　　　　　D. 商品采购成本数据
2. 以下选项中，属于采购的 5R 原则的有（　　）。
   A. 合适的时间　　　　B. 合适的地点　　　　C. 合适的价格

D. 合适的质量　　　　　E. 合适的数量

3. 以下说法中，正确的有（　　　）。

A. 在不考虑其他条件的情况下，尽可能选择距离近的供货商

B. 采购人员应扮演好协调者与监督者的角色，去促使供应商按预定时间交货

C. 商品的价格与该商品的种类、是否为长期购买、是否为大量购买及市场供求关系有关，与采购人员对该商品的市场状况的熟悉程度没有关系

D. 通常情况下，采购数量越多，折扣就会越大，但会积压采购资金

二、判断题

1. 把控商品质量是质检人员或管理人员的工作，与采购人员无关。（　　　）

2. 采购过程中只要选对时机和地点，就能实现采购效益最大化。（　　　）

3. 在采购商品时，如果供应商给出的价格很低，可以大量采购，节省成本。（　　　）

三、简答题

1. 简要说明商品生命周期的各个阶段及相应的采购行为。

2. 简述辅助列在可视化分析中的作用。

3. 简述次坐标轴在多系列分析中的作用。

四、操作题

1. 根据往年的采购金额，计算各年成本增减率，然后使用移动平均工具预测下一年度的采购金额。

2. 在采购价格的基础上，计算平均价格，然后创建图表展示采购价格与平均价格的关系。

综合实训

实训题目：近 10 天商品的成本价格分析

实训目标：对商品的成本价格进行分析，了解商品近 10 天的成本价格变化趋势及其与平均价格的关系。

实训思路：

①打开实训素材，首先用公式函数为动态区域定义名称"成本价格""日期""平均价格"，并只定义最后 10 天的数据。

②创建包含近 10 天数据的图表，然后修改图表的源数据，分别以定义好的名称进行替换，即图例项（系列）替换为"成本价格"和"平均价格"，水平（分类）轴标签替换为"日期"。

③对创建好的图表进行美化，以达到清晰、美观、易读的效果。

④结合图表分析近 10 天商品的成本价格趋势，判断是否适合采购。

第 **7** 章　销售分析：直面难题，提高利润

🎓 **学习目标**

√ 熟练掌握 SKU 销售分析的内容

√ 掌握销售情况分析的内容并将其应用到日常分析中

√ 学会商品退款、退货原因分析的内容并熟练应用

7.1　销售数据概述

商品的销售数据能够反映出店铺的运营情况，前期的推广、引流等工作做得再好，也要能转化为订单。商家需要对在线商品的销售数据进行定期统计与整理，明确各类商品的销售情况。本节将介绍商品销售数据的有关内容。

7.1.1　商品销售数据认知

销售数据顾名思义就是在商品销售的过程中产生的数据。对于电商行业来说，订单是商品销售的直接表现，凡是与订单相关的过程都属于销售过程，因此商品销售数据也可以理解为订单生成过程中记录的数据信息（包括订单信息等内容）。商品销售数据的类别有很多，根据数据分析的内容不同，主要包含以下几类，如图 7-1 所示。

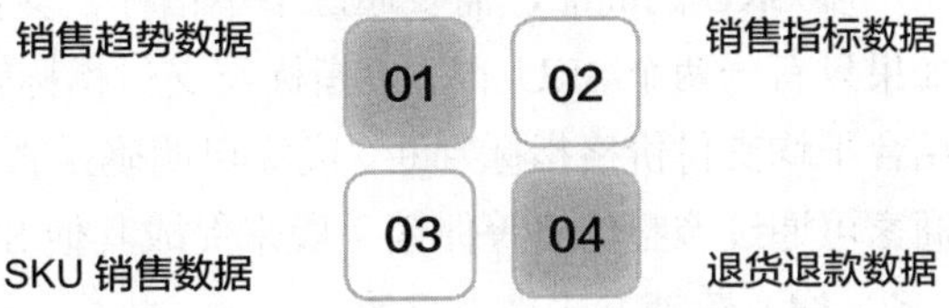

每日销售情况、各月销售情况等与时间序列相关的数据，属于销售趋势数据；与去年（或上月）同期对比情况、实际销售与计划的差距等数据，属于销售指标数据；商品的款式、颜色、尺码、功能、成分等数据，属于 SKU 销售数据；顾客

销售趋势数据	01	02	销售指标数据
SKU 销售数据	03	04	退货退款数据

▲ 图7-1

退货退款的金额、退货退款原因等数据，属于退货退款数据。其他与商品销售过程相关的数据，也都属于商品销售数据。

实际上，商品销售数据可以从后台导出，呈现出的是一张张数据表格。从这些表格中并不

127

能直接看出问题在哪里，更不能体现出其中隐藏的信息，这时就需要对销售数据进行分析，全面了解商品的销售情况，从而更好地进行商品管理，为销售策略的制定提供数据支持。

7.1.2　SKU 销售分析认知

对于商家来说，如何知道顾客更倾向于哪个款式、颜色、价格等是非常重要的。了解清楚这个问题，可以帮助商家快速定位商品、了解目标消费人群，有利于挖掘商品的潜力，从而提升整家店铺的下单转化率。

1. 什么是 SKU

SKU 的全称为 stock keeping unit，定义为库存计量的最小可用单位。针对电商而言，SKU 是指一款商品，每款商品都有出现一个 SKU，便于识别商品。如果一款商品有多个颜色，则每种颜色的商品都是一个 SKU，如一款衣服，有红色、白色、蓝色 3 种颜色，则它们分别为 3 个SKU；其中红色的 S 码是一个 SKU，M 码是一个 SKU，L 码也是一个 SKU 等，因此根据尺码来分，该款红色衣服有 S、M、L、XL、XXL、XXXL 共 6 个 SKU。同样，该款白色和蓝色衣服也分别有 6 个 SKU。如果还有其他的细分属性，那么该款衣服的 SKU 则会更多。多数情况下，不管是大型店铺还是小型店铺，几乎每家店铺都会有多个 SKU。

2. SKU 销售分析的内容

商家进行 SKU 销售分析时要结合运营中碰到的问题和需求，加入不同的指标数据进行多维度分析，常见的有定价是否合理、商品颜色是否被顾客喜欢、结构是否合理、营销方式是否有效，以及访客行为分析和销售趋势分析等。

（1）定价是否合理

若店铺的加购指标、下单指标、支付指标和平均支付价格指标都较高，说明顾客对设定的价格是普遍能接受的，定价合理；若指标平稳，说明顾客对消费该商品已有理性的认识，商品定价适中；若指标波动太大，说明商品定价偏高，顾客不买账，商家需要及时调整价格，适时推广宣传。

（2）商品颜色是否被顾客喜欢

对于商品的颜色喜好程度，商家可以根据下单指标和支付指标进行分析。若这两个指标都较高，说明该颜色的商品还是很受欢迎的，反之，商家则要对该颜色的商品进行下架清仓处理。

（3）结构是否合理

多 SKU 的商品，需要通过下单指标、支付指标、平均支付价格指标来判断其结构的合理性。如果只有一两个 SKU 的下单指标及支付指标较高，说明顾客对其他 SKU 的购买意向不强烈。再结合平均支付价格指标判断，商家可明确是否是因为价格因素影响了其他 SKU 的成交。如果是，商家可通过调整价格等促销手段来促成其他 SKU 的成交。

（4）营销方式是否有效

常见的商品营销方式有满减、折扣、主题营销等。要判断营销方式是否有效，可以结合下单指标、支付指标、平均支付价格指标进行判断。若下单指标、支付指标和平均支付价格指标都较高，说明营销方式效果很好，能够刺激顾客消费；若指标平稳，说明营销方式效果一般，需进行改进；若指标波动太大，说明营销方式并未发挥作用，需重新制定营销方案，促进销售。

（5）访客行为分析

通过对加购指标、下单指标、支付指标的分析，商家可以在测款阶段对访客的行为进行推断，例如价格推断、颜色喜好推断、款式喜好推断等。商家可以依据这些推断数据，即时开展 SKU 结构调整、商品开发、供应链协同等工作。

（6）销售趋势分析

这是店铺运营管理过程中的重要一环。每款商品都有很多个 SKU，但不是所有的 SKU 都有好的表现，这时我们可以对商品的 SKU 进行销售趋势分析，从 SKU 的销售趋势中找出每款商品在销售中的弱点，分析原因并进行调整。

7.2 店铺整体销售情况分析

店铺整体的销售情况关系到店铺的生存与发展，是店铺销售分析的重要内容。在店铺整体销售情况分析中，销售趋势分析和销售目标达成分析是最重要的两项分析内容。本节将从销售趋势和销售目标达成两方面，介绍店铺整体销售情况分析的内容。

7.2.1 月度销售趋势分析

在分析店铺整体的销售趋势时，通常以月为单位，先汇总出各月的销售数量或销售总金额，然后通过柱形图或折线图的形式展示出来，这样商家就能直观地看到店铺整体的销售趋势。

具体方法：在源数据的基础上，插入数据透视表即可快速完成汇总，然后插入数据透视图，对汇总结果进行联动展示。

课堂练习	手机配件的销售趋势分析
素材：第7章\月度销售趋势分析—原始文件	重点指数：★★★★

微课视频

01 打开文件"月度销售趋势分析—原始文件"，在源数据的基础上创建数据透视表，汇总各月的销售数量和销售总金额，然后为数据透视表套用表格格式【数据透视表样式浅色9】，效果如图 7-2 所示。

02 单击数据透视表中的任意一个单元格，插入簇状柱形图，添加图表标题"月度销售趋势分析"，将图例移至标题下方，隐藏全部字段按钮，字体设置为微软雅黑，如图 7-3 所示。

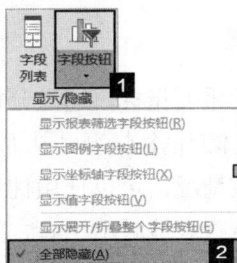

▲ 图7-2

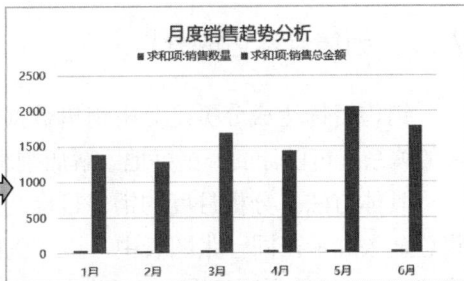

▲ 图7-3

专家提示

以数据透视表为基础创建的图表为数据透视图，它是以数据透视表中的所有数据作为源数据创建的，因此创建时只需将鼠标指针定位到数据透视表中任意一个单元格即可。

▌03 选中图表，切换到【图表工具】的【设计】选项卡，单击【更改图表类型】按钮，在【更改图表类型】对话框中，将"求和项：销售总金额"系列的【图表类型】设置为【带数据标记的折线图】，勾选其【次坐标轴】复选框，单击【确定】按钮，如图7-4所示。

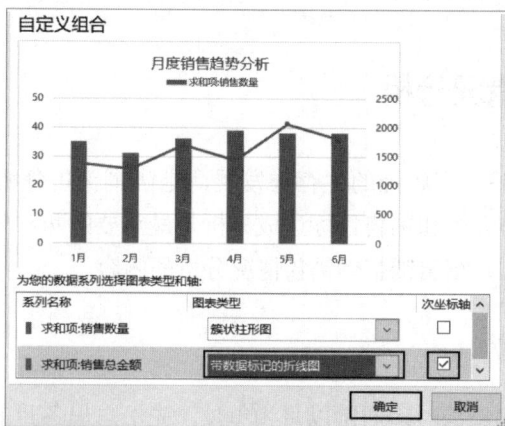

▲ 图7-4

▌04 选中网格线，在【设置网格线格式】任务窗格中，将其短划线类型设置为【短划线】。然后选中主纵坐标轴，在【设置坐标轴格式】任务窗格中，将刻度线的【主要类型】设置为【外部】，对次纵坐标轴也进行同样的设置，最后为图表添加上横纵坐标轴标题，如图 7-5 所示。

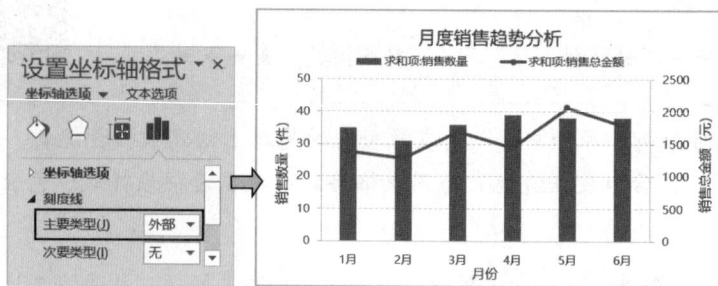

从图中可以分析出，该店铺的销售数量和销售总金额的趋势相对平稳，整体呈稳中有升的状态。

▲ 图7-5

7.2.2　销售目标达成分析

销售目标达成分析是分析销售数据的重要指标，通过分析目标销售总金额与实际销售总金额的关系，可以让商家更好地了解店铺整体的销售情况，从而根据销售情况调整经营策略。

具体方法：分析月度的销售目标达成情况，可以使用柱形图，将目标销售总金额和实际销售总金额展示在同一张图表中，这样就能直观地看出二者之间的差额；分析全年的销售目标达成情况，可以使用圆环图，通过设置圆环的格式，直观地展示出年度销售总金额的达成进度情况。

课堂练习 手机配件的销售目标达成分析

素材：第7章\销售目标达成分析—原始文件　　　　重点指数：★★★★★

01 打开文件"销售目标达成分析—原始文件"，在 C2 单元格中输入公式"=SUMIF (Sheet1!B:B,达成分析!A2,Sheet1!G:G)"，并将公式不带格式地向下填充，计算出各月的实际销售总金额。然后在 D2 单元格中输入公式"=C2/B2*100%"，将公式不带格式地向下填充，计算出销售目标达成率，结果如图 7-6 所示。

02 选中 A1:C7 单元格区域，插入柱形图，将图表标题修改为"各月销售目标达成分析"，添加横坐标轴标题"月份"和纵坐标轴标题"销售总额（元）"，选中图表，将图表字体设置为微软雅黑，删除网格线，在【设置坐标轴格式】任务窗格中，将纵坐标轴边界的【最大值】设置为 2100，【单位】设置为 300，刻度线的【主要类型】设置为【外部】，线条颜色设置为【白色，背景 1，深色 25%】。选中任意一个数据系列，在【设置数据系列格式】任务窗格中，将【系列重叠】的值设置为【0】，效果如图 7-7 所示。

▲ 图7-6

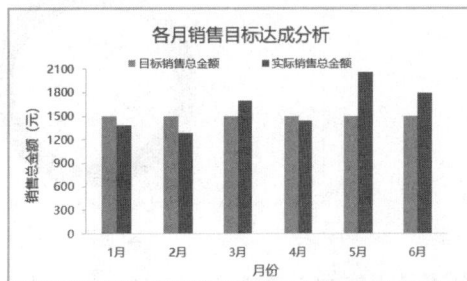

▲ 图7-7

03 添加数据标签，显示各月销售目标达成率。选中实际销售总金额系列，添加数据标签，然后选中数据标签，打开【设置数据标签格式】任务窗格，在【标签选项】组中勾选【单元格中的值】复选框，打开【数据标签区域】对话框，选中 D2:D7 单元格区域，单击【确定】按钮，然后取消勾选【值】复选框，如图 7-8 所示。

04 由于本实例中的表格是紫色系的，为了整体的美观性，将两个系列也设置为紫色系，只是在设置时要注意，为了区分两个系列，可以分别设置为一深一浅的紫色，效果如图 7-9 所示。

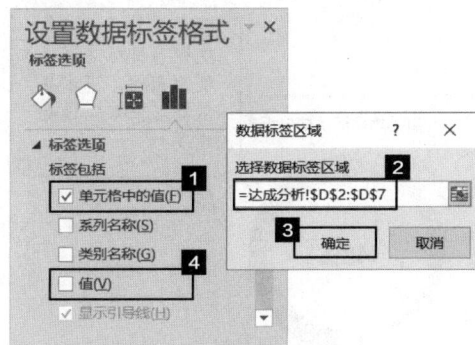

▲ 图7-8

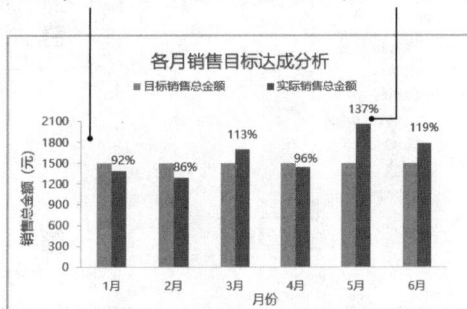

▲ 图7-9

05 在 H2 单元格中输入公式"=SUM(Sheet1!G:G)"，计算年度实际销售总金额。在 I2 单元格中输入公式"=H2/G2*100%"，计算年度销售目标达成率。在 J1 单元格中输入"辅助列"，在 J2 单元格中输入"=1-I2"，结果如图 7-10 所示。

F	G	H	I	J
年度	目标销售总金额	实际销售总金额	销售目标达成率	辅助列
2022年	20000	9652	48%	100%

▲ 图7-10

06 选中 I2:J2 单元格区域，插入圆环图。输入图表标题"年度销售目标达成分析"，字体设置为微软雅黑，删除图例，效果如图 7-11 所示。

07 设置圆环大小。选中整个圆环，打开【设置数据系列格式】任务窗格，将【圆环图内径大小】设置为【85%】（该值只是本实例中适合的大小，读者可以根据需求自行调整），如图 7-12 所示。

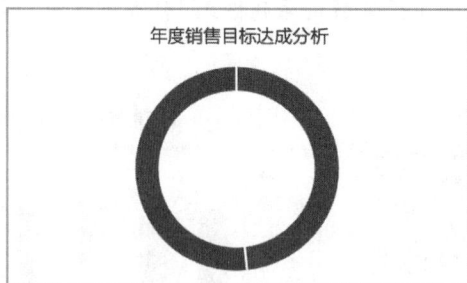

▲ 图7-11

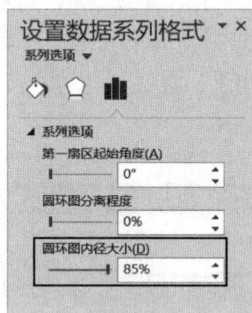

▲ 图7-12

08 在圆环上单击两次鼠标左键选中左侧圆环，打开【设置数据点格式】任务窗格，将其【颜色】设置为【紫色，个性色4，淡色60%】，【边框】设置为【无线条】。然后选中右侧圆环，将其【颜色】设置为【紫色，个性色4】，【边框】设置为【实线】，颜色为【紫色，个性色4】，【宽度】为【8磅】，如图 7-13 所示。

09 选中右侧圆环，添加数据标签，将数据标签移至圆环中央，字体设置为微软雅黑、20号，效果如图 7-14 所示。

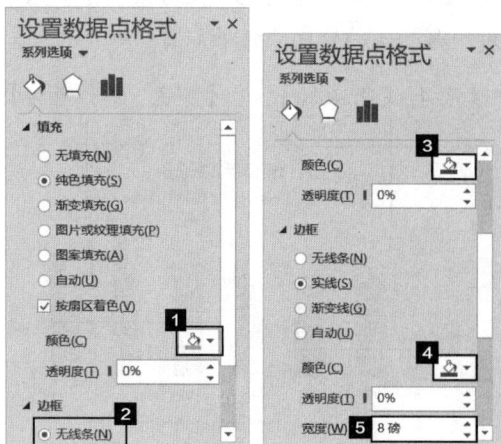

▲ 图7-13

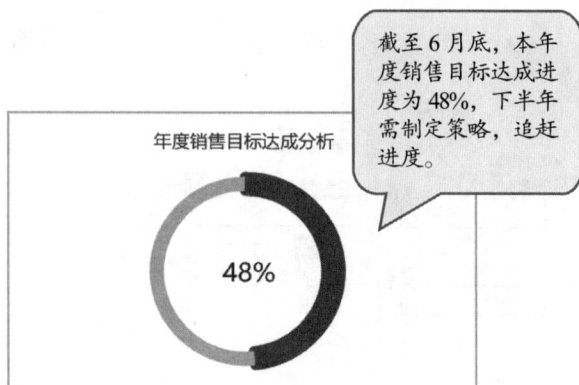

▲ 图7-14

📺 **课堂解疑**

SUM函数的功能是计算指定单元格区域中所有数值的和。其语法格式为：

SUM(number1,number2,number3,...)

注意，该函数仅能对数值型数字求和，会忽略文本型数字、文本字符串、逻辑值等。因此，当用SUM函数求和的结果是0时，我们首先应查看单元格中的数值是否为文本型数字。

7.3　不同商品销售情况分析

店铺销售的每种商品都有不同的职能，对店铺来说都非常重要。通过对不同商品的销售情况进行分析，商家可以直观地判定哪些商品处于畅销状态，哪些商品处于滞销状态，从而针对不同商品的销售状态，安排不同的采购计划和销售策略。本节将从不同商品的销售总金额排名和销售总金额占比两方面，进行不同商品销售情况分析。

7.3.1　不同商品的销售总金额排名分析

商家通过对商品的销售总金额进行排名，可以更加直观地看出商品的销售情况。

具体方法：通过创建数据透视表，快速汇总出不同商品的销售总金额。由于在进行排名分析时，最常用的图表类型是条形图，因此可以插入条形图来展示不同商品的销售总金额排名情况。注意，为了一目了然地看出排名情况，需要对汇总数据进行排序。另外，当商品的种类很多时，可以利用值筛选的方法，只筛选出销售总金额排名靠前的几种商品。下面以用图表展示销售总金额排名前 8 的商品为例，介绍具体的操作方法。

课堂练习　用图表展示销售总金额排名前 8 的商品

素材：第7章\不同商品销售总金额排名分析—原始文件　　　重点指数：★★★★　　微课视频

01 打开文件"不同商品销售总金额排名分析—原始文件"，在源数据的基础上创建数据透视表，汇总出不同商品的销售总金额。然后单击行标签右侧的筛选按钮，在下拉列表中选择【值筛选】→【前 10 项】，在【前 10 个筛选（名称）】对话框中将 10 调成【8】，单击【确定】按钮，如图 7-15 所示。

02 筛选完成后，将数据透视表的【报表布局】设置为【以表格形式显示】，为其套用一种表格格式【数据透视表样式中等深浅 2】，然后单击"销售总金额列"的任意一个数值单元格，单击【升序】按钮，效果如图 7-16 所示。

03 选中数据透视表中的任意一个单元格，插入条形图，隐藏图表上的所有字段按钮，删除图例和网格线，效果如图 7-17 所示。

04 输入图表标题"不同商品销售总金额排名分析"，添加横坐标轴标题"单位（元）"并移至标题右下角，添加数据标签，然后选中数据系列，在【设置数据系列格式】任务窗格中，将【分类间距】设置为【100%】，最后选中整个图表将字体设置为微软雅黑，效果如图 7-18 所示。

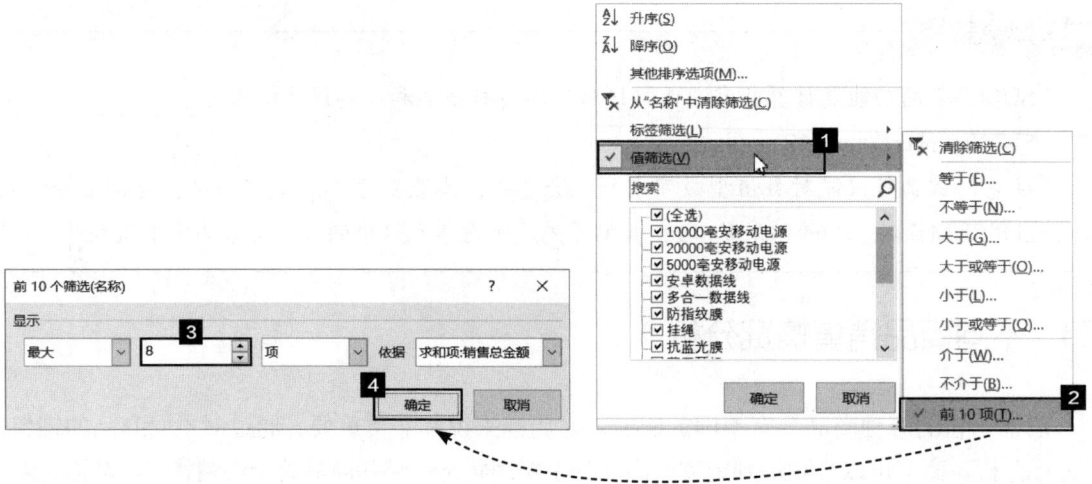

▲ 图7-15

名称	求和项:销售总金额
多合一数据线	276
防指纹膜	288
安卓数据线	336
蓝牙耳机	494
落地手机支架	812
5000毫安移动电源	1320
20000毫安移动电源	1848
10000毫安移动电源	2580
总计	7954

▲ 图7-16

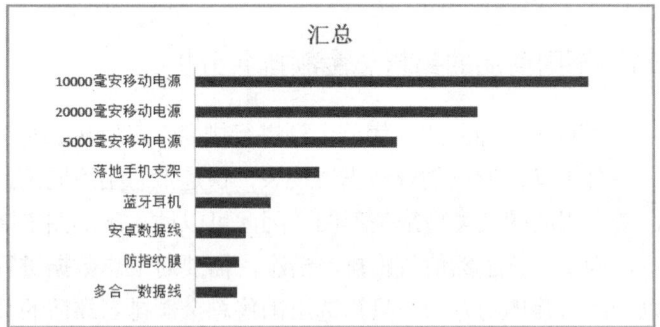

▲ 图7-17

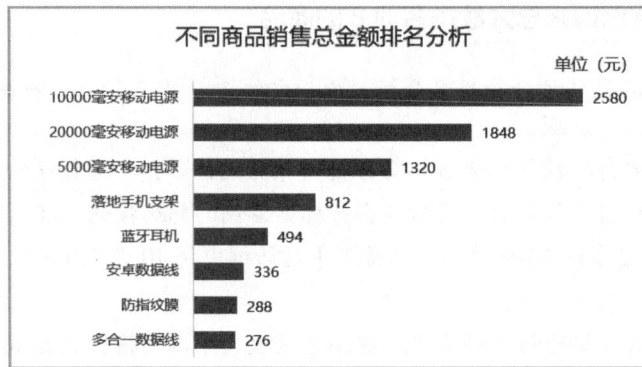

▲ 图7-18

通过该条形图，商家就可以一眼看出销售总金额排名前 8 的商品了。

7.3.2 不同商品的销售总金额占比分析

商家通过对不同商品的销售总金额占比情况进行分析，可以清楚地了解店铺经营的各类商品的占比，从而有针对性地调整经营策略。

具体方法：首先通过 VLOOKUP 函数匹配参数表中的商品类别，对不同商品的类别进行归类，然后以商品类别为【行】字段，以销售总金额为【值】字段，创建数据透视表，并在数据透视表的基础上创建饼图，即可展示出各类商品的销售总金额占比。需要注意的是，在创建饼图前我们需要对数据透视表的销售总金额进行降序排列，这样在饼图中不同商品的销售总金额占比就会按顺时针方向由大到小进行排列。

课堂练习 用图表展示各类手机配件的销售总金额占比

素材：第7章\不同商品销售总金额占比分析—原始文件　　重点指数：★★★★

微课视频

01 打开文件"不同商品销售总金额占比分析—原始文件"，在 D 列上单击鼠标右键，在弹出的快捷菜单中选择【插入】选项，即可插入一个空白列，输入标题"商品类别"，如图 7-19 所示。

02 选中 D2 单元格，输入公式"=VLOOKUP(Sheet1!$C2,参数表!A:B,2,0)"，然后将公式不带格式地向下复制，效果如图 7-20 所示。

名称	商品类别	产品单价
有线耳机		¥27.00
5000毫安移动电源		¥88.00
桌面手机支架		¥25.00
指环扣		¥12.00

▲ 图7-19

名称	商品类别	商品单价
有线耳机	耳机	¥27.00
5000毫安移动电源	移动电源	¥88.00
桌面手机支架	手机支架	¥25.00
指环扣	手机配饰	¥12.00

▲ 图7-20

课堂解疑

VLOOKUP函数的功能是根据指定的一个条件，在指定的数据列表或区域内，在第一列匹配是否满足指定的条件，若满足则从右边某列取出该项目的数据。其语法结构为：

VLOOKUP(lookup_value,table_array,col_index_number,[range_lookup])

- lookup_value：匹配条件，指定的查找条件。
- table_array：查找指标的列表或区域，一个至少包含一行数据的列表或单元格区域，并且该区域的第一列必须含有要匹配的条件，也就是说，匹配值是什么，就将其选为区域的第一列。
- col_index_number：取数的列号，从区域的哪列取数，这个列数是从匹配条件那列开始向右计算的。
- [range_lookup]：匹配模式，当为TRUE或者1或者忽略时为模糊定位查找，也就是说，当匹配条件不存在时，匹配最接近条件的数据；当为FALSE或者0时为精确定位查找，也就是说，条件值必须存在，要么是完全匹配的名称，要么是包含关键词的名称。

03 以"商品类别"为【行】字段，以"销售总金额"为【值】字段，创建数据透视表，汇总出各类商品对应的销售总金额。对数据透视表进行适当的美化后，按销售总金额降序排列，效果如图 7-21 所示。

04 创建饼图，隐藏图表上的所有字段按钮，删除图例，输入图表标题"不同商品销售总金额占比分析"，添加数据标签，并显示类别名称和百分比，然后移至合适的位置，效果如图7-22所示。

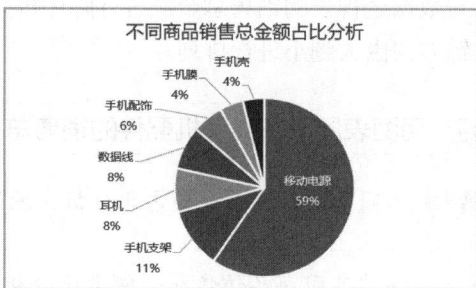

商品类别 ↓	求和项:销售总金额
移动电源	5748
手机支架	1062
耳机	764
数据线	756
手机配饰	544
手机膜	408
手机壳	370
总计	**9652**

▲ 图7-21　　　　　　　　　　　　　　▲ 图7-22

7.4　多属性商品销售情况分析

每种商品都有多个不同的属性，由于顾客对不同属性商品的需求不同，因此导致商品的销量存在差异。通过分析不同属性的商品的销售情况，商家可以更好地了解商品的结构情况，从而实施品类战略管理。本节将具体介绍同种商品销售情况分析。

7.4.1　销售情况最好的商品 SKU 分析

通过对商品 SKU 进行分析，商家可以清楚地看出哪种商品 SKU 的销售情况最好，从而对库存及采购数据进行调整，以最大程度地满足该商品的销售需求。

具体方法：使用条件格式功能，在新建规则时利用 MAX 函数找到每列数据中的最大值，然后将满足条件的数据的颜色设置为红色，加粗显示，这样就能一眼看出销售情况最好的商品 SKU 了。

课堂练习 **突出显示销售情况最好的商品 SKU**	
素材：第7章\商品SKU分析—原始文件	重点指数：★★★★

微课视频

01 打开文件"商品 SKU 分析—原始文件"，选中 C2:L6 单元格区域，切换到【开始】选项卡，单击【样式】组中的【条件格式】按钮，在下拉列表中选择【新建规则】选项，如图 7-23 所示。

02 弹出【新建格式规则】对话框，在【选择规则类型】列表框中选择【使用公式确定要设置格式的单元格】选项，在下方文本框中输入公式"=C2=MAX(C\$2:C\$6)"，然后单击【格式】按钮，弹出【设置单元格格式】对话框，切换到【字体】选项卡，在【字形】列表框中选择【加粗】选项，在【颜色】下拉列表中选择【红色】，单击【确定】按钮，返回【新建格式规则】对话框，再次单击【确定】按钮，如图 7-24 所示。

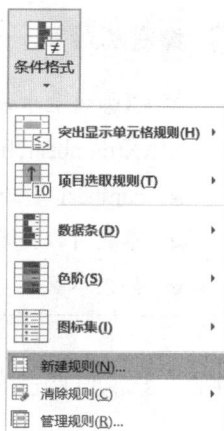

C	D	E	F	G	H	I	J	K	L
价格	当前库存	新增加购件数	支付价格	支付件数	支付金额	支付买家数	下单件数	下单金额	下单买家数
128	991	81	68	26	1768	26	29	1972	29
128	987	2098	68	513	34884	513	515	35020	515
128	989	4321	68	699	47532	699	702	47736	702
128	988	5869	68	986	67048	986	991	67388	991
128	987	3894	68	598	40664	598	602	40936	602

▲ 图7-23

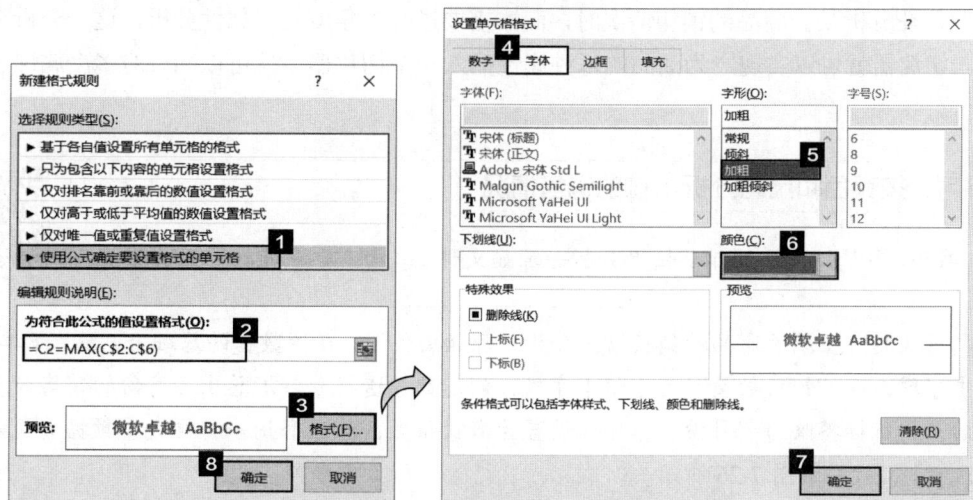

▲ 图7-24

03 返回工作表可以看到，每列指标的数值中，最大的数值都会显示为红色、加粗的格式，如图 7-25 所示。

	A	B	C	D	E	F	G	H	I	J	K	L
1	终端类型	SKU名称	价格	当前库存	新增加购件数	支付价格	支付件数	支付金额	支付买家数	下单件数	下单金额	下单买家数
2	无线端	紫色;XS	128	991	81	68	26	1768	26	29	1972	29
3	无线端	紫色;XL	128	987	2098	68	513	34884	513	515	35020	515
4	无线端	紫色;L	128	989	4321	68	699	47532	699	702	47736	702
5	无线端	紫色;M	128	988	5869	68	986	67048	986	991	67388	991
6	无线端	紫色;S	128	987	3894	68	598	40664	598	602	40936	602

▲ 图7-25

从图 7-25 可知，该商品的紫色 M 码是销售情况最好的 SKU，其新增加购件数、支付价格、支付件数、支付金额、支付买家数、下单件数、下单金额和下单买家数都是该商品的所有 SKU 中最高的。

📺 **课堂解疑**

MAX函数是求最大值的函数，其语法结构为

MAX(number1, [number2], ...)

- number1 是必需的，后续数字是可选的。要从中查找最大值的1到255个数字。
- 参数可以是数字或者包含数字的名称、数组或单元格引用。
- 如果参数不包含任何数字，则MAX返回0（零）。

7.4.2 多属性商品的多角度分析

在分析商品的销售情况时，如果商家只关注销售总量、销售总金额，而忽略颜色、尺码等单个属性的销售情况，可能会直接影响商品的周转速度，甚至造成供应不足或库存积压的情况。

因此，在分析某一商品的销售情况时，商家需要进行多角度、多属性分析，这一分析需求，通过插入切片器就可以实现，为商品的每种属性插入一个切片器，就可以同时对多个属性进行切片分析了。

课堂练习	按颜色和尺码分析 T 恤的销售情况	
素材：第7章\多属性商品的销售情况分析—原始文件	重点指数：★★★★	 微课视频

01 打开文件"多属性商品的销售情况分析—原始文件"，在源数据的基础上，以"下单日期"为【行】字段，以"销售数量"为【值】字段，创建数据透视表，汇总出各月份的销售数量。创建完成后，将行标签改为"月份"，字体设置为微软雅黑，然后套用一种样式【数据透视表样式中等深浅9】，效果如图 7-26 所示。

02 以数据透视表为基础，插入柱形图，隐藏图表上的全部字段按钮，删除图例，输入标题内容"各月份销售数量情况"，添加横坐标轴标题"月份"和纵坐标轴"销售数量（件）"，字体设置为微软雅黑，网格线的【短划线类型】设置为【短划线】，数据系列的【分类间距】设置为【150%】，最后为数据系列添加数据标签，效果如图 7-27 所示。

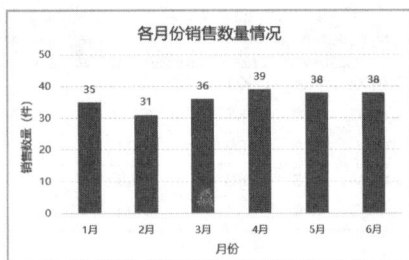

月份	求和项:销售数量
⊞1月	35
⊞2月	31
⊞3月	36
⊞4月	39
⊞5月	38
⊞6月	38
总计	**217**

▲ 图7-26

▲ 图7-27

03 选中数据透视表中的任意一个单元格，切换到【数据透视表工具】的【分析】选项卡，单击【筛选】组中的【插入切片器】按钮，弹出【插入切片器】对话框，勾选【颜色】和【尺码】复选框，单击【确定】按钮，即可插入两个切片器，如图 7-28 所示。

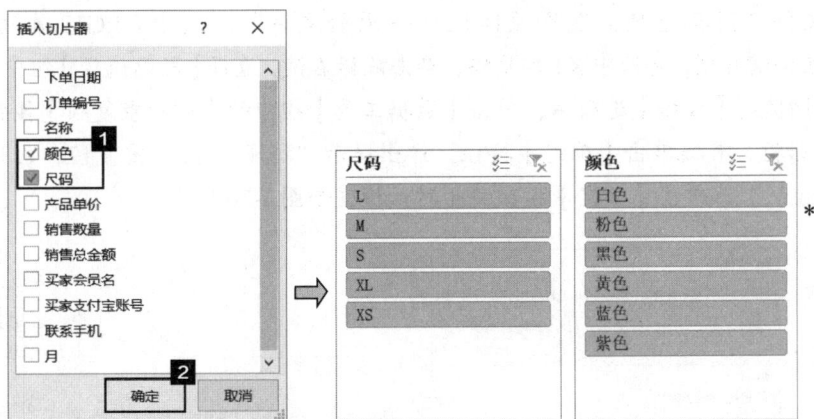

▲ 图7-28

04 选中切片器，在【切片器工具】的【选项】选项卡下即可对切片器进行设置。这里将【按钮】组中的【列】调整为6，切片器中的按钮即可横排显示，再将鼠标指针移至切片器四周的小圆圈上，拖曳即可调整切片器的大小，如图 7-29 所示。

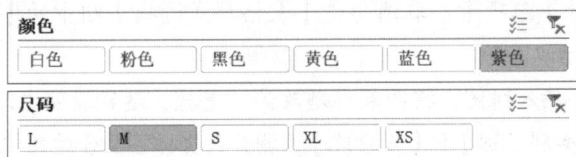

▲ 图7-29

7.5 商品退款、退货情况分析

每种商品的退款、退货情况都反映了商品质量、客服质量和物流质量等方面的问题，对于商家来说，最不希望看到的就是商品有退款、退货的情况，但这是商家必须要面对的。分析商品的退款、退货数据，有利于商家及时发现自身问题，以便采取措施加以改善，最终达到减少退款、退货情况发生，提高店铺的信用评分的目的。

7.5.1 商品退款、退货原因统计

在退款、退货数据中，很多退款、退货原因是一样的，因此商家可以通过删除重复项的方式来统计该商品的退款、退货原因有哪些。知道了退款、退货原因，接下来就可以使用 COUNTIF 函数统计出各个原因对应的数量，再将该数据用饼图展示出来，就可以直观地看到各原因的占比情况了。下面以统计手机配件的退款、退货原因为例，介绍具体的操作方法。

课堂练习	统计手机配件的退款、退货原因
素材：第7章\商品退款、退货原因统计——原始文件	重点指数：★★★★

微课视频

139

01 打开文件"商品退款、退货原因统计—原始文件"，选中 G1:G19 单元格区域，按【Ctrl】+【C】组合键复制，再选中 K1 单元格，单击鼠标右键，选择【粘贴选项】组中的【值（V）】按钮。然后切换到【数据】选项卡，单击【数据工具】组中的【删除重复项】按钮，弹出【删除重复项】对话框，直接单击【确定】按钮，弹出提示"发现了 12 个重复值，已将其删除；保留了 7 个唯一值。"，单击【确定】按钮关闭对话框，如图 7-30 所示。

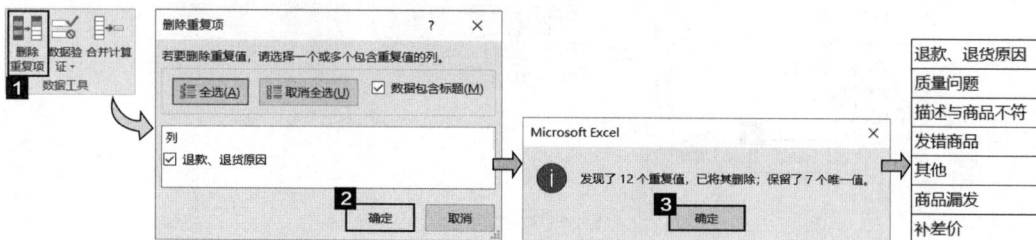

▲ 图7-30

02 选中 L1 单元格，输入标题"数量"，然后选中 K1:L7 单元格区域，套用一种表格格式。在 L2 单元格中输入公式"=COUNTIF(G:G,K2)"，按【Enter】键后公式便会自动向下填充。切换到【表格工具】的【设计】选项卡，取消勾选【表格样式选项】组中的【筛选按钮】，并将数据居中显示，如图 7-31 所示。

03 选中 K1:L7 区域，插入饼图，将图表标题改为"退款、退货原因占比统计"，删除图例，添加数据标签，标签包括【类别名称】和【百分比】，调整数据标签至合适的位置，效果如图 7-32 所示。

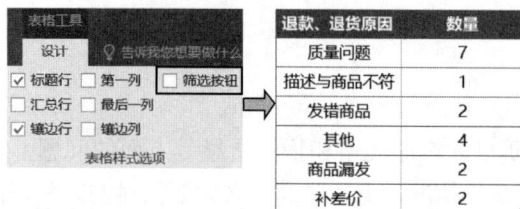

▲ 图7-31

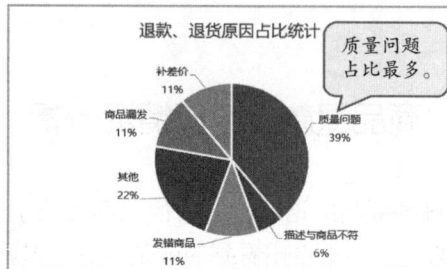

▲ 图7-32

课堂解疑

数据区域套用表格格式后，该区域会变成一个智能表格。智能表格有很多特性，例如：

① 将鼠标指针定位到智能表格区域中，向下滚动查看时，标题会显示在列标上，方便查看。

② 在智能表格中输入公式后，按【Enter】键公式会自动向下填充，如本实例的步骤02。

③ 智能表格中可以插入切片器，以便快速筛选数据。

④ 智能表格中可以添加汇总行，单击汇总数据右侧的下拉按钮，可以切换汇总方式。

⑤ 不显示汇总行时，在智能表格下方一行（或右边一列）直接输入数据，表格区域便会自动扩展至新的一行（列）；显示汇总行时，通过拖曳表格右下角的小三角，扩展或收缩表格区域。

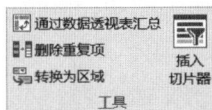

专家提示

　　在【表格工具】中单击【转换为区域】按钮，如图7-33所示，即可将智能表格恢复成普通数据区域。此操作仅转换表格，但保留原来的样式。

▲ 图7-33

7.5.2　商品退款、退货原因分析

　　分析顾客退款、退货原因时，首先划分全部退款、退货和部分退款、退货两种情况，然后统计出各种情况中每种退款、退货原因所占的比重，比重最大的原因则需要格外关注。具体实施中，数据透视表可以直接显示出各数据占父级汇总数据的百分比，省去了很多计算步骤，方便又高效，具体操作步骤如下。

课堂练习　分析手机配件的退款、退货原因

素材：第7章\商品退款、退货原因分析—原始文件　　　　　　重点指数：★★★★

微课视频

01 打开文件"商品退款、退货原因分析—原始文件"，在源数据的基础上，以"全部/部分退款、退货"和"退款、退货原因"为【行】字段（"全部/部分退款、退货"在上方），以"退款、退货金额"为【值】字段，创建数据透视表。将字体设置为微软雅黑，然后为数据透视表套用一种样式【数据透视表样式中等深浅12】，如图7-34所示。

02 在"退款、退货金额"列的任意数据单元格上单击鼠标右键，选择【值显示方式】→【总计的百分比】选项，如图7-35所示。

▲ 图7-34

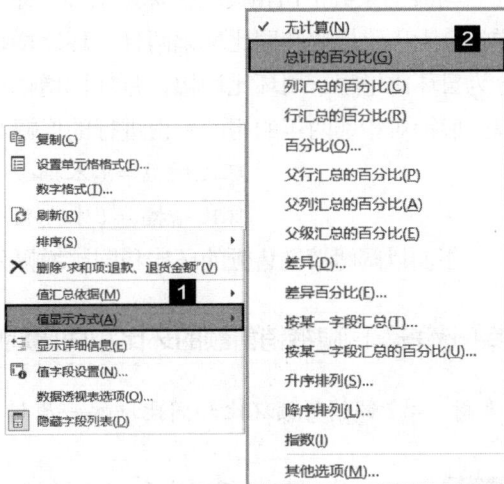

▲ 图7-35

03 在"退款、退货金额"列的任意数据单元格上单击鼠标右键，选择【值显示方式】→【父行汇总的百分比】选项，如图7-36所示。

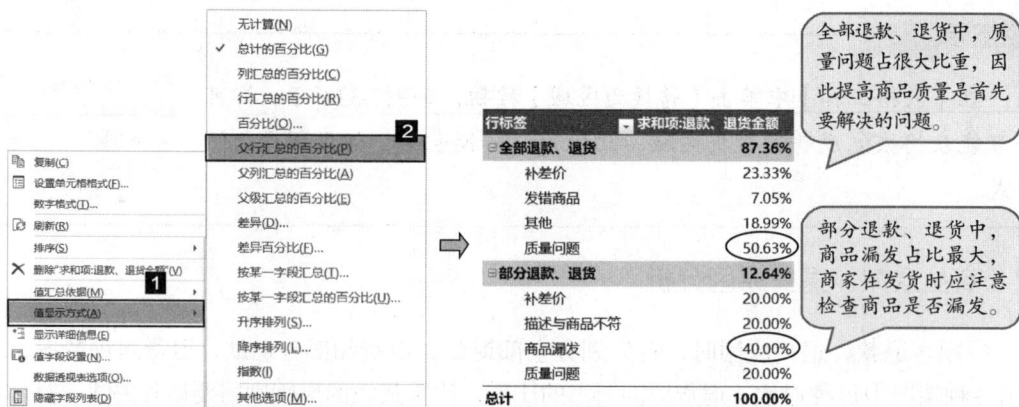

全部退款、退货中，质量问题占很大比重，因此提高商品质量是首先要解决的问题。

部分退款、退货中，商品漏发占比最大，商家在发货时应注意检查商品是否漏发。

▲ 图7-36

此时商家即可按退款、退货类别分析各退款、退货原因的占比情况，并予以纠正或改进。

课程思政

诚信是为人之道，是立身处世之本，是人与人相互信任的基础。讲信誉、守信用是我们对自身的一种约束和要求，也是他人对我们的一种希望和要求。对个人来说，诚信是任何人之间正常交往、家庭生活幸福、社会生活秩序得以保持和发展的重要力量；对一家企业而言，诚信是一种形象、品牌和信誉，是企业兴旺发达的基础。

诚信之道

微课视频

案例解析

与波动系数密切相关的指标是增幅，即增长速率，这是在分析销售数据时常用的分析指标。增幅分为环比增幅和同比增幅两种，环比增幅和同比增幅均用百分数来表示，其中环比增幅又可分为日环比增幅、周环比增幅、月环比增幅和年环比增幅，主要是对比短时间内的增幅。同比增幅一般指对相邻两年的相同月份进行的增幅对比，很少将相邻两个月的相同日期进行对比。

$$环比增幅 = （本期数 - 上期数）÷ 上期数 ×100\%$$
$$环比增幅 = （本期数 - 上期数）÷ 上期数 ×100\%$$

下面以阔腿裤销售额的环比和同比增幅分析为例，具体介绍一下环比和同比增幅的分析方法。

案例解析	阔腿裤销售额的环比和同比增幅分析
素材：第7章\销售额环比和同比增幅—原始文件	重点指数：★★★★★

微课视频

01 打开文件"销售额环比和同比增幅—原始文件"，在 D3 单元格中输入公式"=(C3-C2)/C2"，将公式不带格式地向下复制，计算出环比增幅。然后选中 E14 单元格，输入公式"=(C14-C2)/C2"，并将公式不带格式地向下复制，计算出同比增幅，如图 7-37 所示。

02 选中 B14:B23 单元格区域，按住【Ctrl】键的同时，再选中 D14:E23 单元格区域、B1 单元格和 D1:E1 单元格区域，插入柱形图，效果如图 7-38 所示。

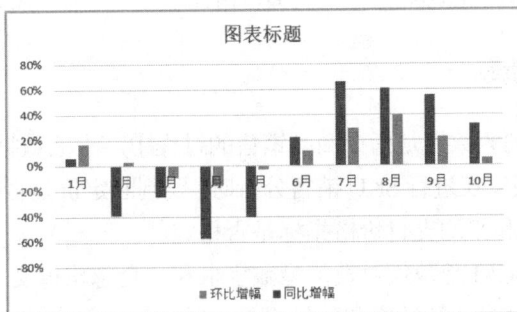

▲ 图7-37　　　　　　　　　　　　　　　　▲ 图7-38

03 将标题改为"销售额环比和同比增幅趋势分析"，添加横坐标轴标题"月份"和纵坐标轴标题"销售额增幅"，图例移至标题下方，网格线的【短划线类型】设置为【短划线】，然后选中横坐标轴，在【设置坐标轴格式】任务窗格中将【标签位置】设置为【低】，选中数据系列，在【设置数据系列格式】任务窗格中将【系列重叠】设置为【0%】，【分类间距】设置为【100%】，最后添加数据标签并调整好位置，如图 7-39 所示。

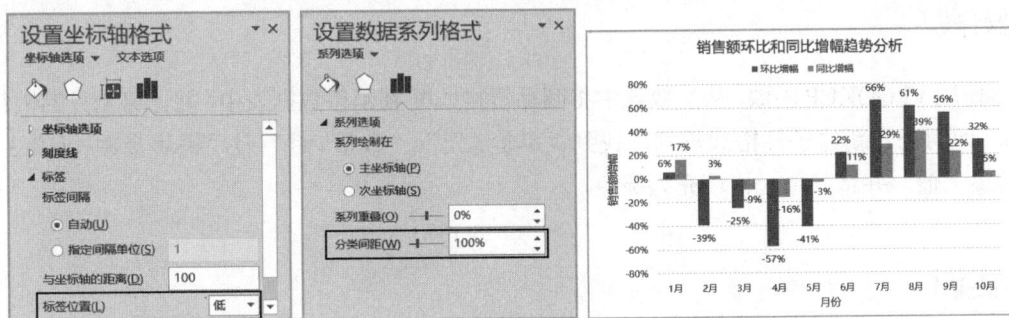

▲ 图7-39

从图 7-39 中可以看出，阔腿裤行业的销售额从 6 月开始提高，一直持续到 10 月（本案例中数据只记录到 10 月）。这说明市场对阔腿裤的需求量在增加，阔腿裤的销售势头还是很好的。

思考与练习

一、不定项选择题

1. 以下选项中，属于销售数据的有（　　　）。
   A. 销售趋势数据　　　　　　　　　B. 销售指标数据
   C. SKU 销售数据　　　　　　　　　D. 退货退款数据

2. 某款衣服有红色、白色、蓝色、黑色 4 种颜色，有 S 码、M 码、L 码、XL 码 4 个尺码，单从颜色和尺码来看，该款衣服有（　　　）个 SKU。

A. 4 　　　　B. 8 　　　　C. 12 　　　　D. 16

3. 以下选项中，适合展示销售趋势的图表有（　　）。

A. 柱形图 　　　　B. 饼图 　　　　C. 散点图 　　　　D. 折线图

二、判断题

1. 销售数据是指在商品销售的过程中产生的数据，或者说订单生成时产生的数据。（　　）

2. 商家在进行 SKU 销售分析时，要判断定价是否合理，就需要看店铺的加购指标、下单指标、支付指标和平均支付价格指标是否稳定。（　　）

3. SUM 函数仅对数值型数字求和，会忽略掉文本型数字、文本字符串、逻辑值等。因此，当发现用 SUM 函数求和的结果是 0 时，我们首先应怀疑数值是文本型数字。（　　）

三、简答题

1. 简述 SKU 销售分析的主要内容。

2. 简要说明数据区域转换成智能表格后有哪些特性。

3. 简述环比增幅与同比增幅的内容。

四、操作题

1. 使用 VLOOKUP 函数，从参数表中将商品价格匹配到销售数据表中，并计算全月的销售额。

2. 使用公式新建条件格式规则，找到"单价 / 元""数量 / 件"及"销售金额 / 元"3 列数据中的最大值，并将其单元格填充为绿色。

综合实训

实训题目： 本月家电商品的销售情况分析

实训目标： 对本月家电商品销售数据进行分析，并选用合适的图表展示出店铺前十大热销商品、每日销售趋势、各类商品销售额占比、各月销售目标达成情况。最后根据分析结果评价店铺销售情况。

实训思路：

①打开实训素材，首先对订单数据进行简单清洗，删除重复项，保留的唯一值。

②从参数表中将商品名称、商品类别和单价数据匹配过来，并计算订单金额。

③对各商品的销售额进行汇总，筛选出店铺的前十大热销商品并用图表进行展示，要求能一眼看出前十大热销商品的排名情况。

④将每日的销量进行汇总，并用图表展示出每日销量的变化趋势。

⑤以商品类别为【行】字段，汇总出各大类商品的销售总金额，并用图表展示出各大类商品的销售总金额占比情况，要求一眼看出各大类商品的销售总金额及占比数据。

⑥汇总出店铺本月的整体销售额，并通过圆环图展示销售目标达成情况。

第8章　库存分析：做好预警，减少积压

√ 了解电商库存数据的内容
√ 掌握库存商品数量分析的方法并将其应用到日常分析中
√ 学会设置库存数据预警的方法并熟练应用
√ 学会制作库存数据查询表

8.1　电商库存数据概述

电商库存直接关系着店铺的正常运营，当商品热销时，如果库存不足，就会因来不及补货而浪费销售时机。相反，当库存多而商品滞销时，又会造成仓库资源和成本的浪费，导致资金流紧张。因此商家要解决以上问题，有必要正确认识电商库存数据。

8.1.1　电商库存认知

从狭义上来讲，电商库存就是电商仓库里储存的货物，或为了满足未来的销售需求而准备的储备资源。

电商库存管理系统是商家为了保证电商平台上商品的正常售卖，对商品进行的实时库存数据管理系统。通过该系统，商家可以了解当前商品是否可以销售及可以销售的数量，消费者则可以了解该商品是否可以购买及可以购买的数量。图 8-1 所示为电商平台上商品详情页中库存系统显示的库存数据。

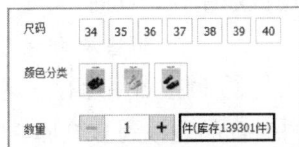

▲ 图8-1

1. 仓库系统与库存系统

电商库存管理中有两种系统：仓库系统和库存系统。虽然两者都是用来管理库存的，但是两者之间是有区别的。

仓库系统管理的是真实仓库中的库存，通常大型仓库的面积非常大，其所含商品的种类和数量也非常多，因此就有必要使用仓库系统来进行管理。一般来说，仓库一天有多少商品进入，

每种商品的数量有多少，每天从仓库发出去多少商品，仓库里每种商品还剩下多少，这些商品分别存储在仓库的什么位置等，这些都是仓库系统管理的主要内容。

那么既然有了仓库系统，为什么还要用库存系统呢？举例而言，当仓库系统显示某种商品有 10 件时，表示该商品在仓库中有 10 件，但是这 10 件并不代表店铺可以销售的数量，因为这 10 件中有可能已经销售出去两件，只不过还没有出库，因此虽然仓库系统显示 10 件，但实际可销售库存只有 8 件。要解决二者的差异问题，就需要使用库存系统来管理。

总体来说，仓库系统管理的是仓库中商品的实际数量，并不区分销售状态，而库存系统管理的是商品的可销售数量，这就是二者的区别。

2. 电商库存的组成

了解了电商库存管理系统，接下来再进一步了解电商库存的组成。

为了完整地了解电商库存的组成，下面以 B2C 电商库存为例，介绍一下其库存的组成，即可销售库存、订单占用库存、锁定库存、不可销售库存、虚库存、调拨占用库存和调拨中库存。

商品的总库存＝可销售库存＋订单占用库存＋锁定库存＋不可销售库存－虚库存－调拨占用库存－调拨中库存

① 可销售库存。即商品详情页中显示的库存数据。当某种商品的可销售库存大于 0 时，显示"有货"，消费者可执行加入购物车或立即购买操作；当商品的可销售库存小于或等于 0 时，则显示"无货"或"商品已下架"，消费者只能进行"到货提醒"的功能设置。需要注意的是，可销售库存减少会涉及锁库存行为，如加入购物车锁库存、下单后锁库存、支付后锁库存等，这些行为都会减少可销售库存。

② 订单占用库存。由于商品下单和发货不是同步进行的，为了防止超额售卖，就需要设立订单占用库存。订单占用库存和可销售库存是反向关系，即可销售库存减少后，订单占用库存增加。

③ 锁定库存。锁定库存不是常设的，需要时临时搭建即可。例如促销活动中，商家一般以低价吸引消费者，此时可将总库存中的部分商品锁定，不参与活动。当可销售库存为 0 时，必须将锁定库存释放并转换为可销售库存才可继续销售。

④ 不可销售库存。当商品出现破损等不符合销售标准的情况时，属于不可销售库存。

⑤ 虚库存。这是指仓库中没有实物库存，实物库存来自供货商。当某种商品的需求量极大且仓库中该商品数量较少时，商家如果与供货商沟通顺畅，可迅速补充库存，可设置虚库存；或者当某商品的需求量极小，商家不需要事先在仓库存货时，可根据订单寻找供货商，也可设置虚库存。此时

可销售库存＝总库存－订单占用库存－不可销售库存－锁定库存＋虚库存

⑥ 调拨占用库存。这是指已收到调拨信息，但并未打包出库的库存。假设 A 仓库需要将 10 件某商品调拨到 B 仓库，此时 A 仓库就需要将 10 件该商品锁定，则

A 仓库可销售库存＝总库存－订单占用库存－不可销售库存－锁定库存＋虚库存－调拨占用库存

⑦ 调拨中库存。这是指发起调拨后，商品已经打包及出库，既不在 A 仓库也不在 B 仓库。此时双方总库存的情况：

总库存＝可销售库存＋订单占用库存＋锁定库存＋不可销售库存－虚库存＋调拨占用库存

即双方总库存计算公式中都不包含调拨中库存（待调拨入库后，A 仓库中的总库存应减去调拨中库存，B 仓库中的总库存应加上调拨中库存）。

8.1.2　电商库存数据解读

要全面控制电商库存情况，仅了解库存的组成是不够的，还需要了解电商库存的相关数据并对其进行分析，如库存结构、库存天数和库存周转率，下面进行详细介绍。

1. 库存结构

对店铺来说，只要控制好有效库存和无效库存就可以了，其中有效库存指可以销售的商品库存。无效库存则包含两种情况：一种是滞销商品、过季商品等对当前销售没有太大影响的库存，这类库存也被称为假库存；另一种是因残损、过期、下架等无法继续销售的库存，也被称为死库存。

要控制好有效库存和无效库存，可以利用"总量—结构—SKU"体系，从宏观到微观层次逐步分解店铺的库存构成。图 8-2 所示为某男装店铺的库存构成体系，利用该图就可以清楚地了解该店铺的库存现状。

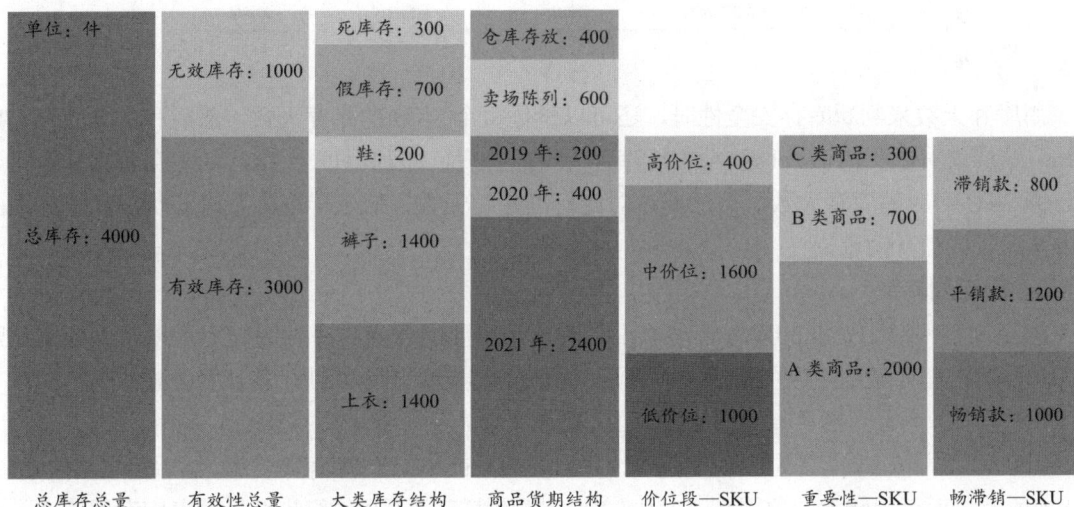

▲ 图8-2

从有效性总量来看，该店铺的无效库存占据了店铺总量的 25%，有效库存占据了店铺总量的 75%；从结构上来看，裤子和上衣占据了绝大部分的库存量，同时 2021 年的有效库存量较大；从价位段—SKU 来看，中价位和低价位商品的有效库存较多；从重要性—SKU 来看，A 类商品的占比最大；从畅滞销—SKU 来看，平销款商品最多，其次是畅销款和滞销款。

2. 库存天数

库存天数可以有效衡量库存滚动变化的情况，是衡量库存在可持续销售期的追踪指标。库存天数的计算公式如下：

库存天数 ＝ 期末库存数量 ÷（某销售期的销售数量 ÷ 该销售期天数）

库存天数这个指标的优势在于既能考虑销售变动对库存的影响，又能将"总量—结构—SKU"体系的安全库存标准统一化管理（库存天数可以将库存总量、库存结构、SKU 库存联系起来，即三者都可以使用库存天数来判断）。

图 8-3 所示为某店铺一天的库存天数对比情况，图中柱形图为计算出的对应指标当天的库存天数，折线图为对应指标当天的安全库存天数。通过对比，商家就能量化店铺库存，知道哪些指标的库存天数过低，哪些指标的库存天数过高。

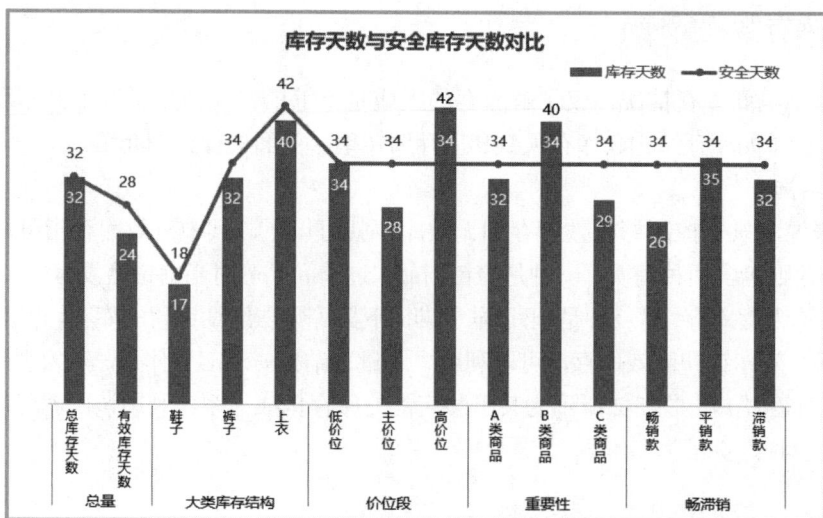

▲ 图8-3

用库存天数来判断库存安全性时，还可以量化每个 SKU 的库存天数，然后和标准库存天数对比。这样就可以利用 Excel 建立 SKU 库存天数监控表，即利用每个 SKU 的库存数据和销售数据计算 SKU 对应的库存天数，然后通过对比标准库存天数，低于标准的及时补货，高于标准的想办法退货或提升销量。

3. 库存周转率

库存周转率对于企业的库存管理来说具有非常重要的意义。库存周转率可以帮助商家从财务的角度监控库存安全，这个指标一般以月、季度、半年或年为周期，其计算公式如下：

库存周转率＝销售数量÷[（期初库存数量＋期末库存数量）÷2]

分析库存周转率时，首先应利用公式计算出各商品或 SKU 的库存周转率，然后建立四象限图。图 8-4 所示为库存周转率四象限图，其中横坐标轴代表库存天数，纵坐标轴代表库存周转率。假设标准库存天数为 60 天，标准季度库存周转率为 3 次，那么图 8-4 中位于坐标轴交叉点附近的商品或 SKU 的库存都比较安全。位于左上角象限内的商品或 SKU 的库存天数低、库存周转率高，很容易出现断货的情况，应及时补货。位于右下角象限内的商品或 SKU 的库存天数高、库存周转率低，很容易出现死库存，应高度重视。

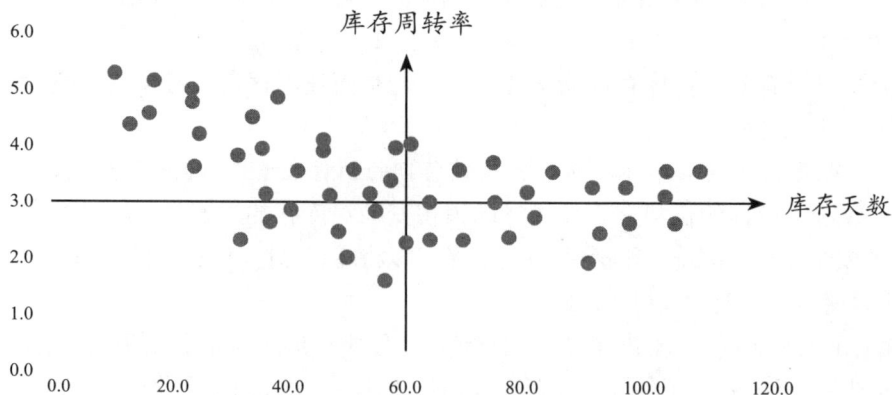

▲ 图8-4

　　每个行业的库存天数和库存周转率都不同，没有绝对的评价标准，企业的运营能力、供应商的供应能力等因素都会影响这些指标。通常是同行业相互比较，或与企业内部的其他周期相比。如大型超市的库存天数一般为30天左右，快消品渠道商的库存天数一般为45天左右，服装零售商的库存天数一般为60天左右。在实际操作中，商家可以根据历史库存数据和销售数据来确定库存天数。

8.2　库存商品数量分析

　　商家分析电商库存数据的意义绝不仅是数量核对这么简单，而是通过分析来了解库存的实际情况，从而判断库存结构是否合理，以便决策是否需要对商品进行补货或促销等。本节将从各类商品库存占比分析和可销售库存与标准库存分析两方面进行介绍。

8.2.1　各类商品库存占比分析

　　商家通过分析商品库存的占比情况，可以了解到商品结构是否符合需求，并及时调整销售策略。分析占比情况时，最合适的图表类型是饼图，它可以直接展示出各项目类别的百分比情况。前面介绍过二维饼图的制作，下面介绍一下三维饼图的制作。

课堂练习	各类商品库存占比分析

素材：第8章\各类商品库存占比分析—原始文件　　　　　　重点指数：★★★

微课视频

　01 打开文件"各类商品库存占比分析—原始文件"，选中 A1:E6 单元格区域，切换到【插入】选项卡，单击【图表】组中的【插入饼图或圆环图】按钮，在下拉列表中选择【三维饼图】，如图 8-5 所示。

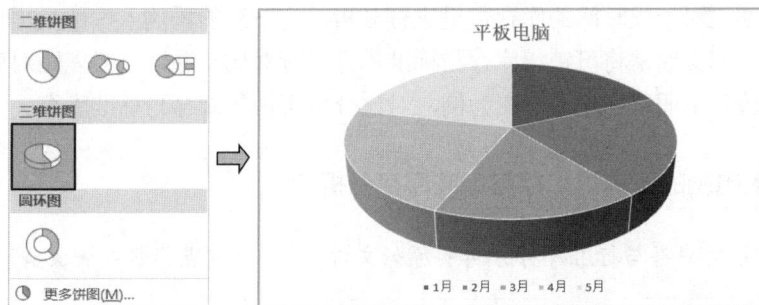

▲ 图8-5

　02 从图 8-5 的图例可以看出，各项目是按月进行划分的，根据数据表的结构，如果想要按商品类别进行划分，就需要切换行列。选中图表，切换到【图表工具】的【设计】选项卡，单击【数据】组中的【切换行/列】按钮，如图 8-6 所示。

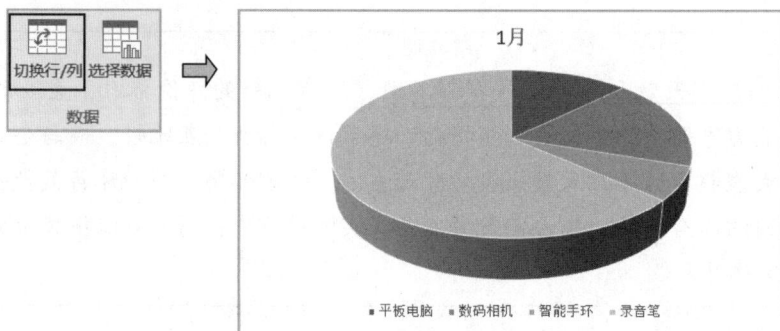

▲ 图8-6

03 删除图例，输入图表标题"1 ～ 5 月库存商品数量"，字体设置为微软雅黑，然后添加数据标签，位置设为内部，并显示类别名称和百分比，字体颜色设置为白色，效果如图 8-7 所示。

04 选中饼图，在【设置数据系列格式】任务窗格中，单击【系列选项】按钮，将【饼图分离程度】设置为【20%】，效果如图 8-8 所示。

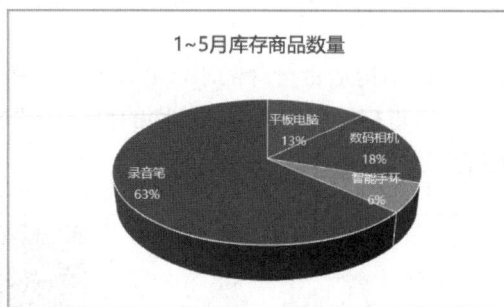

▲ 图8-7

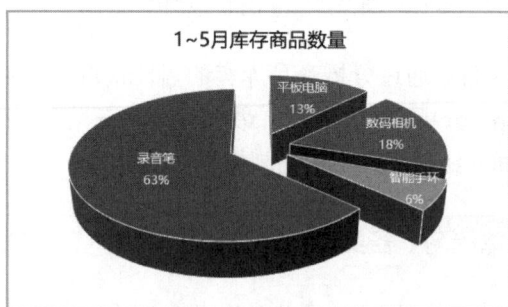

▲ 图8-8

8.2.2 可销售库存与标准库存分析

在店铺运营中，商品的库存数量要保持适中状态，既要保证供应充足，又不能有太多的积压。这时商家就可以通过对一段时间的库存数量进行分析，为下次的采购入库数量提供数据支持。在分析库存状况时，商家通常将可销售库存与标准库存进行对比，通过二者差距对库存情况进行判断并采取相应措施。下面以创建柱形图为例，对比分析可销售库存与标准库存。

课堂练习 平板电脑的可销售库存与标准库存分析

素材：第8章\可销售库存与标准库存分析—原始文件　　　重点指数：★★★

微课视频

01 打开文件"可销售库存与标准库存分析—原始文件"，选中数据区域中任意一个非空单元格，切换到【数据】选项卡，单击【排序和筛选】组中的【筛选】按钮，然后单击【商品名称】的下拉按钮，在下拉列表中取消勾选【全选】复选框，再勾选【平板电脑】复选框，效果如图 8-9 所示。

	A	B	C	D	E	F	G	H
1	商品名称	品牌	入库时间	期初数量	入库数量	出库数量	库存数量	库存标准量
14	平板电脑	联想	2021/11/1	20	37	38	19	20
15	平板电脑	方正	2021/11/1	26	52	40	38	25
16	平板电脑	海尔	2021/11/1	22	42	38	26	20
17	平板电脑	长城	2021/11/1	24	37	28	33	25
18	平板电脑	神舟	2021/11/1	28	22	28	22	20
19	平板电脑	清华同方	2021/11/1	26	32	33	25	23

▲ 图8-9

02 选中 G14:H19 单元格区域，插入簇状柱形图，输入标题内容"可销售库存与标准库存分析"，删除纵坐标轴和网格线，图例移至标题下方，图表字体设置为微软雅黑，效果如图 8-10 所示。

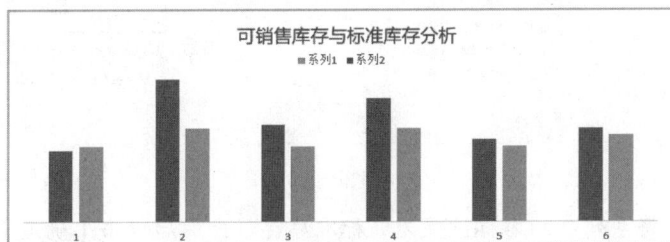

▲ 图8-10

03 可以看到横坐标轴标签显示的是数字，我们需要将其显示为商品类别（品牌），这时需要添加一个辅助列。选中 J2 单元格，输入公式 "=A14&"("&B14&")""，然后向下填充到 J7 单元格，效果如图 8-11 所示。

04 选中图表，切换到【图表工具】的【设计】选项卡，单击【数据】组中的【选择数据】按钮，弹出【选择数据源】对话框，单击【水平（分类）轴标签】列表框中的【编辑】按钮，打开【轴标签】对话框，将光标定位到文本框中，选中 J14:J19 单元格区域，单击【确定】按钮，返回【选择数据源】对话框，再次单击【确定】按钮即可，如图 8-12 所示。

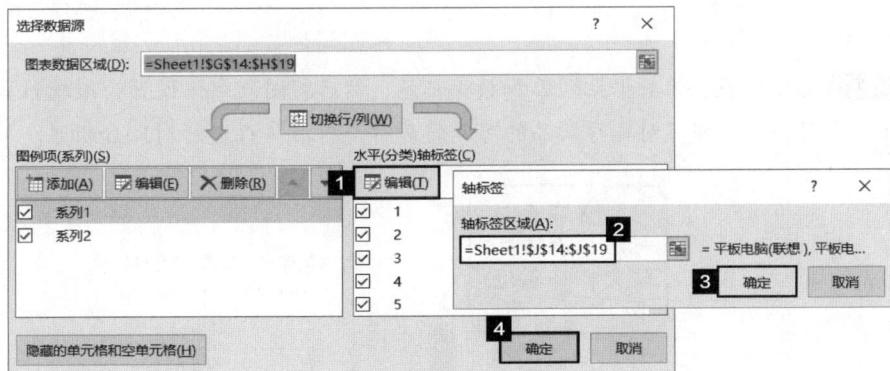

▲ 图8-11   ▲ 图8-12

课堂解疑

"&"符号的功能是将多个单元格的内容合并到一个单元格中。输入格式为"=单元格&单元格&单元格"。由于使用"&"连接的是文本，需要使用双引号（半角）把文本括起来。

05 可以看到图表中图例也没有显示为正确的系列名称，打开【选择数据源】对话框，单击选中【图例项（系列）】列表框中的【系列 1】，单击【编辑】按钮，打开【编辑数据系列】对话框，在【系列名称】文本框中输入"可销售库存"，单击【确定】按钮，如图 8-13 所示。

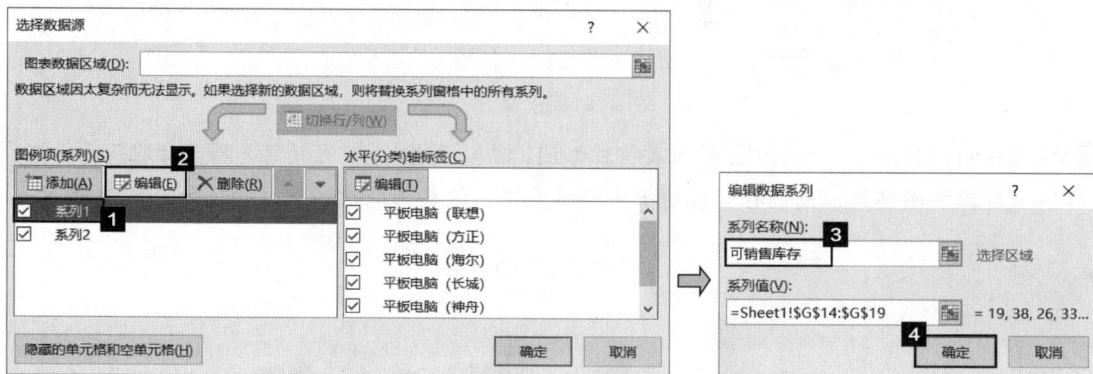

▲ 图8-13

06 以同样的方式将系列 2 的名称设置为"标准库存"，然后单击【确定】按钮，关闭【选择数据源】对话框，效果如图 8-14 所示。

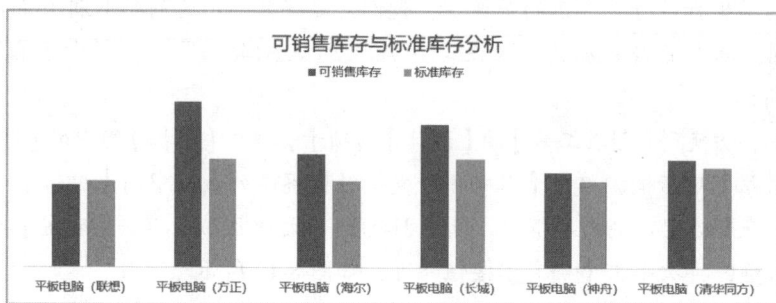

▲ 图8-14

07 选中图表，为数据系列添加数据标签，然后将图表字体设置为微软雅黑，效果如图 8-15 所示。此时，商家即可对库存商品的可销售库存与标准库存进行对比分析了。

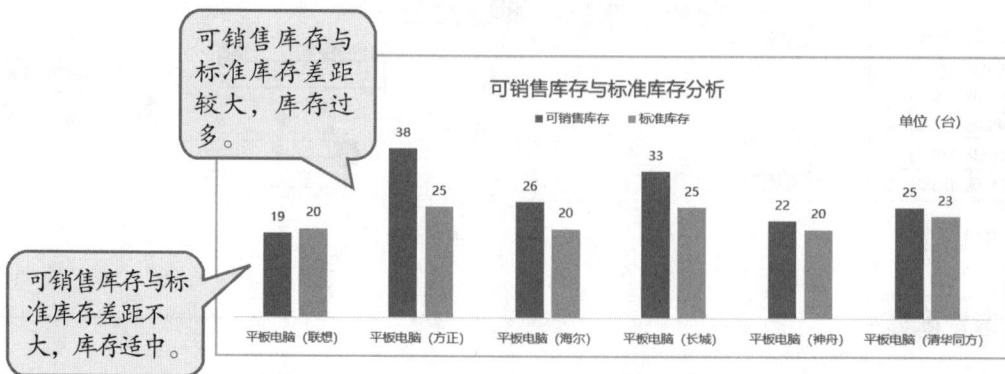

▲ 图8-15

8.3 库存数据预警

对库存数据设置预警的目的是判断库存数量是否安全，明确当前库存能否满足销售需要。设置库存数据预警可以从两方面进行，分别是利用库存天数和库存差异进行预警，下面将具体介绍。

8.3.1 商品的 SKU 库存预警

利用库存天数进行预警是比较常用的一种方法，关于库存天数的内容在 8.1.2 节已经介绍过，下面以设置商品的 SKU 库存预警为例，介绍利用库存天数进行预警的具体方法。

> **课堂练习 棉服的 SKU 库存预警**
>
> 素材：第8章\商品的SKU库存预警——原始文件　　　　重点指数：★★★★　　微课视频

01 打开文件"商品的 SKU 库存预警——原始文件"，首先根据"销售期""库存数量"和"近7日支付件数"计算出库存天数。选中 F2 单元格，输入公式"=D2/(B2/C2)"，按【Enter】键确认，然后将公式不带格式地向下复制，结果如图 8-16 所示。

02 选中 G2 单元格，输入公式"=IF(F2-E2<=-15," 急待补货 ",IF(F2-E2<-7," 有待补货 ",IF(F2-E2<=7," 正常 ",IF(F2-E2<15," 加速销售 "," 急待销售 "))))"，按【Enter】键确认，然后将公式不带格式地向下复制，结果如图 8-17 所示。这样，商家通过 G 列就可以直接看到各商品 SKU 的库存预警情况了。

	近7日支付件数	销售期	库存数量	标准天数	库存天数
2	15	7	114	60	53.2
3	5	7	38	60	53.2
4	3	7	21	60	49.0
5	9	7	96	60	74.7

▲ 图8-16

	近7日支付件数	销售期	库存数量	标准天数	库存天数	预警
2	15	7	114	60	53.2	正常
3	5	7	38	60	53.2	正常
4	3	7	21	60	49.0	有待补货
5	9	7	96	60	74.7	加速销售

▲ 图8-17

> **课堂解疑**
>
> 步骤02中，在 G 列输入的公式是 IF 函数的嵌套，表示将库存天数与标准天数进行对比：差额在-15及以下时，显示"急待补货"；差额在-14～-8时，显示"有待补货"；差额在-7～7时，显示"正常"；差额在8～14时，显示"加速销售"；差额在15及以上时，显示"急待销售"。

8.3.2 使用条件格式直观展示库存数据

除了利用库存天数外，商家还可以根据库存差异进行预警，即结存数量和库存标准量之差。

8.3.1 节在进行库存预警时采用了文字直接展示的方式，如果想要在展示具体库存差异的同时，直观描述出库存状态，使用条件格式十分合适。下面以设置各类电脑的库存预警为例，介绍一下利用库存差异和条件格式进行预警的具体方法。

课堂练习   各类电脑的库存差异预警

素材：第8章\使用条件格式直观展示库存数据—原始文件   重点指数：★★★★   微课视频

---

01 打开文件"使用条件格式直观展示库存数据—原始文件"，选中 I2 单元格，输入公式"=G2-H2"，如图 8-18 所示，按【Enter】键确认，然后将公式不带格式地向下复制。

	期初数量	入库数量	出库数量	库存数量	库存标准量	库存差异
	D	E	F	G	H	I
1						
2	20	50	45	25	23	=G2-H2

▲ 图8-18

02 选中 I 列，切换到【开始】选项卡，单击【样式】组中的【条件格式】按钮，在下拉列表中选择【新建规则】选项，弹出【新建格式规则】对话框，在【选择规则类型】列表框中选择【基于各自值设置所有单元格的格式】选项，在【格式样式】下拉列表中选择【图标集】，【图表样式】设置为【三色交通灯（无边框）】。各图标值的具体规则设置为：当值 ≥ 10 时，类型为数字时，显示绿灯；当 5 ≤ 值 <10 时，类型为数字时，显示黄灯；当值 <5 时，显示红灯。最后单击【确定】按钮，如图 8-19 所示。

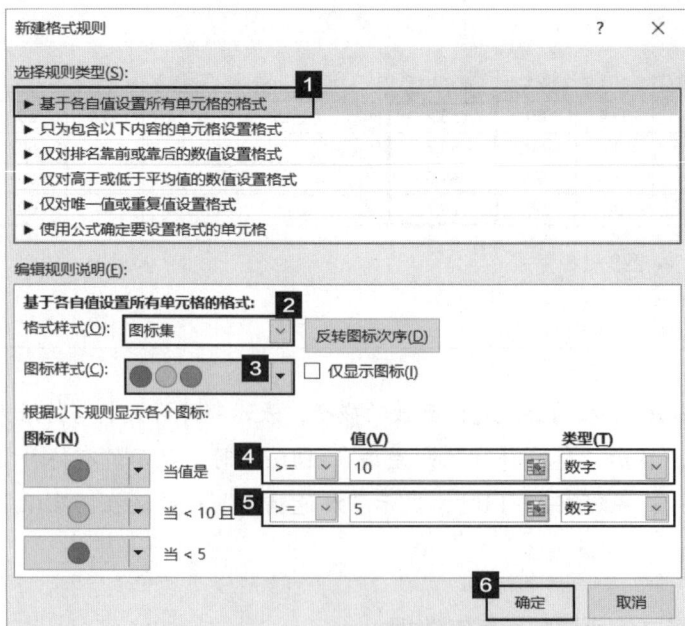

▲ 图8-19

这样，在 I 列单元格的左侧就会根据库存差异的大小显示不同颜色的信号灯了，如图 8-20

所示。红色信号灯表示库存数量接近或者低于库存标准量，需要及时补货；黄色信号灯表示库存数量略高于库存标准量，需提高警惕，实时关注；绿色信号灯表示库存数量远大于库存标准量，暂时不需要补货。

	A	B	C	D	E	F	G	H	I
1	商品名称	品牌	入库时间	期初数量	入库数量	出库数量	库存数量	库存标准量	库存差异
2	台式电脑	联想	2021/9/1	20	50	45	25	23	● 2
3	台式电脑	方正	2021/9/1	18	45	30	33	20	● 13
4	台式电脑	海尔	2021/9/1	20	50	42	28	20	● 8

▲ 图8-20

孟子说过："入则无法家拂士，出则无敌国外患者，国恒亡。"是的，我们需要具备这种忧患意识。一个人如果没有忧患意识，总是想当然地认为自己很出色，那么他被人超过只是迟早的事。一家公司如果没有忧患意识，不懂得在竞争中求生存，那么它被收购也是迟早的事。只有时时意识到自己会有的危险，才会提早做好准备，才不会在面对紧急状况时措手不及。

居安思危

微课视频

8.4 制作库存数据查询表

对商品库存数据进行查询是库存管理过程中经常进行的工作。当查询项目或数据记录很多时，挨个查找费时又费力，这时制作一个库存数据的动态查询表就很有必要。在 Excel 中，商家可以使用窗体控件来制作动态查询表，本节将具体介绍。

8.4.1 设置查找数据项

商家在制作动态查询表时，可以使用开发工具中的组合框控件。组合框又称为下拉列表框，在下拉列表中选中的项目将显示在框中，如图 8-21 所示，在进行数据查询时，每次从中选中一个项目即可。

1月	▼
1月	
2月	
3月	
4月	
5月	

▲ 图8-21

1. 组合框的插入方法

Excel 的控件按钮在【开发工具】选项卡下，默认的【开发工具】选项卡下是没有显示的，需要将其调出来。具体方法：单击【文件】→【选项】，弹出【Excel 选项】对话框，单击左侧列表框中的【自定义功能区】选项，然后在右侧【自定义功能区】列表框中勾选【开发工具】复选框，单击【确定】按钮即可，如图 8-22 所示。

将【开发工具】调出来后，切换到【开发工具】选项卡，单击【控件】组中的【插入】按钮，在下拉列表中选择【表单控件】组中的【组合框 (窗体控件)】按钮，然后在工作表中按住鼠标左键拖曳，即可绘制出一个组合框，如图 8-23 所示。

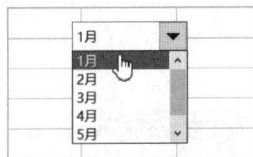

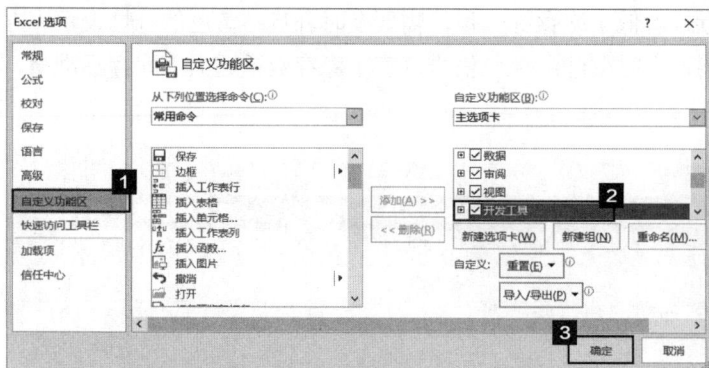

▲ 图8-22

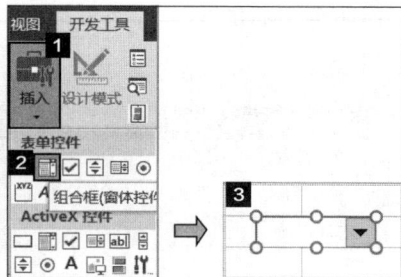

▲ 图8-23

2. 组合框的控制属性

组合框的控制属性需要在【设置控件格式】对话框中完成。具体方法：首先在组合框上单击鼠标右键，在弹出的快捷菜单中选择【设置控件格式】选项，即可打开【设置控件格式】对话框；然后切换到【控制】选项卡，在这里就可以对【数据源区域】【单元格链接】和【下拉显示项数】等进行设置，如图 8-24 所示。

① 数据源区域。对项目列表区域的引用。需要注意，组合框的数据源区域必须是工作表的列数据区域，并且只能是一列的数据。

② 单元格链接。返回在组合框中选中的项目的编号（列表中的第 1 个项目编号为 1，第 2 个项目编号为 2，以此类推）。

③ 下拉显示项数。它指定在下拉列表中单击下拉按钮后显示的行数，默认是 8。

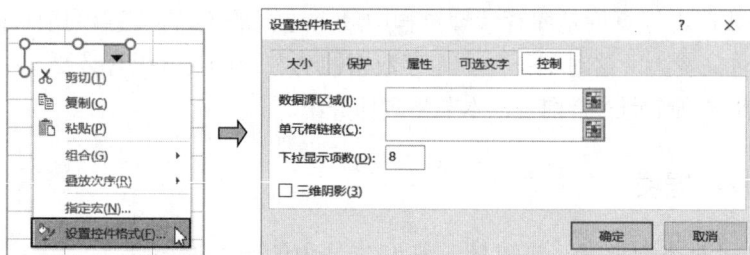

▲ 图8-24

专家提示

插入组合框后，将鼠标指针移至组合框上，指针会变成小手形状，此时单击下拉按钮即可进行项目的选择操作；如果想要对组合框进行移动、调整大小等操作，则需要先在组合框上单击鼠标右键将其选中，然后按住鼠标左键拖曳进行移动或调整大小；如果想要删除组合框，单击右键将其选中后，按【Delete】键即可删除。

8.4.2 输入函数查询数据

由于组合框的返回值是选中项目的编号，那么我们就可以根据这个编号，使用函数把选中项目的数据查找出来。这个编号可以认为是某个区域中的位置，根据区域的位置将数据提取出来，我们需要使用 INDEX 函数，下面介绍一下 INDEX 函数的具体用法。

INDEX 函数最常用的场合，是从一个区域内，把指定行、指定列的单元格数据提取出来，其语法结构为：

INDEX(array, row_num, [column_num])

■ array：取数的单元格区域或数组常量。如果数组仅包含一行或一列，则相应的 row_num 或 column_num 参数是可选的。

■ row_num：取数的行号。

■ column_num：取数的列号。

例如，公式"=INDEX(A:A,3)"就是从 A 列取出第 3 行的数据，也就是 A6 单元格的数据；公式"=INDEX(2:2,5)"就是从第 2 行取出第 5 列的数据，也就是 E2 单元格的数据；公式"=INDEX(A2:F6,2,5)"就是从 A2:F6 单元格区域的第 2 行、第 5 列交叉的单元格取数，也就是 E3 单元格的数据。

由于组合框的单元格链接返回的数值是列表中项目的编号，即数据源区域中某一列中的位置，因此可以将组合框与 INDEX 函数结合，通过组合框选中某个项目，然后根据其返回值利用 INDEX 函数提取出数据源区域中该项目对应的某列中指定位置的数据。下面以制作电子产品库存数据查询表为例，介绍具体操作方法。

课堂练习 制作电子产品库存数据查询表

素材：第8章\制作库存数据查询表—原始文件　　重点指数：★★★★

01 打开文件"制作库存数据查询表—原始文件"，切换到【开发工具】选项卡，单击【控件】组中的【插入】按钮，在下拉列表中选择【表单控件】组中的【组合框（窗体控件）】按钮，然后在工作表中按住鼠标左键拖曳，绘制出一个组合框。在组合框上单击鼠标右键，选择【设置控件格式】选项，打开【设置控件格式】对话框，按图 8-25 所示进行设置。

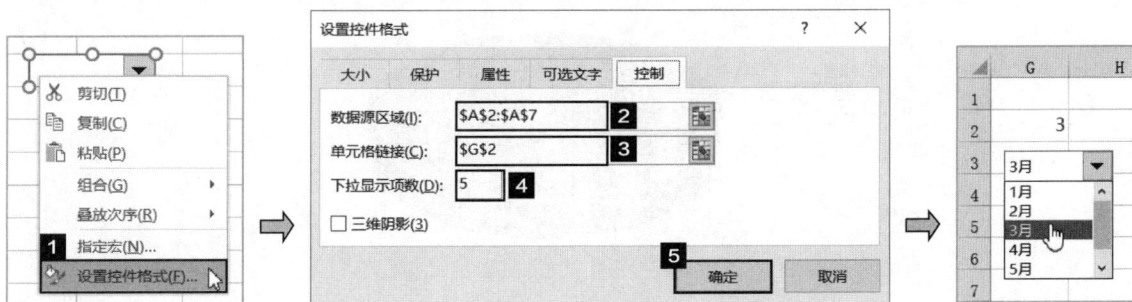

▲ 图8-25

02 选中 B1:E1 单元格区域，按【Ctrl】+【C】组合键复制，然后选中 H1 单元格，按【Ctrl】+【V】组合键粘贴，这样就复制出一行标题，效果如图 8-26 所示。

03 选中 H2 单元格，输入公式"=INDEX(B2:B7,$G$2)"，按【Enter】键确认后向右复制，结果如图 8-27 所示。

| R15 | ▼ | : | × | ✓ | *fx* | |

	G	H	I	J	K
1		笔记本电脑	台式电脑	平板电脑	智能手机
2	3				
3	3月 ▼				
4					

▲ 图8-26

| H2 | ▼ | : | × | ✓ | *fx* | =INDEX(B2:B7,$G$2) |

	G	H	I	J	K
1		笔记本电脑	台式电脑	平板电脑	智能手机
2	3	156	275	57	848
3	3月 ▼				
4					

▲ 图8-27

04 单击组合框的下拉按钮，选中某个月份，H2:K2 单元格区域就会显示对应月份的库存数据，例如从下拉列表中选中 3 月后，效果如图 8-28 所示。

	A	B	C	D	E	F	G	H	I	J	K
1	月份	笔记本电脑	台式电脑	平板电脑	智能手机			笔记本电脑	台式电脑	平板电脑	智能手机
2	1月	170	251	73	973		3	156	275	57	848
3	2月	194	313	61	1038						
4	3月	156	275	57	848						
5	4月	212	297	93	738						
6	5月	200	266	83	618						
7	6月	186	256	75	893						

▲ 图8-28

05 为了直观地看到各月商品的库存占比情况，可以插入饼图。选中 H1:K2 单元格区域，插入三维饼图，输入图表标题"库存商品数量占比"，删除图例，添加数据标签，显示类别名称和百分比，图表字体设置为微软雅黑。最后，将组合框移至图表内标题的左下方，这样当在组合框下拉列表中选中不同的月份时，图表数据就会自动变化，效果如图 8-29 所示。

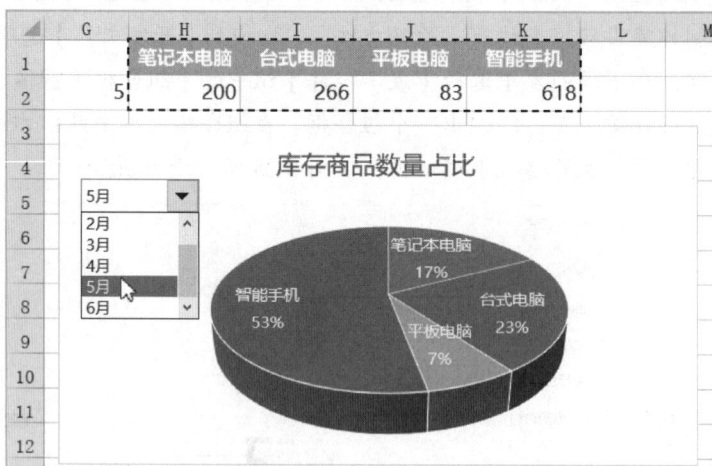

▲ 图8-29

案例解析

商家在管理库存商品的过程中发现商品破损是无法避免的，但是要将破损率控制在正常的范围内，如果破损率过高就需要及时找出原因，采取相应措施加以避免。下面以洗护用品库存破损原因分析为例，详细介绍如何分析库存商品破损原因。

案例解析　洗护用品库存破损原因分析

素材：第8章\库存商品破损原因分析—原始文件　　　　　　重点指数：★★★★

微课视频

01 打开文件"库存商品破损原因分析—原始文件"，首先计算总库存数量。选中 K2 单元格，输入公式"=SUM(F2:F19)"，如图 8-30 所示。

02 选中 L2 单元格，输入公式"=SUM(H2:H19)"，计算出破损数量，如图 8-31 所示。

	K	L	M	N
1	总库存数量	破损	破损率	备注
2	=SUM(F2:F19)			

▲ 图8-30

	K	L	M	N
1	总库存数量	破损	破损率	备注
2	799	=SUM(H2:H19)		

▲ 图8-31

03 选中 M2 单元格，输入公式"=L2/K2"，计算出破损率，如图 8-32 所示。

04 选中 N2 单元格，输入公式"=IF(M2<5%," 正常破损范围 "," 破损率较高，须引起重视 ")"，显示出破损率情况，该公式表示当破损率小于 5% 时，显示"正常破损范围"，否则显示"破损率较高，须引起重视"，结果如图 8-33 所示。

	K	L	M	N
1	总库存数量	破损	破损率	备注
2	799	21	=L2/K2	

▲ 图8-32

	K	L	M	N
1	总库存数量	破损	破损率	备注
2	799	21	3%	正常破损范围

▲ 图8-33

05 选中 L5 单元格，输入公式"=SUMIF(I:I,K5,H:H)"，计算出包装对应的破损数量，然后将公式不带格式地向下填充，结果如图 8-34 所示。

06 选中 K4:L8 单元格区域，插入饼图，输入图表标题"库存商品破损原因分析"，删除图例，添加数据标签，显示类别名称和百分比，图表字体设置为微软雅黑，标签字体设置为白色，效果如图 8-35 所示。

	K	L
4	破损原因	数量
5	包装	11
6	商品质量	3
7	其他	4
8	人为	3

▲ 图8-34

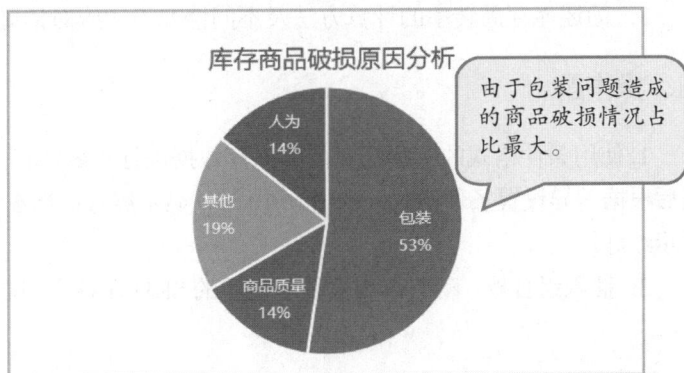

库存商品破损原因分析

人为 14%
其他 19%
包装 53%
商品质量 14%

由于包装问题造成的商品破损情况占比最大。

▲ 图8-35

思考与练习

一、不定项选择题

1. 以下选项中，属于库存组成部分的有（　　　）。

    A. 可销售库存　　　　　B. 订单占用库存　　　　C. 锁定库存　　　D. 不可销售库存

2. 以下选项中，属于无效库存的有（　　　）。

    A. 假库存　　　　　　　B. 虚库存　　　　　　　C. 死库存　　　　D. 锁定库存

3. 根据图 8-36 所示，以下公式结果中，错误的是（　　　）。

    A. =INDEX(A1:C4,2,3)=32　　　　　　　　B. =INDEX(A1:C4,3,3)=18

    C. =INDEX(A1:C4,3,2)=24　　　　　　　　D. =INDEX(A1:C4,4,2)=17

	A	B	C
1	商品类别	库存天数	安全天数
2	裙子	32	32
3	裤子	24	28
4	上衣	17	18

▲ 图8-36

二、判断题

1. 仓库系统管理的是仓库中商品的实际数量，并不区分销售状态，而库存系统管理的是商品的可销售数量。（　　　）

2. 当商品出现破损等不符合销售标准的情况时，属于不可销售库存。（　　　）

3. 在 Excel 中插入组合框后，单击左键将其选中，然后按【Delete】键即可将其删除。（　　　）

三、简答题

1. 简述电商库存数据分析的意义。

2. 简要说明设置库存数据预警的方法。

3. 简述库存周转率的计算方法及不同情况下的应对措施。

四、操作题

1. 使用条件格式的图标集对商品库存数据进行预警，首先计算可销售库存与标准库存的差异，然后根据差异设置条件格式：当值 >=10 时，显示绿灯；当 5 ≤值 <10 时，显示黄灯；当值 <5 时，显示红灯。

2. 插入组合框，动态查询女款羽绒服的 SKU 在各个门店的库存数量，并用柱形图展示出来。

综合实训

实训题目：女装 SKU 的库存情况分析

实训目标：对女装 SKU 的库存数据进行分析，用图表展示可销售库存与标准库存的差异，并使用函数对库存数量进行预警，最后根据分析结果提出合理化建议。

实训思路：

① 打开实训素材，首先根据源数据计算不同库存商品 SKU 的结存数量。

② 根据连衣裙的可销售库存和标准库存数据，创建柱形图，设置水平分类轴的标签显示商品 SKU 的名称，图例显示数据系列的名称，然后添加数据标签并对图表进行适当的美化。

③ 计算库存差异，并结合 IF 函数，对库存数据进行预警（这里，差异 = 可销售库存 - 标准库存的差异，当差异 ≤ 5 时，提示"急需补货"；当 5< 差异 ≤ 10 时，提示"正常"，当差异 >10 时，提示"库存积压"）。

④ 对库存预警列的数据设置条件格式，当提示内容为"急需补货"时，显示红色字体。

⑤ 结合图表和预警提示内容分析库存数据，并根据分析结果提出合理建议。

第 **9** 章 顾客分析：聚焦需求，精准促销

学习目标

∨ 掌握顾客数据的内容

∨ 掌握顾客的人群特征和分析方法

∨ 学会新、老顾客的分析方法并将其应用到日常分析中

∨ 学会分析顾客喜欢的促销方式及购买行为

9.1 顾客情况分析

商家可以根据收集到的顾客的各种信息和数据，分析顾客的特征，了解顾客的需求，从而有的放矢地设计各种营销策略和计划。商家应通过精准的顾客分析，使资源得到最优配置，并发现潜在顾客，最终扩大店铺规模。

9.1.1 顾客数据认知

许多商家已经意识到分析顾客数据的重要性。在学习具体的分析方法之前，我们需要先了解顾客数据，下面分别从顾客数据内容和顾客人群特征两方面进行介绍。

1. 顾客数据内容

顾客数据内容主要包括顾客的基本信息和交易信息数据，例如，顾客名称、性别、年龄、地区/城市、交易总额、交易笔数、单笔交易额和消费层级等内容，如图9-1所示。

顾客名称	性别	年龄	地区/城市	交易总额	交易笔数	单笔交易额	消费层级
欣欣向荣	女	25	北京	1,084	2	542	中
梦想，飞翔	男	30	北京	1,007	2	504	中
我要向前进	女	23	北京	1,180	1	1,180	较高
梦想才让心跳存在	女	33	北京	405	1	405	较低
学会坚强	女	23	北京	679	1	679	中

▲ 图9-1

2. 顾客人群特征

常见的顾客人群特征包括性别特征、年龄特征、地域特征和消费层级特征等，具体内容如下。

① 性别特征。通常情况下，男性顾客在购物时相对理性，他们更看重商品本身的质量和性价比。而女性顾客在购物时相对感性，更看重商品的外观和优惠信息。以买衣服为例，男性更在意衣服的质量，而女性则更在意款式是否好看、有没有打折活动等。

② 年龄特征。通常情况下，18 ～ 34 岁这个年龄段的人群，购物时追求时尚、个性；35 ～ 50 岁这个年龄段的人群，购物时更讲究经济实惠、简单实用。以女装为例，18 ～ 25 岁这个年龄段的人群，往往喜欢个性、潮流的款式；而 40 ～ 50 岁这个年龄段的人群，更喜欢端庄、简约的款式。

③ 地域特征。不同地域的顾客的风俗与生活习惯不同，购物的喜好也有所不同。以女装为例，同样一件衣服，就风格而言，北京的顾客更喜欢民族风，上海的顾客更喜欢都市风，南京的顾客更喜欢文艺风；就尺码而言，北方人买衣服一般尺码较大，以 L、XL 码居多，南方人买衣服通常尺码较小，以 S、M 码居多。

④ 消费层级特征。通过分析顾客的消费层级特征，商家可以了解顾客的消费水平。顾客的消费水平与店铺的转化率和成交额密切相关。如果顾客的消费水平较低，而店铺的商品定价较高，则转化率和成交额都会很低；相反，如果顾客的消费水平较高，而店铺的商品定价较低，可能会不符合顾客对商品的高要求，也会降低转化率和成交额。因此，商家只有在了解顾客消费水平的基础上合理定价，才能有效提高店铺的转化率和成交额。

9.1.2　顾客性别分析

商家通过对顾客性别比例进行分析，可以优化店铺的商品结构。具体分析时，商家可以分别统计男、女顾客的人数（通过数据透视表可快速实现），然后，插入圆环图，直观展示出男、女顾客的占比情况，最后通过添加数据标签，显示出具体的百分比。具体操作方法如下。

课堂练习　化妆品顾客性别分析

素材：第9章\顾客性别分析—原始文件　　　　　　重点指数：★★★

微课视频

01 打开文件"顾客性别分析—原始文件"，选中数据区域中的任意一个单元格，插入数据透视表，位置为现有工作表的"Sheet1!$J$1"。然后将"性别"添加至【行】字段区域，将"顾客名称"添加至【值】字段区域，即可自动汇总出男、女顾客的人数，将【报表布局】设置为【以表格形式显示】，效果如图 9-2 所示。

02 选中数据透视表中任意一个单元格，插入圆环图，隐藏图表上的所有字段按钮，删除图例，输入图表标题"顾客性别分析"，添加数据标签，显示类别名称和百分比，然后将数据标签移至合适的位置，效果如图 9-3 所示。

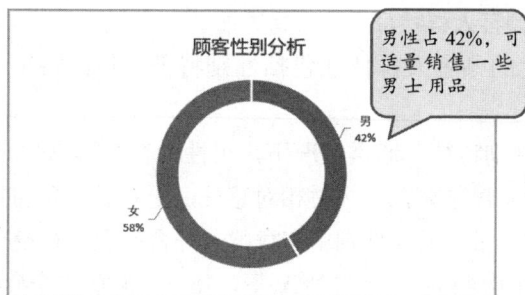

	J	K
1	性别	计数项:顾客名称
2	男	25
3	女	35
4	总计	60

▲ 图9-2

▲ 图9-3

9.1.3 顾客年龄分析

商家通过分析顾客年龄，可以掌握各个年龄段顾客的购买情况，以便更好地调整店铺的销售策略。由于年龄数据较分散，商家在分析时可以对年龄进行分组，再以年龄组为单位进行统计分析，最后以饼图展示出顾客的年龄构成情况。具体操作方法如下。

课堂练习	化妆品顾客年龄分析
素材：第9章\顾客年龄分析—原始文件	重点指数：★★★★

微课视频

01 打开文件"顾客年龄分析—原始文件"，选中数据区域中的任意一个单元格，插入数据透视表，位置为现有工作表的"Sheet1!$J$1"。然后将"年龄"添加至【行】字段区域，将"顾客名称"添加至【值】字段区域，即可自动汇总出各年龄的顾客人数，将【报表布局】设置为【以表格形式显示】，效果如图 9-4 所示。

02 在"年龄"字段下的任意一个单元格中单击鼠标右键，在快捷菜单中选择【创建组】选项，如图 9-5 所示。

	J	K
1	年龄	计数项:顾客名称
2	21	4
3	22	7
4	23	8
5	25	7
6	26	1
7	27	4
8	28	7
9	30	7
10	33	5
11	38	3
12	41	4
13	45	3
14	总计	60

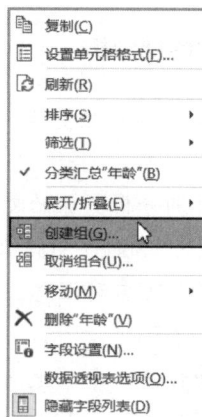

▲ 图9-4   ▲ 图9-5

03 打开【组合】对话框，在【步长】文本框中输入"5"，单击【确定】按钮，即可将"年龄"字段按步长值 5 进行分组，如图 9-6 所示。

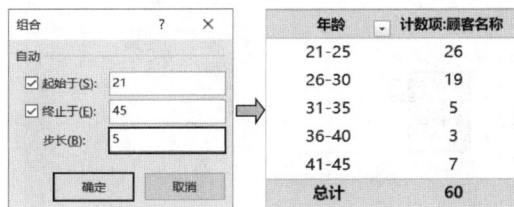

▲ 图9-6

04 选中数据透视表区域的任意一个单元格，插入饼图，隐藏所有字段按钮，删除图例，输入标题内容"各年龄段顾客占比分析"，然后添加数据标签，显示类别名称和百分比，字体设置为微软雅黑，效果如图 9-7 所示。

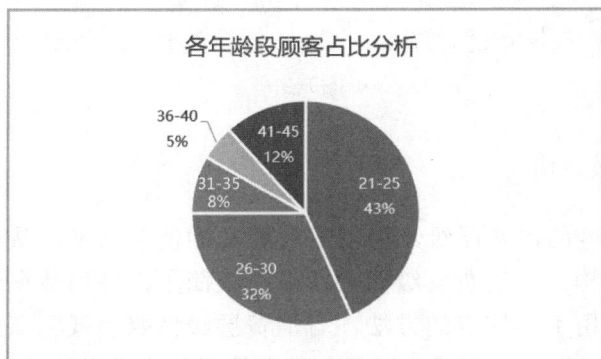

▲ 图9-7

9.1.4　顾客地域分析

　　商家通过分析顾客所在地域，可掌握其商品在该地域的销售情况。具体分析指标可以是商品在各地域的成交量或交易总额。为了更直观地展示数据，商家可以插入条件格式中的数据条，根据数据条的长度即可对比数据大小。具体操作方法如下。

课堂练习　**化妆品顾客地域分析**
素材：第9章\顾客地域分析—原始文件　　　　　　　　重点指数：★★★

01 打开文件"顾客地域分析—原始文件"，选中数据区域中的任意一个单元格，插入数据透视表，位置为现有工作表的"Sheet1!$J$1"。然后将"地区 / 城市"添加至【行】字段区域，将"交易总额"添加至【值】字段区域，即可自动汇总出各城市的交易总额，将【报表布局】设置为【以表格形式显示】，值字段的数字格式设置为千位分隔样式，如图 9-8 所示。

02 选中 K2:K13 单元格区域，切换到【开始】选项卡，单击【样式】组中的【条件格式】按钮，在下拉列表中选择【数据条】→【蓝色数据条】，如图 9-9 所示。完成后效果如图 9-10 所示。

　　从图 9-10 可以看出，北京、上海、广州的交易总额较大，武汉、贵州的交易总额较少。

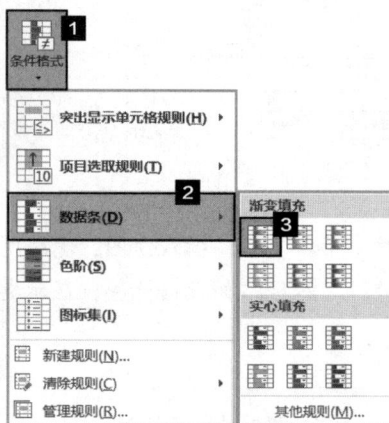

▲ 图9-8 ▲ 图9-9 ▲ 图9-10

9.1.5 顾客消费层级分析

　　商家通过分析顾客的消费层级，可以了解顾客的消费水平，从而根据不同的消费层级调整店铺的商品结构。各消费层级的人数汇总很简单，使用数据透视表就可以完成。人数汇总完成后，使用手动拖曳的方法，对消费层级按照由低到高的顺序排序，这样更符合阅读习惯。最后，为了更直观地展示各消费层级的人数占比情况，可以插入柱形图。具体操作方法如下。

课堂练习	**化妆品顾客消费层级分析**
素材：第9章\顾客消费层级分析—原始文件	重点指数：★★★★ 微课视频

　　01 打开文件"顾客消费层级分析—原始文件"，选中数据区域中的任意一个单元格，插入数据透视表，位置为现有工作表的"Sheet1!$J$1"。然后将"消费层级"添加至【行】字段区域，将"顾客名称"添加至【值】字段区域，即可自动汇总出各消费层级的顾客数，将【报表布局】设置为【以表格形式显示】，并将【值】字段的值显示方式设置为【总计的百分比】，效果如图9-11所示。

　　02 手动调整消费层级的顺序。选中"消费层级"列的某个单元格，将鼠标指针移至该单元格的四周，当指针变成十字形状箭头时，按住

▲ 图9-11

鼠标左键拖曳至合适的位置，例如将"较低"拖曳至"低"和"高"之间，如图 9-12 所示。将消费层级按由低到高的顺序调整后的效果如图 9-13 所示。

　　03 选中数据透视表区域的任意一个单元格，插入簇状柱形图，隐藏所有字段按钮，删除图例，输入标题内容"顾客消费层级分析"，添加横坐标轴标题"消费等级"和纵坐标轴标题"顾客占比"，然后添加数据标签，字体设置为微软雅黑，效果如图9-14所示。

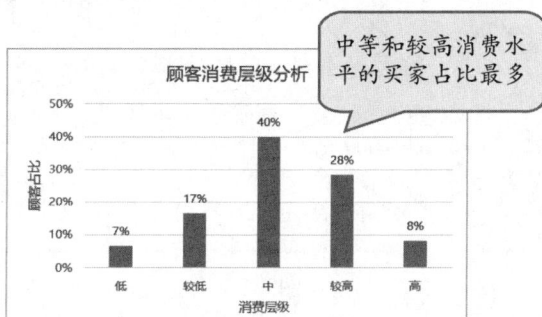

▲ 图9-12　　　　　　　　　　　　　　　　　　▲ 图9-13

中等和较高消费水平的买家占比最多

▲ 图9-14

课程思政

爱国奉献是中华传统忠孝仁义等美德的现代表达，与"天下兴亡，匹夫有责"等爱国精神一脉相承。培养爱国奉献的精神，离不开对中华民族历史和文化的理解与尊重，对中国传统家国情怀的继承与弘扬，对世界文明成果的借鉴与汲取。只有在热爱祖国、奉献人民的行动中，才能实现人格升华，成就非凡人生。

爱国奉献

微课视频

9.2　顾客总体消费情况分析

在店铺运营的过程中，商家对顾客的维护非常重要。通过对店铺新、老顾客的总体消费情况进行分析，商家可以有针对性地调整运营策略，促进销售，提高店铺利润。本节将围绕新、老顾客数据介绍顾客总体消费情况的具体分析方法。

9.2.1　新、老顾客人数变化走势

商家要时刻关注店铺新、老顾客的人数变化走势，当新顾客或老顾客的人数变化异常或较低时就需要引起注意，并相应地调整销售策略。分析变化走势时，最常用的图表类型就是折线图，下面介绍具体的分析方法。

课堂练习	玩具店新、老顾客人数变化分析	
素材：第9章\新、老顾客人数变化走势—原始文件		重点指数：★★★★

微课视频

01 打开文件"新、老顾客人数变化走势—原始文件"，选中 A1:C32 单元格区域，插入折线图，输入图表标题"新、老顾客人数变化走势"，切换到【图表工具】的【设计】选项卡，在【样式】组中选择【样式 5】，然后将图例移至标题下方，效果如图 9-15 所示。

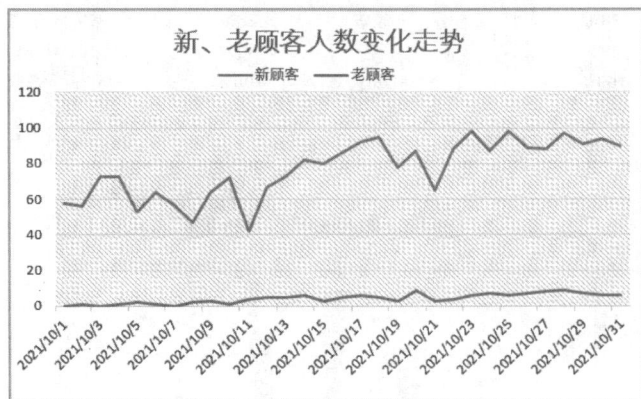

▲ 图9-15

专家提示

观察图9-15会发现两个问题：一是横坐标轴的日期是挤在一起的，不便于观看；二是两个数据系列的数值差异太大，老顾客数据系列几乎看不出变化。针对以上问题，下面分别进行调整。

02 选中横坐标轴，打开【设置坐标轴格式】任务窗格，在【数字】组中将日期的【类型】设置为【3/14】样式，然后调整图表至合适的大小，如图 9-16 所示。

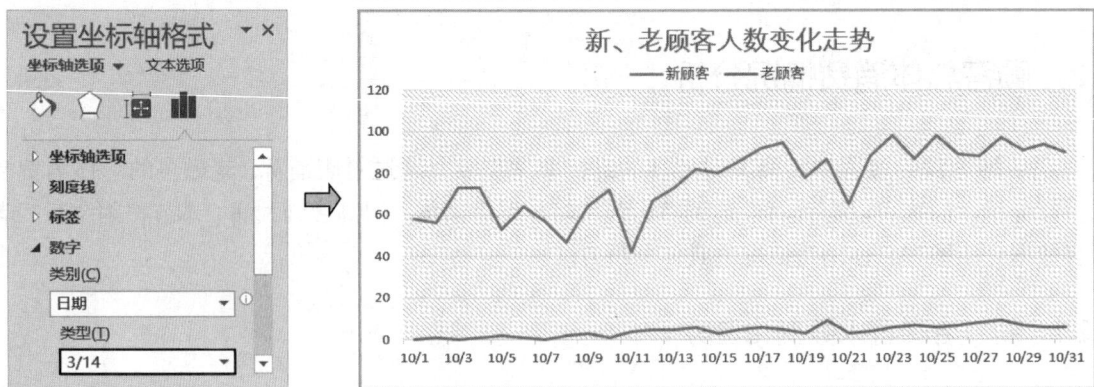

▲ 图9-16

03 选中"老顾客"数据系列，打开【更改图表类型】对话框，勾选老顾客系列的【次坐标轴】复选框，单击【确定】按钮，如图 9-17 所示。这样"老顾客"系列的数值就会显示在次坐标轴上。

04 选中任意一个数据系列，打开【设置数据系列格式】任务窗格，在【线条】组中勾选【平滑线】复选框。对另一个数据系列也进行同样的操作，设置完成后，添加横、纵坐标轴标题，效果如图 9-18 右图所示。

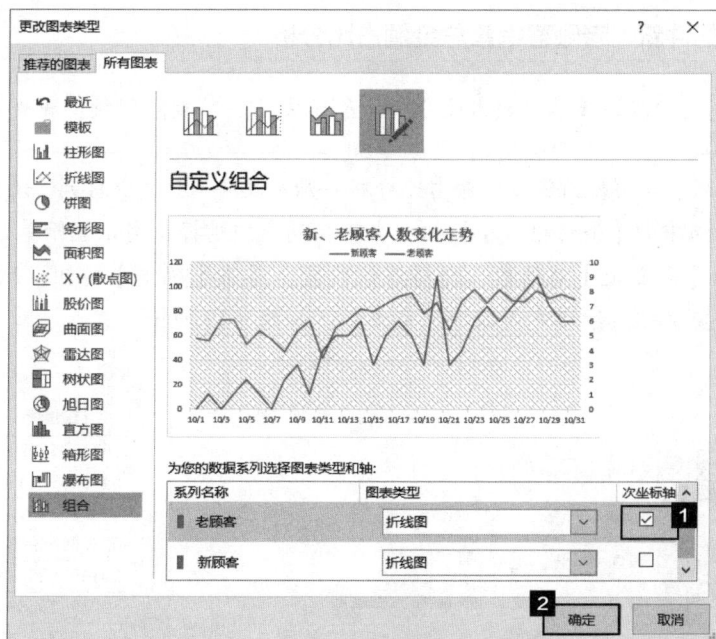

▲ 图9-17

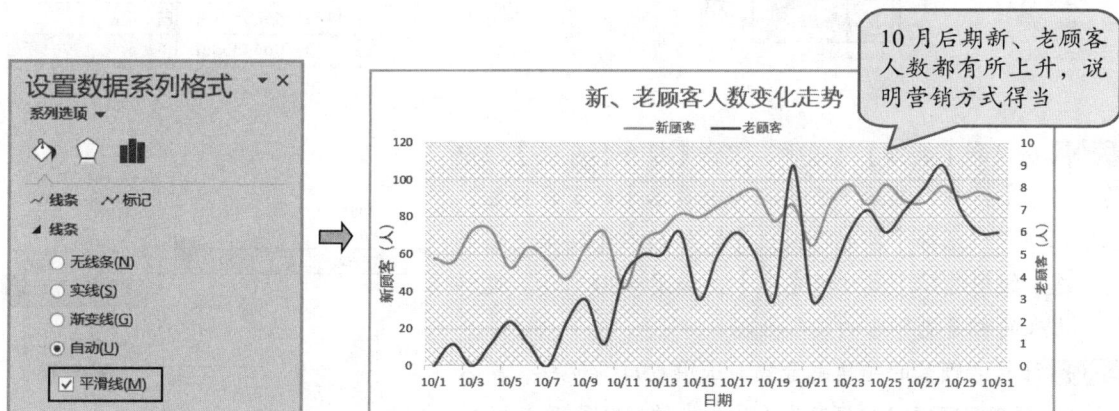

> 10 月后期新、老顾客人数都有所上升，说明营销方式得当

▲ 图9-18

从图 9-18 可以看出，10 月后期新、老顾客的人数都有所上升，说明营销方式得当。

9.2.2 新、老顾客销售总金额占比分析

在电商销售中，老顾客对于商家来说是最优质的顾客资源，稳定的老顾客是提高店铺销量的关键。商家可以通过分析店铺的新、老顾客销售总金额占比来了解店铺的顾客结构。

具体分析思路：首先对销售总金额进行标记，有过重复下单行为的顾客被认定为老顾客，标记重复值时可以使用条件格式功能；然后可以通过单元格颜色筛选，分别筛选新、老顾客，并对其销售总金额进行汇总；最后，将新、老顾客的销售总金额汇总数据制作成饼图，这样就可以直接看出二者的占比关系了。下面以手机配件新、老顾客销售总金额占比分析为例，介绍具体的操作方法。

课堂练习	手机配件新、老顾客销售总金额占比分析

素材：第9章\新、老顾客销售总金额占比分析—原始文件　　　　重点指数：★★★★

01 打开文件"新、老顾客销售总金额占比分析—原始文件"，选中 B 列，切换到【开始】选项卡，单击【样式】组中的【条件格式】按钮，在下拉列表中选择【突出显示单元格规则】→【重复值】选项，弹出【重复值】对话框，保持默认设置，单击【确定】按钮，此时 B 列重复出现的顾客会员名就会变成"浅红填充色深红色文本"，如图 9-19 所示。

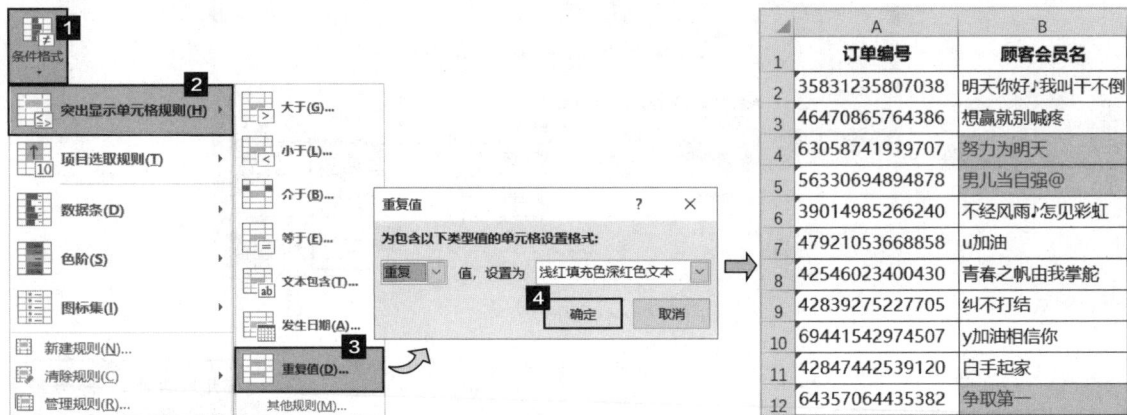

▲ 图9-19

02 切换到【数据】选项卡，单击【排序和筛选】组中的【筛选】按钮，然后单击【顾客会员名】的下拉按钮，在下拉列表中选择【按颜色筛选】，然后在【按单元格颜色筛选】组中选择【浅红填充色】，如图 9-20 所示。这样筛选出来的都是老顾客的购买数据。

03 计算老顾客的销售总金额。选中 C94 单元格，输入公式"=SUBTOTAL(109,H:H)"（公式中的 109 表示求和），如图 9-21 所示。然后复制该数值，选择 B94 单元格，选择性粘贴为数值，结果如图 9-22 所示。

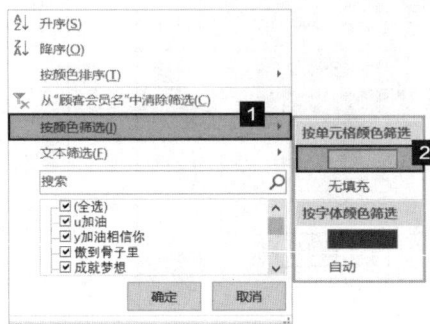

▲ 图9-20

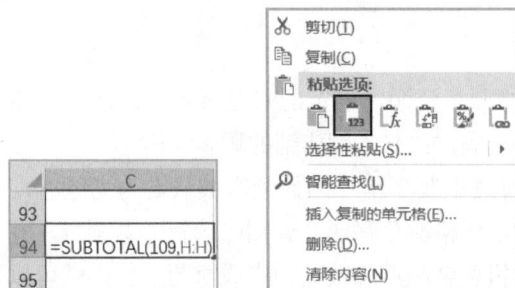

▲ 图9-21

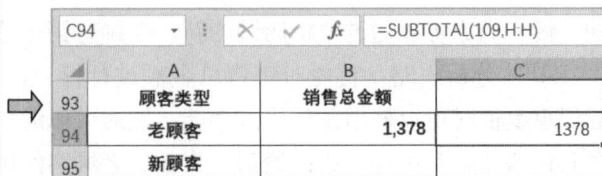

▲ 图9-22

📺 **课堂解疑**

SUBTOTAL函数是一个拥有多种功能的函数，其语法结构为：

SUBTOTAL(function_num,ref1,[ref2],...)

■ Function_num：是必需的。用户可以输入数字1～11或101～111，用于指定要使用的函数，如图9-23所示。如果使用1～11，将包括手动隐藏的行，如果使用 101～111，则排除手动隐藏的行；但两者都会始终排除已筛选择的单元格。

■ Ref1：是必需的。这是指要进行计算的区域或引用。

■ Ref2：是可选的。这是指要进行计算的区域或引用。

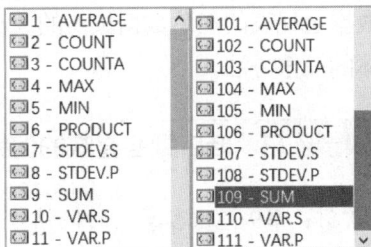

1 - AVERAGE	101 - AVERAGE
2 - COUNT	102 - COUNT
3 - COUNTA	103 - COUNTA
4 - MAX	104 - MAX
5 - MIN	105 - MIN
6 - PRODUCT	106 - PRODUCT
7 - STDEV.S	107 - STDEV.S
8 - STDEV.P	108 - STDEV.P
9 - SUM	109 - SUM
10 - VAR.S	110 - VAR.S
11 - VAR.P	111 - VAR.P

▲ 图9-23

04 单击【顾客会员名】的下拉按钮，在下拉列表中选择【按颜色筛选】，然后在【按单元格颜色筛选】组中选择【无填充】，这样筛选出来的就是新顾客的购买数据，此时 C94 单元格的计算结果即为新顾客的销售总金额，如图 9-24 所示。然后复制该数值，选择 B95 单元格，选择性粘贴为数值，结果如图 9-25 所示。

C94		× ✓ fx	=SUBTOTAL(109,H:H)
	A	B	C
93	顾客类型	销售总金额	
94	老顾客	1,378	2985
95	新顾客		

▲ 图9-24

I104		× ✓ fx	
	A	B	C
93	顾客类型	销售总金额	
94	老顾客	1,378	2985
95	新顾客	2,985	

▲ 图9-25

05 选中A94:B95单元格区域，插入三维饼图，输入图表标题"新、老顾客销售总金额占比分析"，删除图例，插入数据标签，显示类别名称和百分比，然后将图表字体设置为微软雅黑，数据标签字体设置为白色，效果如图 9-26 所示。

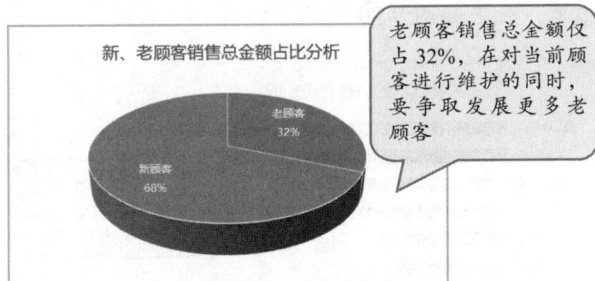

新、老顾客销售总金额占比分析

老顾客
32%

新顾客
68%

老顾客销售总金额仅占32%，在对当前顾客进行维护的同时，要争取发展更多老顾客

▲ 图9-26

9.2.3 顾客喜欢的促销方式分析

商家经常会采用促销方式进行营销，目的是提高销量和增加利润。这时促销方式的选择就很重要，只有选择顾客喜欢的促销方式，才能达到更好的营销效果，提高转化率。

具体分析思路：首先采用数据透视表对顾客参与的促销方式进行汇总，然后根据汇总数据制作条形图。为了让条形图由上而下、从大到小进行排列（符合人们的阅读习惯），我们可以对数据透视表的汇总数据按值的大小升序排列。下面以分析鞋店顾客喜欢的促销方式为例，介绍具体的操作方法。

课堂练习 **鞋店顾客喜欢的促销方式分析**

素材：第9章\顾客喜欢的促销方式分析—原始文件　　　　　重点指数：★★★

微课视频

01 打开文件"顾客喜欢的促销方式分析—原始文件"，在源数据的基础上创建数据透视表，以"促销方式"为【行】字段，以"顾客会员名"为【值】字段，汇总出不同促销方式对应的顾客人数，并将【值】字段的数据按升序排列（选中该字段的任意一个数值，切换到【数据】选项卡，单击【排序和筛选】组中的【升序】按钮），然后将【报表布局】设置为【以表格形式显示】，对数据透视表稍加美化，效果如图9-27所示。

02 选中数据透视表中的任意一个单元格，插入条形图，隐藏图表上的所有字段按钮，删除图例、网格线和横坐标轴，输入图表标题"顾客喜欢的促销方式分析"，效果如图9-28所示。

▲ 图9-27

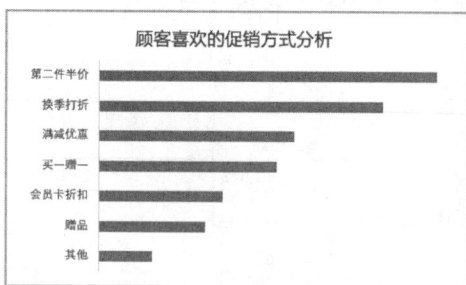

▲ 图9-28

03 为数据系列添加数据标签，然后在【设置数据系列格式】任务窗格的【系列选项】组中，将【分类间距】设置为【100%】，添加横坐标轴标题"单位（人）"并移至标题右上方，然后将图表字体设置为微软雅黑，效果如图9-29所示。

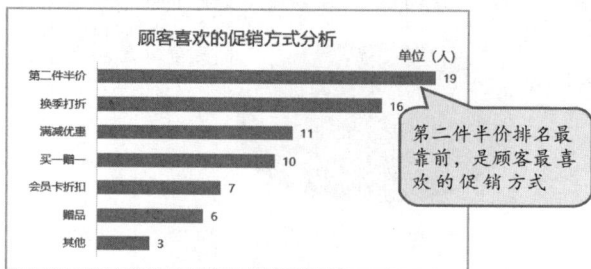

▲ 图9-29

案例解析

电商与实体经营的一个重要差别就是商家与顾客的交流很少，甚至没有交流。商家在这种情况下想要盈利，就需要分析顾客的购买行为。通过对顾客购买行为的分析，商家可以让网店的运营效率更高。下面以分析某网店男女顾客的购买行为为例，介绍具体的操作方法。

案例解析 **某网店男女顾客购买行为分析**

- -

素材：第9章\顾客购买行为分析—原始文件 重点指数：★★★★

01 打开文件"顾客购买行为分析—原始文件"，选中 A1:G3 单元格区域，按【Ctrl】+【C】组合键复制，再选中 A5 单元格，按【Ctrl】+【V】组合键粘贴。然后选中 B5:B7 单元格区域，单击鼠标右键，在弹出的快捷菜单中选择【删除】选项，弹出【删除】对话框，默认选中【右侧单元格左移】单选按钮，单击【确定】按钮，如图 9-30 所示。

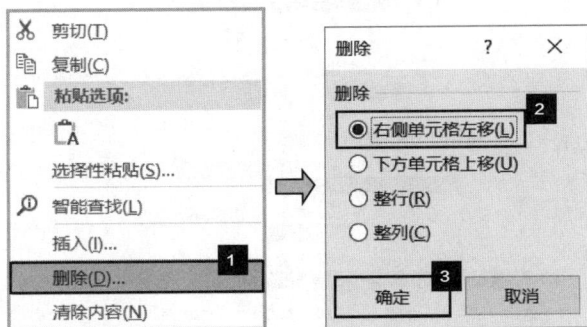

▲ 图9-30

02 添加辅助列，在 G5:G7 单元格区域中分别输入"辅助""-50""50"，效果如图 9-31 所示。

	A	B	C	D	E	F	G
5	性别	品牌知名度	店铺规模	物流速度	商品质量	商品价格	辅助
6	男性	0.85	0.25	0.56	0.63	0.39	-50
7	女性	0.43	0.37	0.63	0.36	0.61	50

▲ 图9-31

03 选中 G6 单元格，按【Ctrl】+【C】组合键复制，然后选中 B6:F6 单元格区域，单击鼠标右键，在快捷菜单中选择【选择性粘贴】选项，弹出【选择性粘贴】对话框，在【粘贴】组中选中【数值】单选按钮，在【运算】组中选中【乘】单选按钮，然后单击【确定】按钮，如图 9-32 所示。

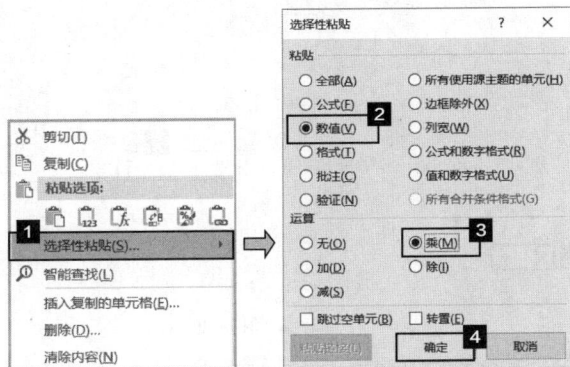

▲ 图9-32

04 采用同样的方法将 G7 单元格的数据乘到 B7:F7 单元格区域中，结果如图 9-33 所示。

	A	B	C	D	E	F	G
5	性别	品牌知名度	店铺规模	物流速度	商品质量	商品价格	辅助
6	男性	-42.5	-12.5	-28	-31.5	-19.5	-50
7	女性	21.5	18.5	31.5	18	30.5	50

▲ 图9-33

05 选中 A5:F7 单元格区域，插入条形图，输入图表标题"顾客购买行为分析"，切换到【图表工具】的【设计】选项卡，在【图表样式】组中选择【样式 12】，然后删除网格线，将图例移至标题下方，图表字体设置为微软雅黑，效果如图 9-34 所示。

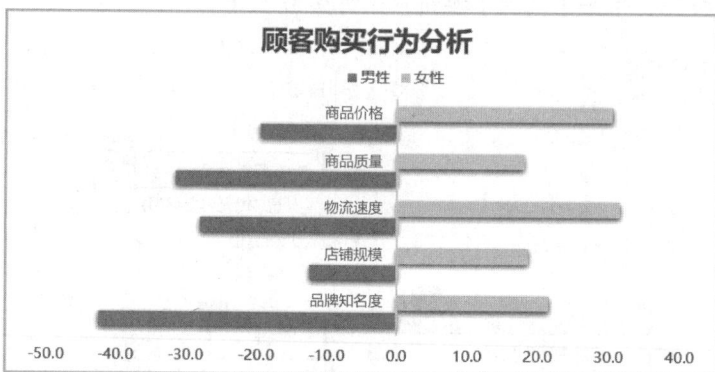

▲ 图9-34

06 选中纵坐标轴，打开【设置坐标轴格式】任务窗格，单击【坐标轴选项】按钮，在【标签】组中将【标签位置】设置为【低】，如图 9-35 所示。

07 选中数据系列，打开【设置数据系列格式】任务窗格，在【系列选项】组中将【系列重叠】的值设置为【100%】，如图 9-36 所示。

08 选中横坐标轴，打开【设置坐标轴格式】任务窗格，单击【坐标轴选项】按钮，在【数字】组中的【格式代码】文本框中输入"0.0;0.0;0.0"，单击【添加】按钮，如图 9-37 所示。

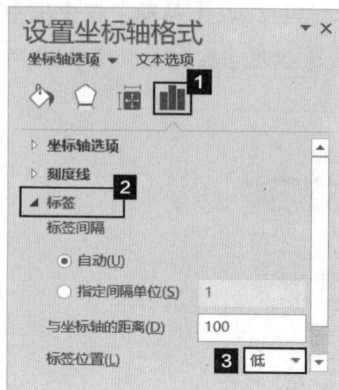
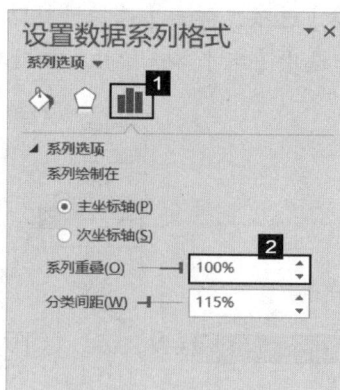
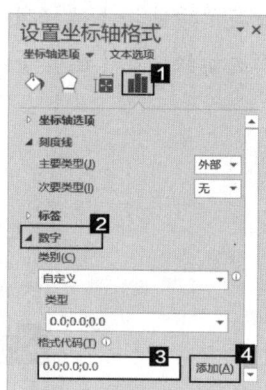

▲ 图9-35　　　▲ 图9-36　　　▲ 图9-37

设置完成后，效果如图 9-38 所示，商家即可对顾客的购买行为进行分析。

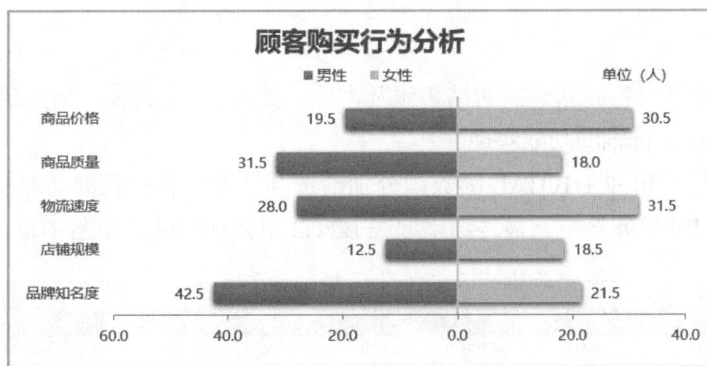

▲ 图9-38

从图 9-38 中可以看出，男性顾客更注重品牌知名度和商品质量，女性顾客更注重商品价格和物流速度。

思考与练习

一、不定项选择题

1. 以下选项中，属于顾客人群特征的有（　　）。

　　A．性别　　　　　　B．年龄　　　　　　C．地域　　　　　　D．消费层级

2. 同一图表中两个数据系列的数值差异太大，可以通过以下哪种操作解决？（　　）

　　A．设置数据系列格式　　　　　　B．添加数据标签

　　C．添加次坐标轴　　　　　　　　D．设置坐标轴格式

3. 以下关于 SUBTOTAL 函数的说法中，错误的是（　　）。

　　A．SUBTOTAL 函数共有 3 个参数

　　B．如果第一个参数输入 1 ～ 11，计算结果将包括手动隐藏的行

　　C．如果第一个参数输入 101 ～ 111，计算结果将排除手动隐藏的行

　　D．计算结果始终包含已筛选掉的单元格

二、判断题

1. 分析顾客的消费层级，可以帮助商家了解顾客的消费水平。（　　）

2. 分析顾客的性别，可以优化店铺的商品结构。（　　）

3. 新顾客对于商家来说是最优质的客户源,增加新顾客的数量是提高店铺销量的关键。（　　）

三、简答题

1. 列举顾客的主要人群特征并简要说明。

2. 简述老顾客对店铺的意义。

3. 简要说明 SUBTOTAL 函数的用法。

四、操作题

1. 利用函数计算出各商品对应的销售额及占比，然后插入图表，同时展示销售额及占比数据（提示：可结合次坐标轴的功能实现）。

2. 利用筛选功能和 SUBTOTAL 函数，分别筛选并计算出各颜色商品对应的销售额及汇总金额，公式设置在 H2 单元格中，最终结果放在 B2:G2 单元格区域，如图 9-39 所示。

颜色	白色	粉色	黑色	黄色	蓝色	紫色	汇总金额
销售额	3,450	5,796	5,520	3,036	3,864	8,280	29946

▲ 图9-39

综合实训

实训题目：男、女顾客喜欢的促销方式分析

实训目标：对男、女顾客喜欢的促销方式进行分析，了解男、女顾客对不同促销方式的偏好程度，为今后促销方案的制定提供合理的建议。

实训思路：

① 打开实训素材，首先在源数据的基础上创建数据透视表，以"促销方式"为【行】字段、"性别"为【列】字段、"订单编号"为【值】字段，汇总出不同性别、不同促销方式对应的顾客数量。

② 对数据透视表进行设置，要求以表格形式显示并取消总计。

③ 将数据透视表的数据复制到其他单元格区域，套用一种表格格式并进行适当的美化。

④ 利用选择性粘贴功能，将男性顾客的数据全部变成负数，效果如图 9-40 所示。

⑤ 以新的数据区域为源数据插入条形图，并对条形图进行适当的设置与美化，以展示出不同促销方式下男、女顾客的数据对比情况，效果如图 9-41 所示。

促销方式	男性	女性
第二件半价	-7	12
换季打折	-6	10
会员卡折扣	-4	3
买一赠一	-6	4
满减优惠	-3	8
其他	-1	2
赠品	-4	2

▲ 图9-40

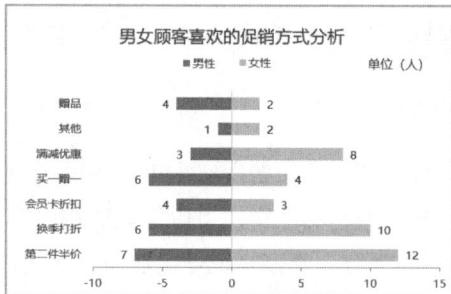

▲ 图9-41

⑥ 结合图 9-41 分析该店铺男、女顾客对不同促销方式的喜好程度，并对今后的促销方案提出合理的建议。

第 **10** 章 综合分析：撰写报告，有理有据

学习目标

- √ 了解电商数据分析报告的内容与类型
- √ 掌握电商数据分析报告的撰写流程
- √ 掌握电商数据分析报告的撰写技巧
- √ 学会电商数据看板的内容及具体制作方法

10.1 电商数据分析报告的撰写

在大数据背景下，伴随消费观念的升级，消费者日益呈现出多元细分的消费诉求。电商卖家以数据为导向，以分析报告为参考，可以对店铺的经营状态有正确的理解与判断，从而做出有针对性、操作性、战略性的决策。本节将具体介绍如何撰写电商数据分析报告。

10.1.1 电商数据分析报告的内容与类型

数据处理和分析完成后，电商数据分析师一般都要撰写数据分析报告。电商数据分析报告是数据分析过程和结果的最终呈现。该报告可评估店铺运营的质量，分享数据分析的研究成果，传递科学严谨的参考依据，提供合理有效的决策建议。

下面分别从内容和类型两方面介绍电商数据分析报告。

1. 电商数据分析报告的内容

一般来说，电商数据分析报告的内容非常复杂，在这里我们对其进行适当的简化，只介绍其主要内容，在具体撰写过程中，电商卖家可以根据决策需求或分析内容进行补充或优化。

电商数据分析报告的内容不是一成不变的，不同的数据分析师、不同的领导、不同的客户、不同的数据分析内容，其最终生成的报告可能会有所不同。其最经典的结构类型就是"总—分—总"结构，主要包括开篇、正文和结尾 3 部分。开篇部分包括标题页、目录和前言（主要包括分析背景、目的与思路）；正文部分主要包括具体的分析过程与结果；结尾部分包括结论与建议、附录。具体如图 10-1 所示。

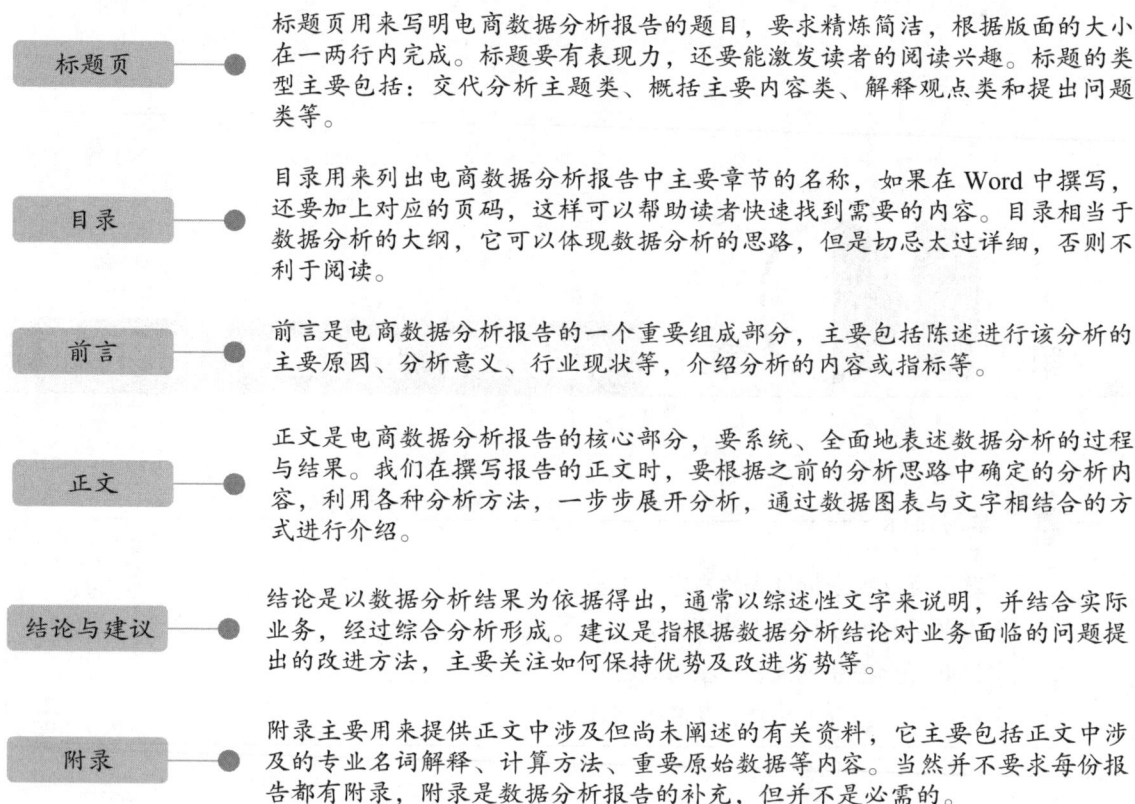

标题页　标题页用来写明电商数据分析报告的题目，要求精炼简洁，根据版面的大小在一两行内完成。标题要有表现力，还要能激发读者的阅读兴趣。标题的类型主要包括：交代分析主题类、概括主要内容类、解释观点类和提出问题类等。

目录　目录用来列出电商数据分析报告中主要章节的名称，如果在 Word 中撰写，还要加上对应的页码，这样可以帮助读者快速找到需要的内容。目录相当于数据分析的大纲，它可以体现数据分析的思路，但是切忌太过详细，否则不利于阅读。

前言　前言是电商数据分析报告的一个重要组成部分，主要包括陈述进行该分析的主要原因、分析意义、行业现状等，介绍分析的内容或指标等。

正文　正文是电商数据分析报告的核心部分，要系统、全面地表述数据分析的过程与结果。我们在撰写报告的正文时，要根据之前的分析思路中确定的分析内容，利用各种分析方法，一步步展开分析，通过数据图表与文字相结合的方式进行介绍。

结论与建议　结论是以数据分析结果为依据得出，通常以综述性文字来说明，并结合实际业务，经过综合分析形成。建议是指根据数据分析结论对业务面临的问题提出的改进方法，主要关注如何保持优势及改进劣势等。

附录　附录主要用来提供正文中涉及但尚未阐述的有关资料，它主要包括正文中涉及的专业名词解释、计算方法、重要原始数据等内容。当然并不要求每份报告都有附录，附录是数据分析报告的补充，但并不是必需的。

▲ 图10-1

2. 电商数据分析报告的类型

电商数据分析报告的类型很多，主要包含以下 3 类。

① 按报告的场景分类，可分为两种类型。第一种是以递交"报告"的形式向领导汇报，这种形式的报告要求文字描述清楚，数据图表配上解释说明，字数相对较多。第二种是以"演讲＋报告"的形式向领导汇报，这种形式的报告内容精练，文字描述较少，有简单、直观的图表即可。若制作成数据看板，呈现效果会更好。

② 按报告的内容分类，可分为两种类型。第一种是专题分析报告，主要针对某一方面或某一个问题进行专门的研究与分析。例如，促销方案分析报告、推广效果分析报告、用户分析报告、企业利润分析报告等。第二种是综合分析报告，主要是对某个业务或某方面发展情况的全面分析，要求站在全局的高度，做出总体评价，得出总体的认识，如某电商企业的运营情况分析报告等。

③ 按报告的汇报周期分类，可分为日报、周报、月报、季报和年报。日常的数据汇报以定期数据分析报告为依据，分析其影响和形成原因，所以也叫定期分析报告。定期分析报告可以是专题性的，也可以是综合性的，如某电商企业某月的运营情况报告等。

10.1.2　电商数据分析报告的撰写流程

电商数据分析报告的撰写流程如图 10-2 所示。

| 明确需求 | ➡ | 问题拆解 | ➡ | 确定视角 | ➡ | 数据采集 | ➡ | 制作素材 | ➡ | 报告撰写 |

▲ 图10-2

电商数据分析师在收到企业的需求或任务时，首先要对需求进行分析，明确需要分析的问题或内容，然后应用拆解法对问题进行拆解，拆解出若干个子问题后再思考子问题的解决方法，每个子问题的分析视角就是数据分析报告的框架。

确定好框架后，电商数据分析师就可以根据每个视角来采集数据了。将采集来的数据进行清洗，然后按需求进行汇总，制作成可视化图表，如柱形图、折线图等。

所有的问题都分析完成后，将所有的分析素材放到 Office 软件中，配上文字描述即可。

专家提示

一般企业常用的Office软件有Word、Excel和PPT，这3种软件各有优势，在具体的应用上也各有区别。

① Word：易于排版，可打印装订成册，但是缺乏互动性，不适合进行演示汇报，适用于制作综合性分析报告、专题分析报告或日常数据通报。

② Excel：含有动态图表，数据可实时更新，交互性较强，适合制作日常数据通报，如果做成数据看板，也可进行演示汇报。

③PPT：元素丰富，展示效果强，适合进行演示汇报，但不宜附有大篇文字，可做成综合分析报告或专题分析报告。

10.1.3　电商数据分析报告的撰写技巧

电商数据分析师在撰写电商数据分析报告时，首先要先问自己以下几个问题。

① 发生了什么事情？

② 问题出在哪里？

③ 事情发生的原因是什么？

④ 需要采取什么措施？

⑤ 接下来可能会发生什么？

⑥ 将会发生的最好结果是什么？

1.　发生了什么事情？

首先电商数据分析师要把数据展示出来，例如，将不同月份的销售额数据展示出来，如图 10-3 所示。接下来电商数据分析师需要回答问题：发生了什么事情？将相关数据直接说出来就是最简单的回答方式，如图 10-4 所示。

但这样的汇报方式过于简单，需要加入对比，体现出变化，如图 10-5 所示。只有通过对比电商数据分析师才能清楚地了解本月销售额的变化。

电商数据分析师在进行描述时，还可以加上一些对数据变化程度进行定义的词语，例如数据分析报告中经常见到的"高达"一词。本例中"高达"有夸张的意思，既然用了这个词就需要给出"高达"的理由，否则容易误导读者，如图 10-6 所示。

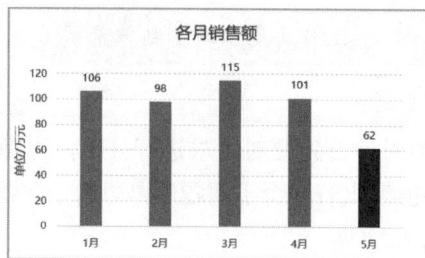

▲ 图10-3

发生了什么事情？

5 月份的销售额是 62 万元。

▲ 图10-4

发生了什么事情？

5 月份的销售额是 62 万元，比上个月减少了 39 万元，环比下降高达 38.61%。

▲ 图10-5

发生了什么事情？

5 月份的销售额为 62 万元，比上个月减少了 39 万元，环比下降高达 38.61%。上一季度没有明显下滑现象，本月下滑速度比上月下滑速度增加了 217%。

▲ 图10-6

以上给出了本月销售额下滑的原因。上月下滑速度为 12.17%，本月下滑速度为 38.61%，环比下滑速度增加了 217%。这样描述是为了引起读者的重视，提醒读者关注该问题。

2. 问题出在哪里？

了解完发生了什么事情，就需要找出问题产生的原因，即什么导致了 5 月的销售额下滑。

基于公式，销售额 = 访客数 × 转化率 × 客单价，电商数据分析师可使用拆分法进行分析。将 3 个指标的数据插入图表，由于各指标的量纲不同，需要对图表进行处理，效果如图 10-7 所示。

从图 10-7 中可以看出，2 月以来访客数和客单价没有下降，只有转化率从 3 月开始下降了，初步可以判定是转化率的问题。

接下来需要进一步分析影响转化率的因素，例如本例中，经过调查，询单转化率影响了总体转化率，如图 10-8 所示。

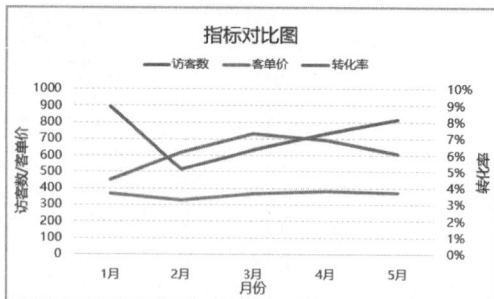

▲ 图10-7

问题出在哪里？

通过分析，整体询单转化率环比下降 21%，其中 A 客服接待人数 356 人，询单转化率环比下降 2.8%，B 客服接待人数 1263 人，询单转化率环比下降 22.8%。

▲ 图10-8

3. 事情发生的原因是什么？

很多情况下，电商数据分析师不能通过数据来解释事情发生的原因。在汇报工作时，电商数据分析师不能只告诉管理者销售额下降是因为询单转化率下降了，而是应该告诉管理者为什么询单转化率会下降，这才是重点。

电商数据分析师应通过对企业业务的了解和与相关业务人员的沟通，分析出真正的原因，如图 10-9 所示。

4. 需要采取什么措施？

作为电商数据分析师，除了分析问题、找出原因，还要具备一定的业务能力，能够给出解决问题的方案或建议，如图 10-10 所示。

> **事情发生的原因是什么？**
> 通过与客服的沟通了解到，A 客服由于个人原因，本月中旬离职，将主要工作交接给 B 客服，B 客服的工作负荷太大，导致询单转化率下降。

▲ 图10-9

> **需要采取什么措施？**
> 针对员工离职导致的其他员工负荷增加、询单转化率下降问题，建议至少增加 1 名储备应急人员，例如可以从仓库调用 1 人支援 B 客服。

▲ 图10-10

5. 接下来可能会发生什么？

分析数据就是为了告诉管理者，如果不解决以上问题，下个月、下下个月，甚至接下来的很长一段时间内，店铺的销售额将会持续下降，如图 10-11 和图 10-12 所示。

> **接下来可能会发生什么？**
> B 客服的超负荷工作量将会影响其工作效率，导致询单转化率持续下降，从而导致销售额大幅下降。

▲ 图10-11

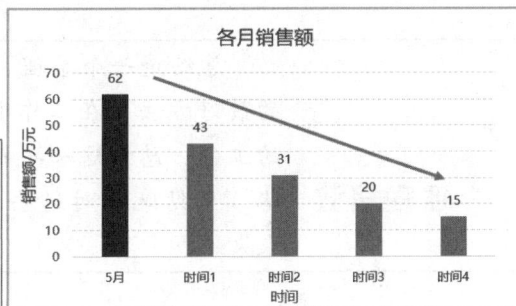

▲ 图10-12

6. 将会发生的最好结果是什么？

电商数据分析报告不仅要告诉管理者事态发展不好的结果是什么，还要让管理者明白，解决措施能带来怎样好的结果，如图 10-13 所示。

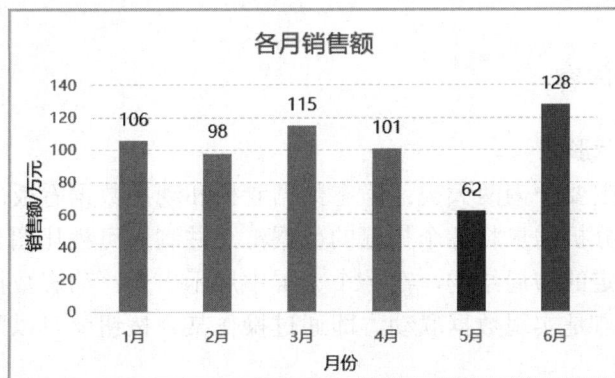

▲ 图10-13

一份优秀的电商数据分析报告其实就是让管理者意识到问题的严重性，并向管理者说明必须做出行动的理由，以真正地帮助管理者解决问题。

专家提示

撰写电商数据分析报告应注意以下几个问题。

① 逻辑清晰，结构合理。一份合格的电商数据分析报告应该有明确、清晰的框架和简洁、清晰的数据。

② 结合业务、分析合理。电商数据分析报告应结合电商企业的具体业务，得出可实施、可操作的具体建议，否则就是纸上谈兵、脱离实际。

③ 用词准确，避免含糊。电商数据分析报告中的用词必须准确，不含模糊字眼，要如实、恰如其分地反映客观情况。

④ 实事求是，客观反映。电商数据分析报告中不允许有虚假或伪造的现象，对事实的分析和说明要遵从科学、实事求是的原则，要保持中立的态度，不能加入主观意见。

⑤ 篇幅适宜，简洁有效。电商数据分析报告的价值在于给管理者提供需要的信息，如果没有有价值的信息，电商数据分析报告再长也没有意义。

课程思政

总结是一个整理、提炼的过程，是我们获得进步的最好方法，在工作中，我们要适当停下来回顾过去的工作，总结这一年的经验教训，理清未来的发展思路。总结既是对过去的回顾，更是为了更好地开拓未来。

善于总结

微课视频

10.2　数据看板制作

数据看板是职场中非常受欢迎的汇报演示形式，经验丰富的电商数据分析师制作的数据看板中的数据清晰明了，能令人耳目一新。那么，数据看板到底是什么样的？如何制作数据看板？本节将做具体介绍。

10.2.1　数据看板的内容

1. 数据看板的展示形式

常见的数据看板主要分为两大类：静态数据看板和动态数据看板。静态数据看板的制作很简单，首先按照分析需求将各个指标的数据汇总并制作可视化图表，然后将需要展示的数据或图表按照一定的布局结构，在一个大屏中展示出来；动态数据看板的制作就稍微复杂些，它的制作要点是实现数据联动，即通过操作某个按钮就可以同时控制多个数据或图表的变化。

常见的动态数据看板是以切片器来控制的。通过插入切片器，单击切片器上各类目的切片，就可以实现数据的动态变化，图10-14所示就是以切片器控制的动态数据看板。

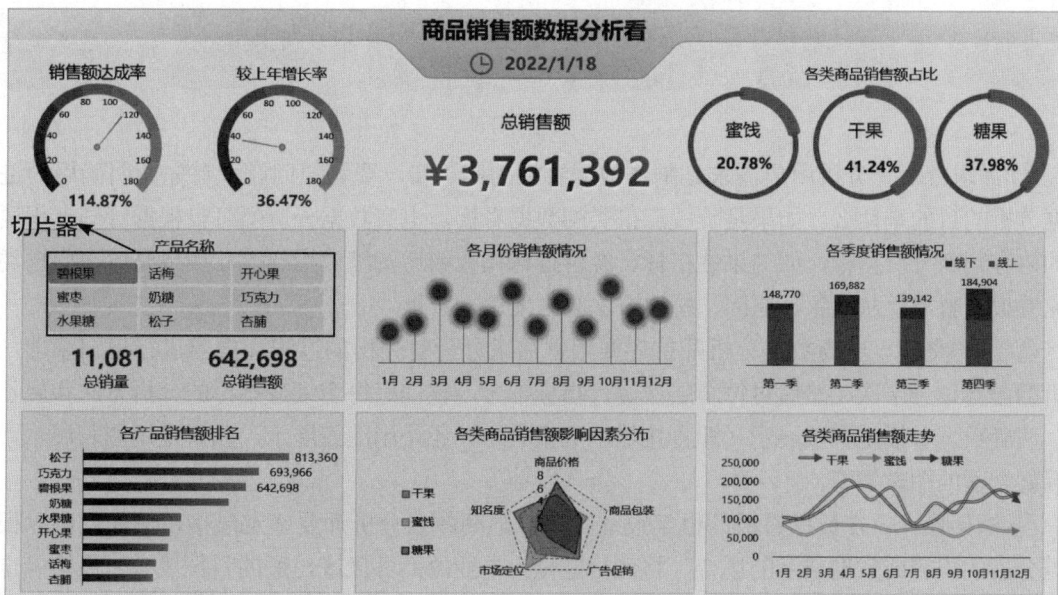

▲ 图10-14

2. 数据看板的结构

数据看板的结构基本一致，主要包含以下几个部分：看板标题、备注栏和正文。其中备注栏一般包括年份和单位等信息（视情况而定）；正文部分一般按"总—分"结构分布，首先展示报告的总体数据，然后分不同角度对数据进行具体剖析，如图 10-15 所示。

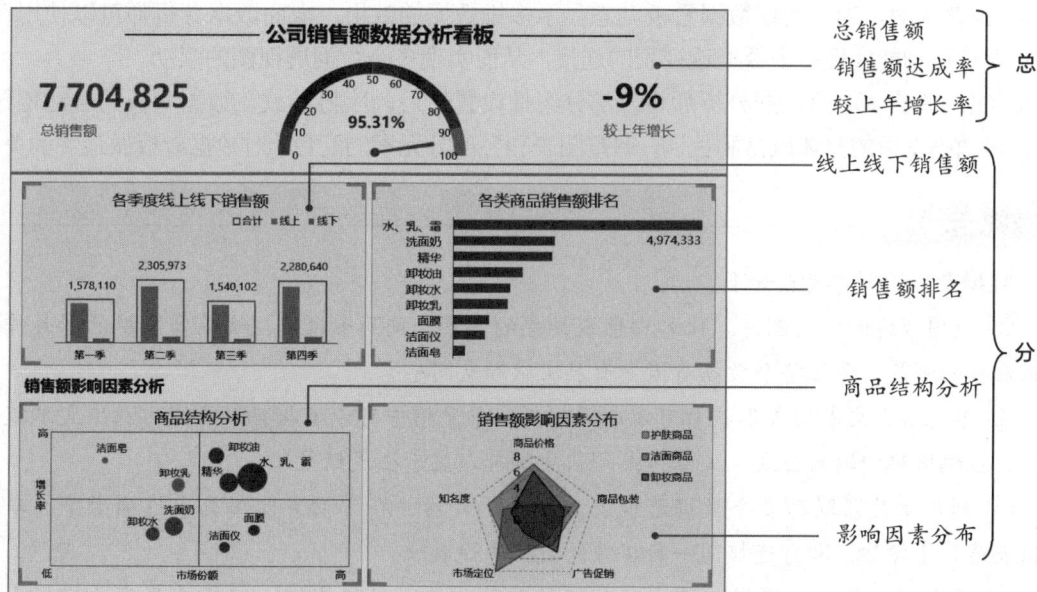

▲ 图10-15

3. 数据看板的制作过程

数据看板的制作主要包括需求分析、思路整理、框架设计、可视化组件设计、报表联动、调整配色几个步骤，如图 10-16 所示。

需求分析	思路整理	框架设计	可视化组件设计	报表联动	配色调整

▲ 图10-16

① 需求分析。分析用户需求是制作数据看板的第一步，要解决问题，首先要明确用户进行数据分析的目的是什么。如果是阶段汇报类的数据看板，电商数据分析师可以根据管理者想要关注的内容判断分析指标，如结果性指标、经营过程指标或运营绩效指标等；如果是解决问题类的数据看板，就需要从现象、原因、解决方法等方面进行分析。

② 思路整理。电商数据分析师首先要根据需求分析对分析的过程和内容进行思路整理，对分析的内容划分层次；然后对每个层次进行指标细分，整理好每个细分指标的分析方法和展示方式，明确数据看板是直接展示（即直接显示数值大小）还是用图表展示，如果是用图表展示，则选择好合适的图表类型。

③ 框架设计。在数据看板的框架设计阶段，电商数据分析师要确定风格，例如，可以根据数据分析的内容或数据展示的场合，将风格定位为专业的商务风或炫酷的科技风等。风格确定好之后，电商数据分析师需要设计整个数据看板的大小和各子区域的位置和大小，规划好数据看板的基本框架。框架的搭建主要通过设置单元格的行高、列宽或插入形状来完成，然后填充上选定的主题背景色。主题背景色可以直接填充，也可以插入一张图片作为背景。

④ 可视化组件设计。可视化组件设计包括数据收集与整理、数据统计与汇总、可视化图表的制作等。注意，由于所有的可视化图表最后都要整合到数据看板中，因此每个部分的风格要统一，即与框架设计风格一致。

⑤ 报表联动。为了实现数据看板动态显示多维数据的效果，电商数据分析师可以使用切片器的报表连接功能实现多个数据透视表的连接，从而实现多个数据透视图的联动。

⑥ 配色调整。电商数据分析师将各部分组件设置好后，应将其放在数据看板的合适位置，然后根据数据看板的整体风格和色调，调整图表和各部分元素的配色，对数据看板做最终的美化。

专家提示

数据看板的制作要点如下。

① 使用合适的背景图片。比起白色或纯色的背景，使用颜色渐变或有空间感的图片作为数据看板的背景，会让整个数据看板更有层次感和空间感。

② 单元格、文本框或形状都可以展示数据。单元格中可以直接插入公式，选中文本框或形状，在编辑栏中输入公式，文本框或形状中就可以显示公式结果了。

③ 利用切片器联动多个数据透视表。插入切片器，在【切片器工具】选项卡下，单击【报表连接】按钮，即可连接同一数据源的数据透视表。

④ 图表可以另存为模板。选中制作好的图表，单击鼠标右键，选择【另存为模板】。下次想要使用相同的效果时，打开【插入图表】对话框，在【所有图表】选项卡下单击【模板】按钮，就可以找到之前制作好的模板，这些模板可以直接应用，这样就能省去大量重复操作的时间。

10.2.2 使用切片器制作动态数据看板

使用切片器制作动态数据看板的思路：首先在同一数据源的基础上，创建若干个数据透视表和对应的数据透视图，然后选中其中任意一个数据透视表，插入切片器，单击【切片器工具】中的【报表连接】按钮，选择需要连接的数据透视表即可。这样通过一个切片器就可以控制多个数据透视表或数据透视图了。下面以多角度分析各颜色打底衫的销售情况为例，介绍具体的操作方法。

课堂练习 多角度分析各颜色打底衫的销售情况

素材：第10章\使用切片器控制多个图表—原始文件　　　重点指数：★★★

微课视频

---

01 打开文件"使用切片器控制多个图表—原始文件"，在源数据的基础上创建数据透视表，以"月份"为行字段，以"销售数量"为值字段，效果如图 10-17 所示。

02 打开文件"使用切片器控制多个图表—原始文件"，在源数据的基础上创建数据透视表，以"尺码"为【行】字段，以"销售数量"为【值】字段，效果如图 10-18 所示。

月份 ▼	求和项:销售数量
⊞1月	35
⊞2月	31
⊞3月	36
⊞4月	39
⊞5月	38
⊞6月	38
总计	**217**

▲ 图10-17

尺码 ▼	求和项:销售数量
XS	26
S	41
M	68
L	45
XL	37
总计	**217**

▲ 图10-18

03 创建数据透视图。首先选中第 1 个数据透视表，插入簇状柱形图，进行适当的美化，效果如图 10-19 所示；然后选中第 2 个数据透视表，插入饼图，进行适当的美化，效果如图 10-20 所示。

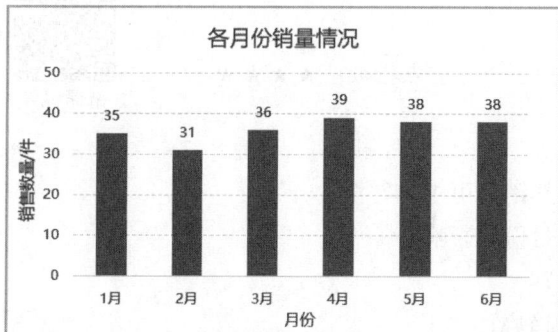

▲ 图10-19

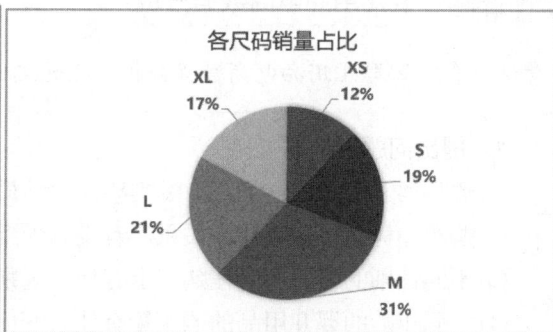

▲ 图10-20

04 选中第 1 个数据透视表，切换到【数据透视表工具】的【分析】选项卡，单击【插入切片器】按钮，弹出【插入切片器】对话框，勾选【颜色】复选框，单击【确定】按钮，如图 10-21 所示。插入切片器后，将其【列】数目设置为【6】，然后进行适当的设置，效果如图 10-22 所示。

05 选中切片器，切换到【切片器工具】选项卡，单击【报表连接】按钮，弹出【数据透视表连接（颜色）】对话框，勾选【数据透视表2】复选框，单击【确定】按钮，如图10-23所示。

▲ 图10-21

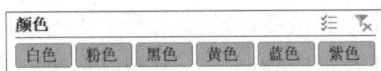

▲ 图10-22

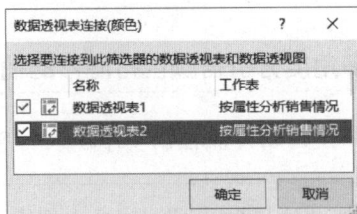

▲ 图10-23

连接完成后，用户通过该切片器可以同时控制2个数据透视表及对应的数据透视图。

本案例中的切片器只连接了2个图表。在实际工作中制作动态数据看板时，要想通过1个切片器控制多个图表，只需在报表连接时勾选多个数据透视表即可。注意，同一切片器能够连接的数据透视表必须是在同一数据源基础上创建的，即【数据透视表连接（颜色）】对话框中显示出的所有数据透视表。

案例解析

随着互联网的发展，人们越来越多地依靠网上购物，尤其是婴儿用品在网上备受青睐。本案例将针对网店婴儿用品的购买情况进行多维度分析，以帮助商家确定市场需求，定位商品方向，从而在满足市场需求的同时，提高销量。

案例解析	婴儿用品电商数据分析	
素材：第10章\婴儿用品电商数据分析—原始文件	重点指数：★★★★	微课视频

1. 提出问题

① 哪类婴儿用品销量最高？哪类婴儿用品最热销，可主推？

② 购买趋势与日期有什么关系，有没有受到月份的影响？

③ 不同性别的婴儿用品在购买上有什么区别？

④ 不同年龄的婴儿用品的购买量有什么变化趋势？

⑤ 在销售记录中，哪个年龄段婴儿用品的购买量最多？

2. 理解数据

销售明细表，包含：订单编号、下单日期、下单时间、类别编码、类别名称、商品编号、商品名称、单价、订单数量和订单金额等，如图10-24所示。

	A	B	C	D	E	F	G	H	I	J
1	订单编号	下单日期	下单时间	类别编码	类别名称	产品编号	商品名称	单价	订单数量	订单金额
2	SL-2021-1-3-SPAAA001-1	2021/1/3	9:09:48	SPAAA	食品类	SPAAA001	奶粉	368	2	736
3	SL-2021-1-3-SPAAA002-2	2021/1/3	9:39:04	SPAAA	食品类	SPAAA002	辅食	89	2	178
4	SL-2021-1-3-SJBBB001-3	2021/1/3	9:51:37	SJBBB	食具类	SJBBB001	奶瓶	128	1	128
5	SL-2021-1-4-SJBBB002-1	2021/1/4	10:03:26	SJBBB	食具类	SJBBB002	饭碗	32	1	32

▲ 图10-24

顾客信息表包含：顾客账户、婴儿性别、婴儿出生日期等信息，如图 10-25 所示。

	A	B	C
1	顾客账户	婴儿性别	婴儿出生日期
2	189****3045	女	2018/1/7
3	189****2536	男	2018/1/8
4	189****4774	女	2018/1/9
5	189****2699	女	2018/1/10

由于篇幅受限，本案例中已有数据都是整理好的规范数据，无须再进行清洗，直接进行分析即可。

▲ 图10-25

3. 数据分析

对数据运用多维度拆解的方法，从指标角度将问题拆解为商品指标和行为指标两个部分。对于商品指标，重点研究订单数量、类别名称和下单时间的关系；对于行为指标，重点从婴儿性别、年龄两个维度展开讨论，对相关数据进行分析。

首先分析各商品的销售情况：从图 10-26 可以看出，辅食的销量最高，其次是服装和饭碗、隔尿垫、奶瓶、勺子；从图 10-27 可以看出，布用类商品的销量占比最高，其次是食具类。

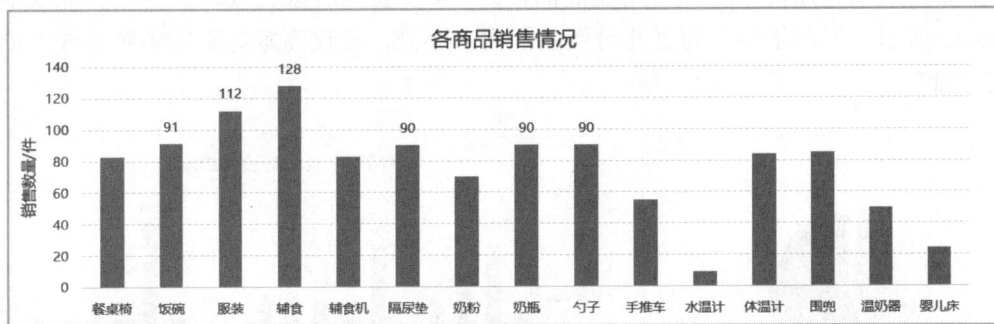

▲ 图10-26

从时间角度分析，上半年销量整体呈上升趋势，如图 10-28 所示。仔细观察，3 月和 6 月的销量增长较大，考虑到与妇女节、儿童节的时间吻合，可以解释为受节日因素的影响。而 1 月和 2 月的销量较低，初步分析是春节的缘故，各大物流、快递企业进入了休假时期，顾客也因为快递原因减少了购买需求。

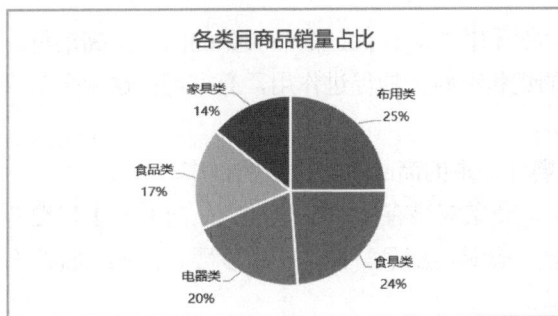

▲ 图10-27

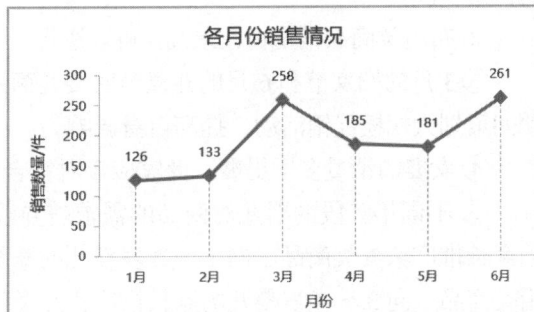

▲ 图10-28

187

从婴儿性别统计图中可以看出，女婴数量大于男婴数量，如图 10-29 所示，商家可以适当对女婴的需求进行分析，以提高针对婴儿的商品购买比例。从性别与各类目商品销量的关系图来看，拥有男婴和女婴的家庭都倾向于选择布用类和食具类商品，二者在店铺中的销量占比也是较高的，如图 10-30 所示，因此商家今后的采购和营销重点也应是这两类商品。

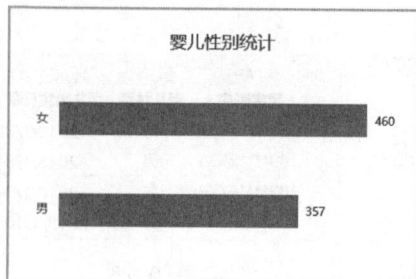

▲ 图10-29

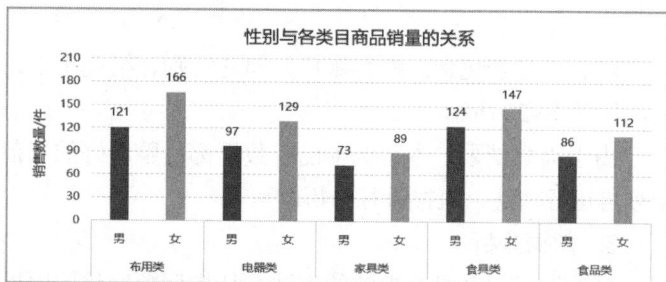

▲ 图10-30

从婴儿年龄分布图中可以看出，1～2 岁婴儿商品的购买数量最多，1～2 岁婴儿的家长是店铺的主要顾客群体，如图 10-31 所示。从年龄与各类目商品销量的关系图中可以看出，0～1 岁婴儿的家长倾向于购买家具类商品，1～2 岁婴儿的家长倾向于购买食具类商品，2～3 岁婴儿的家长倾向于购买布用类商品，3～4 岁婴儿的家长倾向于购买食品类商品，如图 10-32 所示。不同年龄段的婴儿对商品的需求不同，建议商家对不同年龄段婴儿的家长进行定向推广。

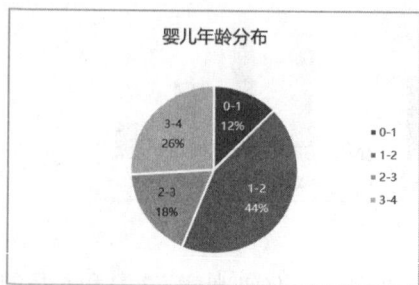

▲ 图10-31

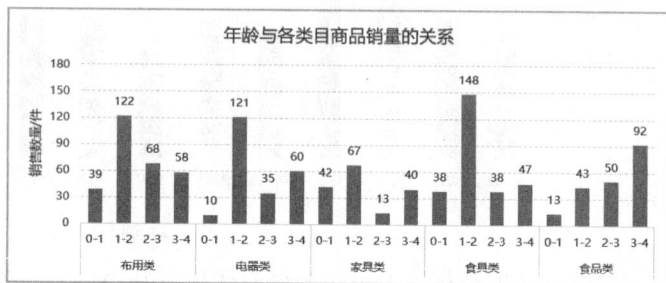

▲ 图10-32

4. 结论与建议

① 促销活动要有针对性，对于辅食、服装和隔尿垫等热销商品，商家应在评估后采取相应的促销手段。

② 布用类商品销量占比最高，可以进行大力宣传和推广，在保证商品质量的同时提高销量。

③ 3 月的妇女节和 6 月的儿童节对婴儿商品的销售有较大的促进作用，商家可在这两个节日期间策划大规模促销活动，提高自身影响力。

④ 女婴的销量多于男婴，商家应该对符合女婴儿需求的商品进行更多的推广。

⑤ 不同年龄段的婴儿对商品的需求差异较大，商家应该有针对性地推广：向 0～1 岁婴儿的家长推广家具类商品，向 1～2 岁婴儿的家长推广食具类商品，向 2～3 岁婴儿的家长推广布用类商品，向 3～4 岁婴儿的家长推广食品类商品。

思考与练习

一、不定项选择题

1. 以下选项中，属于电商数据分析报告内容的有（　　）。
   A. 标题页　　　　　　　　B. 目录　　　　　　　　C. 前言
   D. 结论与建议　　　　　　E. 附录

2. 下列关于 Office 软件的说法中，正确的有（　　）。
   A. Word 易于排版，可打印、装订成册，但是缺乏互动性，不适合进行演示汇报
   B. Excel 可实时更新数据，交互性较强，适合做日常数据通报
   C. Excel 如果做成数据看板，包含动态图表，适合进行大屏演示汇报
   D. PPT 的元素丰富，展示效果强，适合做成含有大篇文字的分析报告

3. 以下选项中，属于数据看板制作流程的有（　　）。
   A. 需求分析　　　　　　　B. 思路整理　　　　　　C. 框架设计
   D. 可视化组件设计　　　　E. 调整配色

二、判断题

1. 电商数据分析报告的结构不是一成不变的，其经典结构类型是"总—分—总"结构，包括开篇、正文和结尾 3 部分。（　　）

2. 以递交"报告"的形式向领导汇报，这种形式的电商数据分析报告要求内容精练，文字描述较少，有简单直观的图表即可。（　　）

3. 电商数据分析报告的价值在于给管理者提供需要的信息，如果没有有价值的信息，报告再长也没有意义。（　　）

三、简答题

1. 请简要描述电商数据分析报告的撰写流程。
2. 简述撰写电商数据分析报告时应注意的问题。
3. 请至少列举 3 个数据看板的制作要点并简要说明。

四、操作题

1. 打开素材文件"操作题 1—原始文件"，在 Sheet1 工作表的 A2 单元格中使用公式汇总出总销售额，然后分别插入一个文本框和形状，并在文本框和形状中显示出总销售额数据。

2. 打开素材文件"操作题 2—原始文件"，在源数据的基础上创建 3 个数据透视表，分别汇总出各性别、消费层级和年龄（分组步长为 5）对应的顾客人数，并插入数据透视图，然后插入切片器，并按城市筛选，将报表与 3 个数据透视表进行连接，实现通过切片器同时控制 3 个数据透视表和数据透视图。

综合实训

实训题目：制作动态数据看板

实训目标：分析商品销售数据，并用动态数据看板展示分析结果；亲自动手制作动态数据看板，以熟悉动态数据看板的制作流程和方法，提高制作动态数据看板的技能。

实训思路：

① 打开实训素材，分析素材中的原始数据，整理分析思路和框架。

② 在数据源的基础上创建数据透视表，从总销售额、时间（月度、季度）、渠道、城市、商品类别和员工销售额排名等角度，对销售额数据进行统计汇总。

③ 将需要在动态数据看板中展示的数据，通过公式等方式连接显示到辅助表中备用。

④ 将辅助表中的数据用合适的图表展示出来，并对图表进行美化设计。

⑤ 设计动态数据看板的框架，并将制作好的可视化图表填充到动态数据看板中，调整布局并美化。